今注本二十四史

宋書

梁　沈約　撰

朱紹侯　主持校注

中国社会科学出版社

一二　傳〔五〕

宋書　卷六九

列傳第二十九

劉湛　范曄

　　劉湛字弘仁，南陽涅陽人也。[1]祖耽，[2]父柳，[3]並晋左光禄大夫、開府儀同三司。[4]

　　[1]南陽：郡名。治所在今河南南陽市。　涅陽：縣名。治所在今河南鄧州市東北。
　　[2]耽：人名。即劉耽。《晋書》卷六一有附傳。據《晋書》，劉耽卒贈左光禄大夫。
　　[3]柳：人名。即劉柳。《晋書》卷六一有附傳。據《晋書》，劉柳卒贈右光禄大夫。
　　[4]左光禄大夫：官名。多爲顯職加官，金章紫綬，位在金紫光禄大夫上。二品。　開府儀同三司：官名。意即與司徒、司空、司馬禮制待遇相同，允許開設府署，自辟僚佐。二品。

　　湛出繼伯父淡，[1]襲封安衆縣五等男。[2]少有局力，[3]不尚浮華。博涉史傳，諳前世舊典，弱年便有宰世情，常自比管夷吾、諸葛亮，[4]不爲文章，不喜談議。本州辟主簿，[5]不就。除著作佐郎，[6]又不拜。高祖以爲太尉行參軍，[7]賞遇甚厚。高祖領鎮西將軍、荆州刺史，[8]以湛爲功曹，[9]仍補治中別駕從事史，[10]復爲太尉參軍，[11]世子征虜西中郎主簿。[12]父柳亡於江州，[13]州府送故甚豐，[14]一無所受，時論稱之。服終，除秘書丞，[15]出爲相國參軍。謝晦、王弘並稱其有器幹。[16]

[1]湛：人名。即劉湛。本書僅此一見，其事不詳。

[2]安衆縣五等男：男爵名。封邑在今河南鎮平縣東南。

[3]局力：胸襟氣量，局量。

[4]管夷吾：人名。即管仲。春秋時齊國政治家。《史記》卷六二有傳。　諸葛亮：人名。三國蜀漢丞相，琅邪陽都人。《三國志》卷三五有傳。

[5]主簿：官名。典領文書簿籍，經辦事務。六品。

[6]著作佐郎：官名。秘書省屬官，位在著作郎下，協助修撰國史及起居注等。六品。

[7]高祖：宋武帝劉裕廟號。　以：各本並脱，中華本據孫彪《考論》補。　太尉行參軍：官名。太尉府屬官，掌參謀軍務。六品。行，官制用語。指由幕府自辟的佐吏，地位低於中央除授者。

[8]領：官制用語。指以本官暫領暫代他官他職，意即暫攝。鎮西將軍：官名。高級武官之一，出鎮地方。二品。　荆州：治所在今湖北荆州市荆州區。

[9]功曹：官名。掌吏事或主選舉，亦參與政務。位在主簿下。

[10]治中別駕從事史：官名。即治中從事。掌衆曹文書事。六品。

[11]太尉參軍：官名。太尉府幕僚，掌參謀軍務。六品。

[12]世子：王國之君的長子或有權繼承王位的人，此指劉裕之

子劉義符。　征虜：官名。即征虜將軍。多爲加官，不典兵。三品。　西中郎：官名。即西中郎將。

[13]江州：治所在今湖北黃梅縣。

[14]送故：送別舊官的資財。此爲當時特殊社會現象。

[15]秘書丞：官名。秘書省屬官，掌圖書典籍管理校定，位在監令下。六品。

[16]謝晦：人名。陳郡陽夏人。本書卷四四有傳。　王弘：人名。琅邪臨沂人。本書卷四二有傳。

高祖入受晉命，[1]以第四子義康爲冠軍將軍、豫州刺史，[2]留鎮壽陽。[3]以湛爲長史、梁郡太守。[4]義康弱年未親政，府州軍事悉委湛。[5]府進號右將軍，[6]仍隨府轉。義康以本號徙爲南豫州，[7]湛改領歷陽太守。[8]爲人剛嚴用法，姦吏犯贓百錢以上，皆殺之，自下莫不震肅。廬陵王義眞出爲車騎將軍、南豫州刺史，[9]湛又爲長史，太守如故。義眞時居高祖憂，使帳下備膳，湛禁之，義眞乃使左右索魚肉珍羞，於齋內別立廚帳。會湛入，因命臑酒炙車螯，[10]湛正色曰：“公當今不宜有此設。”義眞曰：“旦甚寒，一盌酒亦何傷！長史事同一家，望不爲異。”酒既至，湛因起曰：“既不能以禮自處，又不能以禮處人。”

[1]受晉命：接受晉朝傳授的天命。即接受禪代，爲自溢之詞。

[2]義康：人名。即劉義康。宋武帝子。本書卷六八有傳。冠軍將軍：官名。高級武官之一，位在輔國將軍上。三品。　豫州：治所在今安徽壽縣。

[3]壽陽：郡名。治所在今安徽壽縣。

[4]長史：官名。爲僚佐之長，統領府内諸曹，經辦行政事務。六品。　梁郡：治所在今安徽碭山縣。

[5]府州軍事悉委湛：丁福林《校議》曰："府有軍事，而州則無軍事，此云'府州軍事'者，恐欠妥。《南史·劉湛傳》云'義康弱年未親政，府州事悉委湛'，是也。此'府州'後恐衍'軍'一字。"

[6]府進號右將軍：由冠軍將軍府進升爲右將軍府。右將軍，官名。多爲軍府名號，用作朝臣加官，不典兵。三品。

[7]南豫州：治所在今安徽當塗縣。

[8]歷陽：郡名。治所在今安徽和縣歷陽鎮。

[9]廬陵王義真：即劉義真。宋武帝子。本書卷六一有傳。廬陵，封國名。在今江西吉水縣東北。　車騎將軍：官名。位在諸名號將軍上，多爲加官，無職掌。二品。

[10]臑（ér）酒：煮酒使之發熱。　車螯：水産品名。一種蛤，産於海中，爲海味珍品。

景平元年，[1]召入，拜尚書吏部郎，[2]遷右衛將軍。[3]出督廣交二州諸軍事、建威將軍、平越中郎將、廣州刺史。[4]嫡母憂去職。[5]服闋，爲侍中。[6]撫軍將軍江夏王義恭鎮江陵，[7]以湛爲使持節、南蠻校尉、領撫軍長史，[8]行府州事。時王弘輔政，而王華、王曇首任事居中，[9]湛自謂才能不後之，不願外出。是行也，謂爲弘等所斥，意甚不平，常曰："二王若非代邸之舊，[10]無以至此，可謂遭遇風雲。"[11]湛負其志氣，常慕汲黯、崔琰爲人，[12]故名長子曰黯字長孺，第二子曰琰字季珪。琰於江陵病卒，湛求自送喪還都，義恭亦爲之陳請。太祖答義恭曰："吾亦得湛啓事，爲之酸懷，[13]乃不欲苟違所請。但汝弱年，新涉庶務，八州殷曠，[14]專斷事重，疇諮委仗，不可不得其人。量算二三，未獲便相順許。今答湛啓，權停彼葬。頃朝臣零落相係，寄懷轉寡，湛實國器，[15]吾乃欲引其令還，直以西夏任重，[16]要且停此事耳。汝慶賞黜罰、豫關失得者，必宜悉相委寄。"

[1]景平：宋少帝劉義符年號（423—424）。

[2]尚書吏部郎：官名。尚書省吏部屬官，輔佐尚書銓選官吏。六品。

[3]右衞將軍：官名。禁衞軍主要將帥之一，掌宮禁宿衞。四品。

[4]督諸軍事：官名。當地最高軍事長官，總理所部軍務，多爲加官。　廣：州名。治所在今廣東廣州市。　交：州名。治所在今越南北寧省仙遊東。　建威將軍：官名。五威將軍之一，爲領兵之官。四品。　平越中郎將：官名。掌南越事務，多兼廣州刺史。四品。

[5]嫡母：即按宗法制度處於正妻地位的母親，以區別於親生母。

[6]侍中：官名。門下省長官，掌侍從皇帝，出納王命，諫諍得失，出則陪乘。三品。

[7]撫軍將軍：官名。高級武官之一，與中軍、鎮軍將軍位比四鎮。三品。　江夏王義恭：即劉義恭。宋武帝子。本書卷六一有傳。江夏，王國名。治所在今湖北武漢市武昌區。　江陵：縣名。治所在今湖北荆州市荆州區。

[8]使持節：官名。多爲軍事長官出鎮時的加官，可以代表皇帝行使權力。　南蠻校尉：官名。掌少數民族事務，領兵。四品。撫軍長史：官名。撫軍將軍屬官，爲僚佐之長。六品。

[9]王華、王曇首：人名。皆琅邪臨沂人。本書卷六三各有傳。

[10]代邸：漢文帝任代王時的官邸，意指故有幕僚。按：宋文帝初由諸侯王入繼大統，性質與漢文帝當年近似，故劉湛有此比喻。代，郡國名。西漢時治所在今河北蔚縣西南。

[11]遭遇風雲：得到好的機遇。風雲，指人生際遇。典出《易·乾卦》：“雲從龍，風從虎，聖人作而萬物覩。”

[12]汲黯：人名。字長孺，漢濮陽人。《史記》卷一二〇有傳。　崔琰：人名。字季珪，三國魏清河東武城人。《三國志》卷一二有傳。

[13]酸懷：心情悲酸，沉重。懷，胸前。

[14]八州：此指荆、湘、雍、益、梁、寧、南北秦八州，時爲劉義恭都督之地。　殷曠：範圍廣大，曠達。

[15]國器：國家的寶器、棟梁。指具有治國才能的人。

[16]西夏：地區名。西部華夏，指劉義恭所督長江中游一帶。因江陵在建康西，故稱。

義恭性甚狷隘，[1]年又漸長，欲專政事，每爲湛所裁，主佐之間，嫌隙遂構。太祖聞之，密遣使詰讓義恭，并使深加諧緝。[2]義恭具陳湛無居下之禮，又自以年長，未得行意，雖奉詔旨，頗有怨言。上友于素篤，欲加酬順，[3]乃詔之曰：“事至於此，甚爲可嘆。當今乏才，[4]委授已爾，[5]宜盡相彌縫，[6]取其可取，棄其可棄。汝疏云‘泯然無際’，如此甚佳。彼多猜，不可令萬一覺也。汝年已長，漸更事物，且群情矚望，不以幼昧相期，何由故如十歲時，動止諮問。但當今所專，必是小事耳。亦恐量此輕重，未必盡得，彼之疑怨，兼或由此邪。”

[1]狷隘：性急狹隘。狷，急躁。

[2]諧緝：調諧慰緝，相互和合。

[3]酬順：應付理順。酬，表面應付。

[4]乏才：各本並作“之才”，中華本據殿本《南史》改。

[5]已爾：已經如此。爾，如此。

[6]彌縫：修補縫合。意猶修補。

先是，王華既亡，曇首又卒，領軍將軍殷景仁以時賢零落，[1]白太祖徵湛。八年，[2]召爲太子詹事，[3]加給事中、本州大中正，[4]與景仁並被任遇。湛常云：“今世宰相何難，此政可當我南陽郡漢世功曹耳。”明年，景仁轉尚書僕射，領選、護軍將軍，[5]湛代爲領軍將軍。十二年，又領詹事。湛與景仁素款，又以其建議徵之，甚相感説。及俱被時遇，猜隙漸生，以景仁專管内任，謂爲間己。時彭城王義康專秉朝權，而湛昔爲上佐，[6]遂以舊情委心自結，欲因宰相之力以回主心，傾黜景仁，獨當時務。義康屢構之於太祖，其事不行。義康僚屬及湛諸附隸潛相約勒，無敢歷殷氏門者。湛黨劉敬文父成未悟其機，[7]詣景仁求郡，敬文遽往謝湛曰：“老父悖耄，遂就殷鐵干禄。[8]由敬文闇淺，上負生成，合門慚懼，無地自處。”敬文之姦諂無愧如此。

[1]領軍將軍：官名。禁衛軍最高統領，掌禁衛軍及京師諸軍。三品。 殷景仁：人名。陳郡長平人。本書卷六三有傳。

[2]八年：即元嘉八年（431）。元嘉，宋文帝劉義隆年號（424—453）。

[3]太子詹事：官名。掌太子府內外庶務、官屬，亦負輔翊教導太子之責。三品。

[4]給事中：官名。隸集書省。給事宮中，常侍皇帝左右，備顧問應對，多爲近臣加官。五品。　大中正：官名。評定世族內部等級的官員，設於州，多由家於當地的名宦兼任。

[5]尚書僕射：官名。尚書省次官，位在錄、令下，協助綜理尚書臺事務。三品。　領選：暫時代理選舉事務。　護軍將軍：官名。掌督護京師以外諸軍。三品。

[6]上佐：官制用語。即高級佐吏。此指其曾任劉義康長史事。

[7]劉敬文：人名。本書僅見於本卷及卷六八《彭城王義康傳》，其事不詳。　成：人名。即劉成。沛郡人，光禄大夫。本書無傳，事迹僅見本卷、本書《符瑞志下》及卷八七《蕭惠開傳》等。

[8]殷鐵：人名。殷景仁別名。　干禄：干求禄位，乞請官職。干，追求。

義康擅勢專朝，威傾內外，湛愈推崇之，無復人臣之禮，上稍不能平。湛初入朝，委任甚重，日夕引接，恩禮綢繆。[1]善論治道，并諳前世故事，叙致銓理，[2]聽者忘疲。每入雲龍門，[3]御者便解駕，左右及羽儀隨意分散，[4]不夕不出，以此爲常。及至晚節，驅煽義康，凌轢朝廷，[5]上意雖內離，而接遇不改。上嘗謂所親曰：“劉班初自西還，吾與語，常看日早晚，慮其當去。比入，吾亦看日早晚，慮其不去。”湛小字班虎，故云班也。遷丹陽尹，[6]金紫光禄大夫，[7]加散騎常侍，[8]詹事如故。

[1]綢繆：情意殷勤。綢，纏繞，束縛。

[2]叙致銓理：叙述詳致，銓釋道理。

[3]雲龍門：宮門名。即宮城内城東門。在今江蘇南京市内。

[4]羽儀：扈從儀仗隊。

[5]凌轢（lì）：凌駕，欺壓。轢，車輪碾軋。

[6]丹陽尹：官名。負責京師行政事務的長官，職比太守。丹陽，郡名。治所在今江蘇南京市東南。

[7]金紫光禄大夫：官名。光禄大夫加金章紫綬者，多爲年老朝臣加官。二品。

[8]散騎常侍：官名。門下省長官，掌顧問應對，侍從皇帝左右，諫諍得失，參掌機密，職比侍中。三品。

十七年，所生母亡。時上與義康形迹既乖，[1]釁難將結，湛亦知無復全地。及至丁艱，[2]謂所親曰：“今年必敗。常日正賴口舌争之，故得推遷耳。今既窮毒，無復此望，禍至其能久乎！”

[1]乖：不和諧，不順。

[2]丁艱：遭遇父母喪事。丁，遭逢。

十月，詔曰：“劉湛階藉門蔭，[1]少叨榮位，往佐歷陽，姦詖夙著。[2]謝晦之難，潛使密告，求心即事，久宜誅屏。朕所以棄罪略瑕，庶收後效，寵秩優忝，踰越倫匹。而凶忍忌克，剛愎靡厭，無君之心，觸遇斯發。遂乃合黨連群，構扇同異，附下蔽上，專弄威權，薦子樹親，互爲表裏，邪附者榮曜九族，秉理者推陷必至。旋觀姦慝，爲日已久，猶欲弘納遵養，冀或悛革。[3]自邇以來，凌縱滋甚，悖言懟容，[4]罔所顧忌，陰謀潛計，瞬睨兩宮。[5]豈唯彰暴國都，固亦達于四海。比年七曜違度，[6]震蝕表災，[7]侵陽之徵，[8]事符幽顯。搢紳含憤，義夫興嘆。昔齊、魯不綱，[9]禍傾邦國；昭、宣電斷，[10]漢祚方延。便收付廷尉，肅明刑典。”於獄伏誅，時年四十九。

[1]門蔭：門戶的蔭庇。按時制規定，如劉湛一樣的世族子弟，都可享有先祖餘蔭，優先入仕爲官，或蠲免賦稅徭役。

[2]姦詖（bì）：姦詐，邪僻。

[3]悛革：改正，變更。悛，改。

[4]懟（duì）容：怨恨的表情。懟，怨恨。

[5]瞬（pì）睨（nì）：輕視，斜著眼看。

[6]七曜：古人以日、月及金、木、水、火、土五大行星爲曜。

[7]震蝕表災：地震、日月蝕等災變。

[8]侵陽之徵：陰陽失衡，陰氣過盛以致侵害陽氣。此指大臣權重於君。

[9]齊、魯不綱：齊國和魯國缺乏綱紀。指春秋時期齊襄公因與其妹魯桓公夫人私通而殺魯桓公所引起的混亂。分別見《史記》卷三二《齊太公世家》、卷三三《魯周公世家》。

[10]昭、宣電斷：昭帝和宣帝處事迅速果斷。指漢昭、宣二帝分別翦除權臣上官桀、霍氏謀反事。分別見《漢書》卷七《昭帝紀》、卷八《宣帝紀》。

子黯，大將軍從事中郎。[1]黯及二弟亮、儼並從誅。湛弟素，黃門侍郎，[2]徙廣州。湛初被收，嘆曰：“便是亂邪。”仍又曰：“不言無我應亂，殺我自是亂法耳。”

入獄見素，曰："乃復及汝邪？相勸爲惡，惡不可爲；相勸爲善，正見今日。如何！"湛生女輒殺之，爲士流所怪。[3]

[1]大將軍從事中郎：官名。大將軍屬官，掌謀議、機密或軍中雜務。六品。

[2]黃門侍郎：官名。又稱黃門郎，給事宮門內，侍從皇帝，顧問應對，出則陪乘。五品。

[3]士流：士族之流，士族階層。

范曄字蔚宗，順陽人，[1]車騎將軍泰少子也。[2]母如廁產之，額爲塼所傷，故以塼爲小字。出繼從伯弘之，[3]襲封武興縣五等侯。[4]

[1]順陽：郡名。治所在今河南淅川縣南。

[2]泰：人名。即范泰。本書卷六〇有傳。

[3]弘之：人名。即范弘之。本書僅此一見，其事不詳。

[4]武興縣五等侯：侯爵名。多爲褒獎功臣而虛封，無實土。武興，縣名。治所在今陝西略陽縣。

少好學，博涉經史，善爲文章，能隸書，曉音律。年十七，州辟主簿，不就。高祖相國掾，[1]彭城王義康冠軍參軍，隨府轉右軍參軍，入補尚書外兵郎，[2]出爲荊州別駕從事史。[3]尋召爲秘書丞，父憂去職。服終，爲征南大將軍檀道濟司馬，[4]領新蔡太守。[5]道濟北征，曄憚行，辭以腳疾，上不許，使由水道統載器仗部伍。軍還，爲司徒從事中郎。頃之，遷尚書吏部郎。

[1]相國掾：官名。相國府各曹之長，掌各曹事務。七品。

[2]尚書外兵郎：官名。尚書省外兵曹長官，亦稱郎中。六品。

[3]別駕從事史：官名。又稱別駕。州佐吏，主吏員選舉，居州吏之右。六品。

[4]征南大將軍：官名。高級武官之一，居四征之首，多授統兵出鎮者。二品。　檀道濟：人名。高平金鄉人。本書卷四三有傳。

[5]新蔡：郡名。治所在今河南汝南縣。

　　元嘉九年冬，[1]彭城太妃薨，[2]將葬，祖夕，[3]僚故並集東府。[4]曄弟廣淵，[5]時爲司徒祭酒，[6]其日在直。曄與司徒左西屬王深宿廣淵許，[7]夜中酣飲，開北牖聽挽歌爲樂。[8]義康大怒，左遷曄宣城太守。[9]不得志，乃刪衆家《後漢書》爲一家之作。[10]在郡數年，遷長沙王義欣鎮軍長史，[11]加寧朔將軍。[12]兄曷爲宜都太守，[13]嫡母隨曷在官。十六年，母亡，報之以疾，曄不時奔赴，及行，又攜妓妾自隨，爲御史中丞劉損所奏。[14]太祖愛其才，不罪也。服闋，爲始興王濬後軍長史，[15]領南下邳太守。[16]及濬爲揚州，[17]未親政事，悉以委曄。尋遷左衛將軍、太子詹事。[18]

[1]元嘉九年：各本及《南史》並作“元年”。孫虨《考論》云：“彭城太妃卒在元嘉九年，此言元年，形近之誤。《南史》誤同。”中華本據改。

[2]彭城太妃：即宋武帝劉裕修容王氏，生彭城王義康，尊爲彭城國太妃。參見本書卷六一《武三王傳》。彭城，郡國名。治所

在今江蘇徐州市。

[3]祖夕：爲死者祭祀路神，餞行送別。

[4]東府：宮城名。即東府城。建康諸城之一，爲宰相府衙所在。在今江蘇南京市内。

[5]廣淵：人名。即范廣淵。《南史》作“范廣”。本書無傳，事見本卷及本書卷六〇《范泰傳》。

[6]司徒祭酒：官名。司徒府屬官，與主簿、舍人主列曹事。六品。

[7]司徒左西屬：官名。司徒府左西曹屬官，掌本曹庶務，多由文士充任。　王深：人名。琅邪臨沂人。事見本書卷四二《王弘傳》。

[8]北牖：向北的窗户。牖，窗户。　挽歌：追悼死人的歌曲。

[9]左遷：降職。　宣城：郡名。治所在今安徽宣州市宣城區。

[10]删衆家《後漢書》：在范曄之前，關於東漢歷史的著作已有東漢劉珍等著《東觀漢記》，三國吳謝承《後漢書》，晋薛瑩《後漢記》、司馬彪《續漢書》、華嶠《後漢書》、謝沈《後漢書》、張瑩《後漢南記》、袁山松《後漢書》等傳世，其中《東觀漢記》即爲其修書主要依據。參見中華本《後漢書》校點説明。

[11]長沙王義欣：即劉義欣。宋武帝弟劉道憐子。本書卷五一有附傳。長沙王，王爵名。王國在今湖南長沙市。　鎮軍長史：官名。鎮軍將軍屬官，統領府中諸曹。五品。

[12]寧朔將軍：官名。多置於幽州，爲軍政長官，兼幽州刺史。四品。

[13]暠：人名。即范暠。事見本書卷六〇《范泰傳》。　宜都：郡名。治所在今湖北宜都市。

[14]御史中丞：官名。御史臺長官，掌監察執法，糾彈百官。四品。　劉損：人名。沛郡蕭人。本書卷四五有附傳。

[15]始興王濬：即劉濬。宋文帝次子。本書卷九九有傳。始興，王國名。治所在今廣東韶關市東南蓮花嶺下。　後軍長史：官

名。後軍將軍屬官，統領軍府衆曹。五品。

[16]南下邳：郡名。治所不詳。

[17]揚州：治所在今江蘇南京市。按：劉濬任揚州刺史爲元嘉十七年至二十六年。參見本書卷五《文帝紀》及卷九九本傳。

[18]左衛將軍：官名。掌宮廷護衛。四品。

曄長不滿七尺，肥黑，禿眉鬚。善彈琵琶，能爲新聲。[1]上欲聞之，屢諷以微旨，曄僞若不曉，終不肯爲上彈。上嘗宴飲歡適，謂曄曰：“我欲歌，卿可彈。”曄乃奉旨。上歌既畢，曄亦止弦。

[1]新聲：新的曲調、聲音。

初，魯國孔熙先博學有縱横才志，[1]文史星算，無不兼善。爲員外散騎侍郎，[2]不爲時所知，久不得調。初熙先父默之爲廣州刺史，[3]以贓貨得罪下廷尉，[4]大將軍彭城王義康保持之，故得免。及義康被黜，熙先密懷報效，欲要朝廷大臣，未知誰可動者，以曄意志不滿，欲引之。而熙先素不爲曄所重，無因進説。曄外甥謝綜，[5]雅爲曄所知，熙先嘗經相識，乃傾身事綜，與之結厚。熙先藉嶺南遺財，家甚富足，始與綜諸弟共博，故爲拙行，以物輸之。綜等諸年少，既屢得物，遂日夕往來，情意稍款。綜乃引熙先與曄爲數，[6]曄又與戲，熙先故爲不敵，前後輸曄物甚多。曄既利其財寶，又愛其文藝。熙先素有詞辯，盡心事之，曄遂相與異常，申莫逆之好。始以微言動曄，曄不回，熙先乃極辭譬説。

曄素有閨庭論議，[7]朝野所知，故門胄雖華，[8]而國家不
與姻娶。熙先因以此激之曰："丈人若謂朝廷相待厚
者，[9]何故不與丈人婚，爲是門户不得邪？[10]人作犬豕
相遇，而丈人欲爲之死，不亦惑乎？"曄默然不答，其
意乃定。

[1]魯國：郡國名。治所在今山東曲阜市。 孔熙先：人名。
事迹詳見本卷。

[2]員外散騎侍郎：官名。門下省屬官，多以公族、功臣子弟
及閑退人員、衰老人士充任，無定員。六品。

[3]默之：人名。即孔默之。事迹見本卷。

[4]廷尉：官署名。審理及關押罪人的機構。

[5]謝綜：人名。陳郡陽夏人。事見本書卷五二《謝述傳》。

[6]爲數：利用數理進行賭博的游戲。

[7]閨庭論議：家庭内部被人議論的事實、把柄。前述嫡母亡
而攜妓奔喪即爲一例。

[8]門胄雖華：門第等級雖然較高。華，光彩。

[9]丈人：舊時對老人或長輩的尊稱。

[10]門户不得：家族門第不相當。得，適合。

時曄與沈演之並爲上所知待，[1]每被見多同。曄若
先至，必待演之俱入；演之先至，嘗獨被引。曄又以此
爲怨。曄累經義康府佐，見待素厚。及宣城之授，意好
乖離。綜爲義康大將軍記室參軍，[2]隨鎮豫章。[3]綜還，
申義康意於曄，求解晚隙，[4]復敦往好。曄既有逆謀，
欲探時旨，乃言於上曰："臣歷觀前史二漢故事，諸蕃
王政以訕詛幸災，[5]便正大逆之罰。況義康姦心釁迹，

彰著遐邇，而至今無恙，臣竊惑焉。且大梗常存，[6]將
重階亂，骨肉之際，人所難言。臣受恩深重，故冒犯披
露。"上不納。

[1]沈演之：人名。吳興武康人。本書卷六三有傳。
[2]記室參軍：官名。記室曹長官，掌文疏表奏。七品。
[3]豫章：郡名。治所在今江西南昌市。
[4]晚隙：較晚時期結下的怨隙。指其因不敬罪而被貶爲宣城
太守事。
[5]訞（yāo）詛：邪説，蠱惑人心的言論。訞，同"妖"。
[6]大梗：大的阻塞、妨礙。梗，阻塞。

　　熙先素善天文，云："太祖必以非道晏駕，[1]當由骨
肉相殘。江州應出天子。"以爲義康當之。綜父述亦爲
義康所遇，[2]綜弟約又是義康女夫，[3]故太祖使綜隨從南
上，既爲熙先所獎説，亦有酬報之心。廣州人周靈甫有
家兵部曲，[4]熙先以六十萬錢與之，使於廣州合兵。靈
甫一去不反。大將軍府史仲承祖，[5]義康舊所信念，屢
銜命下都，亦潛結腹心，規有異志。聞熙先有誠，密相
結納。丹陽尹徐湛之，[6]素爲義康所愛，雖爲舅甥，[7]恩
過子弟，承祖因此結事湛之，告以密計。承祖南下，申
義康意於蕭思話及曄，[8]云："本欲與蕭結婚，恨始意不
果。與范本情不薄，中間相失，傍人爲之耳。"

[1]非道：不正常的方式、途徑。道，方向。　晏駕：去世。
舊時對皇帝去世的諱稱。
[2]述：人名。即謝述。本書卷五二有附傳。

[3]約：人名。即謝約。事見本書《謝述傳》。

[4]周靈甫：人名。本書僅此一見，其事不詳。　部曲：按部伍編排的鄉曲，即私人武裝，家兵。

[5]府史：下文作"府吏"。府中辦事人員。　仲承祖：人名。本書無傳，事迹散見本卷。

[6]徐湛之：人名。東海郯人。本書卷七一有傳。

[7]舅甥：舅父與外甥。按本書《徐湛之傳》，湛之父逵之尚宋武帝長女會稽公主，生湛之。

[8]蕭思話：人名。南蘭陵人。本書卷七八有傳。

　　有法略道人，[1]先爲義康所供養，粗被知待，又有王國寺法静尼亦出入義康家内，[2]皆感激舊恩，規相拯拔，並與熙先往來。使法略罷道，[3]本姓孫，改名景玄，以爲臧質寧遠參軍。[4]熙先善於治病，兼能診脉。法静尼妹夫許耀，[5]領隊在臺，[6]宿衛殿省。[7]當有病，因法静尼就熙先乞治，爲合湯一劑，耀疾即損。耀自往酬謝，因成周旋。熙先以耀膽幹可施，深相待結，因告逆謀，耀許爲内應。豫章胡遵世，[8]藩之子也，[9]與法略甚款，亦密相酬和。法静尼南上，熙先遣婢採藻隨之，[10]付以牋書，[11]陳説圖讖。[12]法静還，義康餉熙先銅匕、銅鑷、袍段、棋奩等物。熙先慮事泄，酖採藻殺之。湛之又謂曄等："臧質見與異常，歲内當還，已報質，悉攜門生義故，[13]其亦當解人此旨，故應得健兒數百。質與蕭思話款密，當仗要之，二人並受大將軍眷遇，必無異同。思話三州義故衆力，亦不減質。郡中文武，及合諸處偵邏，[14]亦當不減千人。不憂兵力不足，但當勿失機耳。"乃略相署置，湛之爲撫軍將軍、揚州刺史，曄中軍將軍、南徐州刺史，[15]熙先左衛將軍，其餘皆有選擬。凡素所不善及不附義康者，又有別簿，並入死目。

[1]法略道人：僧人號名。本書無傳，事迹僅見本卷。

[2]王國寺：佛寺名。約在彭城王劉義康封國境内，亦即今江蘇徐州市一帶。　法静尼：僧人號名。其事不詳。

[3]罷道：罷除修行生活，即還俗。

[4]臧質：人名。東莞莒人。本書卷七四有傳。　寧遠參軍：官名。寧遠將軍屬官，掌參謀軍務。六品。

[5]許耀：人名。僅見本卷，其事不詳。

[6]在臺：在臺城，負責安全保衛。臺，臺城。建康諸城之一，爲皇宮所在。在今江蘇南京市内。

[7]殿省：宮殿省闥，皇帝住所及中央機關辦公之地。省，官署名。

[8]胡遵世：人名。豫章南昌人。事見本書卷五〇《胡藩傳》。

[9]藩：人名。即胡藩。本書卷五〇有傳。

[10]採藻：人名。本書僅見於本卷，其事不詳。

[11]牋書：簽署有標記的文本、信件。牋，小幅的紙。

[12]圖讖（chèn）：一種假借《河圖》和讖語、符命來宣傳迷信、附會人生的邪説，借以爲篡權尋找依據。圖，即《河圖》。相傳是伏羲時由龍馬從黄河負出的一種神秘圖案。讖，迷信的預言、預兆。

[13]門生義故：以生徒、故舊等名義依附於别人的人。數量多寡不等，性質有别，爲當時特有現象。此處指私人武裝，猶前及部曲家兵。

[14]偵邏：偵察巡邏之人，猶軍人。

[15]中軍將軍：官名。掌宮禁宿衛，員一人，與前後左右四軍

並稱五軍將軍。三品。　　南徐州：治所在今江蘇鎮江市。

熙先使弟休先先爲檄文曰：[1]

夫休否相乘，[2]道無恒泰，[3]狂狡肆逆，明哲是殛。故小白有一匡之勳，[4]重耳有翼戴之德。[5]自景平肇始，[6]皇室多故，大行皇帝天誕英姿，[7]聰明叡哲，拔自藩國，嗣位統天，憂勞萬機，垂心庶務，是以邦內安逸，四海同風。而比年以來，姦豎亂政，刑罰乖淫，[8]陰陽違舛，[9]致使釁起蕭牆，[10]危禍萃集。賊臣趙伯符積怨含毒，[11]遂縱姦凶，肆兵犯蹕，[12]禍流儲宰，[13]崇樹非類，傾墜皇基。罪百浞、豷，[14]過十玄、莽，[15]開闢以來，未聞斯比。率土叩心，華夷泣血，咸懷亡身之誠，同思糜軀之報。[16]

[1]休先：人名。即孔休先。本書僅見本卷，其事不詳。

[2]休否相乘：善惡相互依存。休，美善，喜慶。否，惡。

[3]道無恒泰：事物沒有長久的通泰、平安。泰，通。《易·泰卦》王弼注：“泰者，物大通之時也。”

[4]小白有一匡之勳：指春秋時齊桓公匡助天子的功勳。參見《史記》卷三二《齊太公世家》。小白，齊桓公名。

[5]重耳有翼戴之德：指春秋時晋文公有擁戴天子的功德。參見《史記》卷三九《晋世家》。重耳，人名。即晋文公。翼戴，擁戴。

[6]景平：宋少帝劉義符年號（423—424）。

[7]大行皇帝：對剛死尚未定謚號皇帝的敬稱。此處借指宋文帝。

[8]刑罰乖淫:《文苑英華》卷六四五作"刑法違衷"。

[9]違:《文苑英華》卷六四五作"潛"。

[10]蕭牆:門屏。《論語·季氏》何晏《集解》引鄭玄曰:"蕭之言肅也。牆謂屏也。君臣相見之禮,至屏而加肅敬焉,是以謂之蕭牆。"

[11]趙伯符:人名。下邳僮人。本書卷四六有附傳。

[12]犯蹕:冒犯皇帝禁蹕。蹕,帝王車駕。

[13]儲宰:皇儲、百官,指宋文帝太子劭、始興王濬、彭城王義康等。

[14]浞、獓(yì):人名。寒浞和獓獟,夏后氏少康時作亂的兩位奸臣。獓,又作"豷"。

[15]玄、莽:皆人名。指桓玄和王莽。分別爲篡晉、篡漢的權臣。參見《晉書》卷九九和《漢書》卷九九各本傳。

[16]糜軀:獻出生命。

  湛之、曄與行中領軍蕭思話、行護軍將軍臧質、行左衛將軍孔熙先、建威將軍孔休先,[1]忠貫白日,誠著幽顯,義痛其心,事傷其目,投命奮戈,萬殞莫顧,即日斬伯符首,及其黨與。雖犲狼即戮,王道惟新,而普天無主,群萌莫係。彭城王體自高祖,聖明在躬,德格天地,勳溢區宇,世路威夷,勿用南服,[2]龍潛鳳栖,于茲六稔,[3]蒼生飢德,億兆渴化,豈唯東征有《鴟鴞》之歌,[4]陝西有勿翦之思哉。[5]靈祇告徵祥之應,[6]讖記表帝者之符,[7]上答天心,下愜民望,正位辰極,[8]非王而誰。

[1]行：官制用語。指官缺未補，暫由他官兼攝其事的任官現象。　中領軍：官名。禁衛軍最高統領，掌京師駐軍及禁軍。三品。

[2]南服：南方荒涼之地。服，舊時指京師以外的地方。

[3]六稔：六年。稔，年。按：彭城王義康於元嘉十七年被貶爲江州刺史，至此正爲六年。

[4]東征有《鴟（chī）鴞（xiāo）》之歌：指周公在東征時以成王不明己志，作詩遺之，以明無不臣之心。鴟鴞，貓頭鷹。詩見《詩・豳風》。

[5]陝西有勿翦之思：指召公奭有德政，生前在棠樹下聽訟理政。死後，人民懷念他而不伐棠樹。參見《史記》卷三四《燕召公世家》。

[6]靈祇告徵祥之應：天地神靈告以吉祥的徵兆。指劉邦斬白蛇起義的一類徵兆。事見《漢書》卷一《高帝紀》。

[7]讖記表帝者之符：讖書表明誰該當皇帝的符應。如赤伏符“劉秀發兵捕不道”之類的符瑞。事見《後漢書》卷一《光武帝紀》。

[8]辰極：北極星。也比喻皇帝。辰，又作“宸”。

今遣行護軍將軍臧質等，齎皇帝璽綬，[1]星馳奉迎。百官備禮，駱驛繼進，並命群帥，鎮戍有常。若干撓義徒，有犯無貸。昔年使反，湛之奉賜手勑，逆誠禍亂，預覩斯萌，令宣示朝賢，共拯危溺，無斷謀事，失於後機，遂使聖躬濫酷，大變奄集，哀恨崩裂，撫心摧哽，不知何地，可以厝身。輒督厲尫頓，[2]死而後已。

[1]齎（jī）：懷抱，攜帶。　璽綬：玉璽印綬，皇帝發布命令

時的憑信。

[2]尩（wāng）頓：瘦小虛弱。尩，古時指骨骼彎曲。

熙先以既爲大事，宜須義康意旨，曄乃作義康與湛之書，宣示同黨曰：

　　吾凡人短才，生長富貴，任情用己，有過不聞，與物無恒，喜怒違實，致使小人多怨，士類不歸。禍敗已成，猶不覺悟，退加尋省，方知自招，刻肌刻骨，何所復補。然至於盡心奉上，誠貫幽顯，拳拳謹慎，惟恐不及，乃可恃寵驕盈，實不敢故爲欺罔也。豈苞藏逆心，以招灰滅，所以推誠自信，不復防護異同，率意信心，不顧萬物議論，遂致讒巧潛構，衆惡歸集。甲姦險好利，負吾事深；乙凶愚不齒，扇長無賴；丙、丁趨走小子，唯知諂進，伺求長短，共造虛説，致令禍陷骨肉，誅戮無辜。凡在過釁，竟有何徵，而刑罰所加，同之元惡，傷和枉理，感徹天地。

　　吾雖幽逼日苦，命在漏刻，[1]義慨之士，時有音信。每知天文人事，及外間物情，土崩瓦解，必在朝夕。是爲釁起群賢，濫延國家，夙夜憤踊，心腹交戰。朝之君子及士庶白黑懷義秉理者，[2]寧可不識時運之會，而坐待横流邪。除君側之惡，[3]非唯一代，況此等狂亂罪訧，[4]終古所無，加之剪戮，易於摧朽邪。可以吾意宣示衆賢，若能同心奮發，族裂逆黨，豈非功均創業，重造宋室乎！但兵凶戰危，或致侵濫，若有一豪犯順，誅及九族。處分之要，委之群賢，皆當謹奉朝廷，動止聞啓。往日嫌怨，一時豁然，然後吾當謝罪北闕，[5]就戮有司。苟安社稷，瞑目無恨。勉之，勉之！

[1]漏刻：古時計時工具，以沙漏多寡計時。此處意即時間短暫，在旦夕之間。

[2]士庶白黑：社會各階層的人。古時多以穿戴不同顏色、形制的衣服加以區別所處社會階層。

[3]君側之惡：皇帝身邊的壞人壞事。

[4]罪飢（wěi）：罪惡，枉法。《説文》：“飢，骨耑飢臭也。”

[5]北闕：原指宮殿北面的門樓，爲大臣等候朝見或上書奏事之地。後也通稱帝王宮禁或作朝廷的別稱。

二十二年九月，征北將軍衡陽王義季、右將軍南平王鑠出鎮，[1]上於武帳岡祖道，[2]曄等期以其日爲亂，而差互不得發。於十一月，徐湛之上表曰：“臣與范曄，本無素舊，中忝門下，[3]與之鄰省，[4]屢來見就，故漸成周旋。[5]比年以來，意態轉見，傾動險忌，富貴情深，自謂任遇未高，遂生怨望。非唯攻伐朝士，譏謗聖時，乃上議朝廷，下及藩輔，驅扇同異，恣口肆心，如此之事，已具上簡。近員外散騎侍郎孔熙先忽令大將軍府吏仲承祖騰曄及謝綜等意，[6]欲收合不逞，規有所建。以臣昔蒙義康接盼，又去歲群小爲臣妄生風塵，[7]謂必嫌懼，深見勸誘。兼云人情樂亂，機不可失，讖緯天文，並有徵驗。曄尋自來，復具陳此，并説臣論議轉惡，全身爲難。即以啓聞，被敕使相酬引，究其情狀。於是悉出檄書、選事及同惡人名、手墨翰跡，謹封上呈，凶悖之甚，古今罕比。由臣闇於交士，聞此逆謀，臨啓震惶，荒情無措。"詔曰："湛之表如此，良可駭愬。曄素無行檢，少負瑕釁，[8] 但以才藝可施，故收其所長，頻加榮爵，遂參清顯。而險利之性，有過谿壑，[9] 不識恩遇，猶懷怨憤。每存容養，冀能悛革，不謂同惡相濟，狂悖至此。便可收掩，依法窮詰。"

[1]征北將軍：官名。四征將軍之一，多爲持節都督出鎮方面。三品。丁福林《校議》據本書卷六一《衡陽文王義季傳》、卷五《文帝紀》考證，時劉義季任征北大將軍，"征北"後佚"大"字。
　衡陽王義季：即劉義季。宋武帝子。本書卷六一有傳。衡陽，王國名。治所在今湖南株洲縣西南。　　南平王鑠：即劉鑠。宋文帝子。本書卷七二有傳。南平，王國名。治所在今湖北公安縣西南。
[2]武帳岡：地名。在今江蘇南京市内。　祖道：餞行，送行。祖，送。
[3]門下：官署名。指門下省。處於宮門之下專司侍從皇帝等職務的機構。如侍中、散騎常侍等皆爲其屬官。
[4]鄰省：相鄰的官府機構。按本書卷七一《徐湛之傳》，湛之歷任侍中、散騎常侍等門下省官職，范曄則任吏部郎等尚書省官職，門下與尚書，正爲鄰省。
[5]周旋：親密往來之意。見周一良《札記》。
[6]騰：傳送。
[7]妄生風塵：無故挑起事端，搬弄是非。本傳前述仲承祖"結事湛之，告以密計"即此。
[8]瑕釁：缺陷，有過失之處。本傳前述臨陣辭疾、攜妓奔喪等即此。
[9]谿壑：溪流邊的溝壑，兩山之間的深溝。謂變化無常，極

端危險。

其夜，先呼曄及朝臣集華林東閣，[1]止於客省。先
已於外收綜及熙先兄弟，並皆款服。于時上在延賢
堂，[2]遣使問曄曰：“以卿觕有文翰，故相任擢，名爵期
懷，於例非少。亦知卿意難厭滿，正是無理怨望，驅扇
朋黨而已，云何乃有異謀？”曄倉卒怖懼，不即首款。
上重遣問曰：“卿與謝綜、徐湛之、孔熙先謀逆，並已
答款，猶尚未死，徵據見存，何不依實。”曄對曰：“今
宗室磐石，蕃嶽張峙，設使竊發僥倖，方鎮便來討伐，
幾何而不誅夷。且臣位任過重，一階兩級，[3]自然必至。
如何以滅族易此。古人云：[4]‘左手據天下之圖，右手
刎其喉，愚夫不爲。’臣雖凡下，[5]朝廷許其觕有所及，
以理而察，臣不容有此。”上復遣問曰：“熙先近在華林
門外，寧欲面辨之乎？”曄辭窮，乃曰：“熙先苟誣引
臣，臣當如何！”熙先聞曄不服，笑謂殿中將軍沈邵之
曰：[6]“凡諸處分，符檄書疏，皆范曄所造及治定。云
何於今方作如此抵蹋邪！”[7]上示以墨迹，曄乃具陳本
末，曰：“久欲上聞，逆謀未著，又冀其事消弭，故推
遷至今。負國罪重，分甘誅戮。”

[1]華林東閣：華林園東部的殿堂。在今江蘇南京市内。

[2]延賢堂：宮殿名。建康宮城殿堂之一，在今江蘇南京市内。

[3]一階兩級：任官品級的別稱，即一品二品的高級官吏。

[4]古人云：下文出自《後漢書》卷六〇上《馬融傳》。又
《莊子》《韓詩外傳》《文子·上義》也有此語。

[5]凡：三朝本、北監本、毛本作“尼”，殿本、局本作
“泥”。張元濟《校勘記》云：“尼疑凡字之訛。”張説是，中華本
據改。

[6]殿中將軍：官名。侍衛武官，不典兵，多以世族子弟充任。
六品。　沈邵之：人名。又作“沈劭之”。吴興武康人。本書卷七
七有附傳。

[7]抵踢：抵擋抗拒，用力對撑。

　　其夜，上使尚書僕射何尚之視之，[1]問曰：“卿事何
得至此？”曄曰：“君謂是何？”尚之曰：“卿自應解。”
曄曰：“外人傳庾尚書見憎，[2]計與之無惡。謀逆之事，
聞孔熙先説此，輕其小兒，不以經意。今忽受責，方覺
爲罪。君方以道佐世，使天下無冤。弟就死之後，猶望
君照此心也。”明日，仗士送曄付廷尉，入獄，問徐丹
陽所在，[3]然後知爲湛之所發。熙先望風吐款，辭氣不
橈，上奇其才，遣人慰勞之曰：“以卿之才，而滯於集
書省，[4]理應有異志。此乃我負卿也。”又詰責前吏部尚
書何尚之曰：[5]“使孔熙先年將三十作散騎郎，那不
作賊。”

[1]何尚之：人名。廬江灊人。本書卷六六有傳。

[2]庾尚書：即庾炳之。潁川鄢陵人，時任吏部尚書。本書卷
五三有附傳。

[3]徐丹陽：即徐湛之。時任征虜將軍、丹陽尹。

[4]集書省：官署名。又稱門下省或散騎省，有侍中、散騎常
侍等官職。

[5]吏部尚書：官名。尚書省吏部長官，掌官吏銓選任命升遷

等。三品。

熙先於獄中上書曰："囚小人猖狂，識無遠概，徒狥意氣之小感，[1]不料逆順之大方。與第二弟休先首爲姦謀，干犯國憲，�膾脯醢，[2]無補尤戾。[3]陛下大明含弘，量苞天海，録其一介之節，猥垂優逮之詔。恩非望始，没有遺榮，終古以來，未有斯比。夫盗馬絶纓之臣，[4]懷璧投書之士，[5]其行至賤，其過至微，由識不世之恩，以盡軀命之報，卒能立功齊、魏，致勳秦、楚。囚雖身陷禍逆，名節俱喪，然少也慷慨，竊慕烈士之遺風。但墜崖之木，事絶升躋，覆盆之水，理乖收汲。方當身膏鈇鉞，詒誠方來，若使魂而有靈，結草無遠。[6]然區區丹抱，不負夙心，貪及視息，少得申暢。自惟性愛群書，心解數術，[7]智之所周，力之所至，莫不窮攬，究其幽微。考論既往，誠多審驗。謹略陳所知，條牒如故别狀，願且勿遺棄，存之中書。若囚死之後，或可追存，庶九泉之下，少塞釁責。"所陳並天文占候，[8]讖上有骨肉相殘之禍，其言深切。

[1]狥（xùn）：曲從，偏私。

[2]鰦（jī）膾脯醢：像加工食品一樣搗爛切碎。鰦，切成細末。

[3]尤戾：特別的過失、罪行。戾，罪過。

[4]盗馬絶纓之臣：分別指秦穆公和楚莊王對有過失的人寬宏大量而最終受益事。盗馬，典出《吕氏春秋》：秦穆公失馬，爲野人所盗，穆公不僅没有怪罪野人，反而賜酒助食。後穆公與晋戰於韓原，秦敗，賴野人相助，反敗爲勝。絶纓，典出《韓詩外傳》：

楚莊王夜宴群臣，王后助酒，燭滅，有人調戲王后，王后折斷其冠纓以告莊王。莊王遂令群臣皆去冠纓，使調戲王后者得脱。後楚晉會戰，莊王被困，賴引王后衣者而獲救。參見《文選》曹子建《求自試表》及注。

[5]懷璧投書之士：分別指淳于髡和國淵事。懷璧，典出《抱朴子》：齊國欲伐魏國，魏派使臣送給淳于髡寶璧二雙，天馬四駟，向齊請和。淳于髡果以理説服齊王不去伐魏。事後魏使揭露送璧馬的事。齊王質問淳于髡，髡答："有之。百姓無被兵之患，髡有璧馬之寶，於王何傷？"齊王並没有處罰淳于髡，而齊、魏都得到了和平。下文"卒能應功齊、魏"，即指此。投書，典出《三國志》卷一一《魏書·國淵傳》：國淵任魏郡太守，有人投書誹謗時政，曹操要把投書人治罪，國淵則把書信要過來没有宣布。書中引用《二京賦》，國淵就拜師學習《二京賦》，在學習中發現了投書人，但國淵並没有處罰他。後國淵官至太僕，"投書"的典故遂傳爲佳話。孔熙先引用以上幾個典故，是希望得到文帝的寬恕。

[6]結草：指春秋時魏顆因救人一命而終獲報答事。參見《左傳》宣公十五年。此處意即報恩。

[7]數術：以陰陽數理附會人的吉凶禍福的技藝，亦稱術數。

[8]天文占候：以觀測天文變化和占卜等技藝附會人事吉凶禍福的技藝。

曄在獄，與綜及熙先異處，乃稱疾求移考堂，[1]欲近綜等。見聽，與綜等果得隔壁。遙問綜曰："始被收時，疑誰所告？"綜云："不知。"曄曰："乃是徐童。"童，徐湛之小名仙童也。在獄爲詩曰："禍福本無兆，性命歸有極。必至定前期，誰能延一息。在生已可知，來緣懂無識。[2]好醜共一丘，何足異枉直。豈論東陵上，[3]寧辨首山側。[4]雖無嵇生琴，[5]庶同夏侯色。[6]寄言生存子，此路行復即。"

[1]考堂：審問囚犯的房屋。考，同"拷"。

[2]懂（huò）：愚昧無知。

[3]東陵：代指盜跖。《莊子·駢拇》："伯夷死名於首陽之下，盜跖死利於東陵之上，二人者，所死不同，其於殘生傷性均也，奚必伯夷之是而盜跖之非乎！"

[4]首山：山名。即首陽山。約在今河南偃師市西北。

[5]嵇生琴：即嵇康琴。爲三國魏名士嵇康所用。史稱嵇康不滿於司馬氏篡位，被殺，臨刑時援琴而彈《廣陵散》，聲調絕倫。參見《晋書》卷四九本傳。

[6]夏侯色：三國魏太常夏侯玄的神色。史稱夏侯玄謀誅權臣司馬師，事敗被殺，臨刑舉動自若，顏色不變。參見《三國志》卷九本傳。

曄本意謂入獄便死，而上窮治其獄，遂經二旬，曄更有生望。獄吏因戲之曰："外傳詹事或當長繫。"[1]曄聞之驚喜，綜、熙先笑之曰："詹事嘗共疇昔事時，[2]無不攘袂瞋目。及在西池射堂上，[3]躍馬顧盼，自以爲一世之雄。而今擾攘紛紜，畏死乃爾。設令今時賜以性命，人臣圖主，何顏可以生存？"曄謂衛獄將曰："惜哉！薶如此人。"[4]將曰："不忠之人，亦何足惜。"曄曰："大將言是也。"

[1]詹事：即范曄。入獄前官居太子詹事、左衛將軍。　長繫：長期關押。繫，結，扣。

[2]嘗：各本作"當可"或"當前"，中華本據《南史》改。

昔：各本並闕，中華本據《通鑑》補。

　　[3]西池射堂：地名。爲帝王游獵之所，在今江蘇南京市境内。

　　[4]薶（wō）：沾污。

　　將出市，[1]曄最在前，於獄門顧謂綜曰：“今日次第，當以位邪？”綜曰：“賊帥爲先。”[2]在道語笑，初無暫止。[3]至市，問綜曰：“時欲至未？”綜曰：“勢不復久。”曄既食，又苦勸綜，綜曰：“此異病篤，何事强飯。”曄家人悉至市，監刑職司問：“須相見不？”曄問綜曰：“家人以來，幸得相見，將不暫别。”綜曰：“别與不别，亦何所存。來必當號泣，正足亂人意。”曄曰：“號泣何關人，向見道邊親故相瞻望，亦殊勝不見。吾意故欲相見。”於是呼前。曄妻先下撫其子，回罵曄曰：“君不爲百歲阿家，[4]不感天子恩遇，身死固不足塞罪，奈何枉殺子孫。”曄乾笑云罪至而已。曄所生母泣曰：“主上念汝無極，汝曾不能感恩，又不念我老，今日奈何？”仍以手擊曄頸及頰，曄顏色不怍。[5]妻云：“罪人，阿家莫念。”妹及妓妾來别，曄悲涕流漣，綜曰：“舅殊不同夏侯色。”曄收淚而止。綜母以子弟自蹈逆亂，獨不出視。曄語綜曰：“姊今不來，勝人多也。”曄轉醉，子藹亦醉，取地土及果皮以擲曄，呼曄爲别駕數十聲。曄問曰：“汝恚我邪？”[6]藹曰：“今日何緣復恚，但父子同死，不能不悲耳。”曄常謂死者神滅，欲著《無鬼論》；至是與徐湛之書，云“當相訟地下”。其謬亂如此。又語人：“寄語何僕射，[7]天下決無佛鬼。若有靈，自當相報。”收曄家，樂器服玩，並皆珍麗，妓妾亦盛飾，母住止單陋，唯有一廚盛樵薪，弟子冬無被，叔父單布衣。曄及子藹、遙、叔蔞，孔熙先及弟休先、景先、思先，熙先子桂甫，桂甫子白民，謝綜及弟約，仲承祖，許耀，諸所連及，並伏誅。曄時年四十八。曄兄弟子父已亡者及謝綜弟緯，徙廣州。藹子魯連，吳興昭公主外孫，[8]請全生命，亦得遠徙，世祖即位得還。[9]

[1]出市：到刑場去。按：古時習慣以人員密集的市作爲刑場，以起警示作用。

[2]賊帥：此指范曄。此前其任左衛將軍，係將帥之職，故有此嘲。

[3]暫止：《南史》卷三三《范曄傳》作“慚恥”，不如“暫止”傳神，而失其本意。

[4]阿家：江東俚語，即老娘、母親。

[5]不怍：沒有慚愧的神色。怍，慚愧。

[6]恚：恨，怒。

[7]何僕射：即何尚之。時任尚書僕射。

[8]吳興昭公主：又稱吳興長公主，名榮男，宋武帝第二女，琅邪王偃妻，生王藻、王懋等。參見本書卷四一《后妃傳》。吳興爲其封邑，在今浙江湖州市吳興區。昭，諡號。按《諡法》：“容儀恭美曰昭。”

[9]世祖：宋孝武帝劉駿廟號。

曄性精微有思致，觸類多善，衣裳器服，莫不增損制度，世人皆法學之。撰《和香方》，其序之曰：“麝本多忌，[1]過分必害；沈實易和，[2]盈斤無傷。零藿虛燥，[3]詹唐黏濕。[4]甘松、蘇合、安息、鬱金、㮈多、和

羅之屬，[5]並被珍於外國，無取於中土。[6]又棗膏昏鈍，
甲煎淺俗，非唯無助於馨烈，[7]乃當彌增於尤疾也。"[8]
此序所言，悉以比類朝士："麝本多忌"，比庾炳之；
"零藿虛燥"，比何尚之；"詹唐黏濕"，比沈演之；"棗
膏昏鈍"，比羊玄保；"甲煎淺俗"，比徐湛之；"甘松、
蘇合"，比慧琳道人；"沈實易和"，以自比也。

[1]麝：一種食草動物，從其身上提取的麝香是著名香料。

[2]沈實：香木名。即沉香。産於亞熱帶，木質堅硬而重，色
黃，有香味。《御覽》卷九八一作"沉實"。

[3]零藿：指零陵香、藿香之類植物，可入中藥，作解暑化濕
散熱等用。

[4]詹唐：香料名。煎枝爲香，似糖而黑，又稱詹糖。

[5]甘松、蘇合、安息、鬱金、檠多、和羅：香料名。甘松爲
多年生矮小草木，有强烈香氣。蘇合原産於小亞細亞，爲從樹中取
出的香料，稱蘇合香。安息，即安息香。原産西亞等地。鬱金，即
鬱金香。原産小亞細亞。檠多、和羅，不詳。

[6]中土：《御覽》卷九八一作"中道"。

[7]馨烈：香味濃烈。馨，香。

[8]乃當彌增於尤疾也：香料使用不當，可使小病變得格外嚴
重。尤，格外，尤其。

曄獄中與諸甥姪書以自序曰：

　　吾狂釁覆滅，豈復可言，汝等皆當以罪人棄
之。然平生行己任懷，猶應可尋。至於能不，意中
所解，汝等或不悉知。吾少懶學問，晚成人，年三
十許，政始有向耳。[1]自爾以來，轉爲心化，推老

將至者，亦當未已也。往往有微解，言乃不能自盡。爲性不尋注書，心氣惡，小苦思，便慣悶；[2]口機又不調利，[3]以此無談功。至於所通解處，皆自得之於胸懷耳。文章轉進，但才少思難，所以每於操筆，其所成篇，殆無全稱者。常恥作文士。文患其事盡於形，情急於藻，義牽其旨，韻移其意。雖時有能者，大較多不免此累，政可類工巧圖繢，竟無得也。常謂情志所託，故當以意爲主，以文傳意。以意爲主，則其旨必見；以文傳意，則其詞不流。然後抽其芬芳，振其金石耳。此中情性旨趣，千條百品，[4]屈曲有成理。自謂頗識其數，嘗爲人言，多不能賞，意或異故也。

[1]有向：《南史》作“有尚”。
[2]慣悶：昏慣煩悶，不痛快。慣，昏亂。
[3]口機：口齒，説話的能力。機，機能。
[4]百品：多種類型、情況。品，種類。

　　性別宮商，[1]識清濁，[2]斯自然也。觀古今文人，多不全了此處，縱有會此者，不必從根本中來。言之皆有實證，非爲空談。年少中，謝莊最有其分，[3]手筆差易，文不拘韻故也。吾思乃無定方，特能濟難適輕重，所稟之分，猶當未盡。但多公家之言，少於事外遠致，以此爲恨，亦由無意於文名故也。

　　[1]宮商：古時曲譜名稱，以宮、商、角、徵、羽五音區分。此處泛指音樂才能。

　　[2]清濁：清音濁音。泛指辨別聲韵方面的才能。

　　[3]謝莊：人名。陳郡陽夏人。本書卷八五有傳。傳稱其文賦優美，後來獨秀，與此意合。

　　本未關史書，政恒覺其不可解耳。既造《後漢》，轉得統緒，詳觀古今著述及評論，殆少可意者。班氏最有高名，[1]既任情無例，[2]不可甲乙辨。[3]後贊於理近無所得，[4]唯志可推耳。[5]博贍不可及之，整理未必愧也。吾雜傳論，[6]皆有精意深旨，[7]既有裁味，故約其詞句。[8]至於《循吏》以下及《六夷》諸序論，[9]筆勢縱放，實天下之奇作。其中合者，往往不減《過秦》篇。[10]嘗共比方班氏所作，非但不愧之而已。欲徧作諸志，前漢所有者悉令備。[11]雖事不必多，且使見文得盡。又欲因事就卷内發論，以正一代得失，意復未果。贊自是吾文之傑思，[12]殆無一字空設，奇變不窮，同合異體，乃自不知所以稱之。此書行，故應有賞音者。紀、傳例爲舉其大略耳，[13]諸細意甚多。自古體大而思精，未有此也。恐世人不能盡之，多貴古賤今，所以稱情狂言耳。

　　[1]班氏：即班固。後漢扶風安陵人，《漢書》作者。《漢書》卷一〇〇及《後漢書》卷四〇下皆有傳。

　　[2]任情無例：任情而爲，不受先例拘束。

　　[3]不可甲乙辨：不能辨別優劣。甲乙，次第、優劣。

[4]後贊:《漢書》每卷之後的評論,是表明著者態度的結論性語言。

[5]唯志可推:《漢書》繼承《史記》記載典章制度方面的體例,名之曰志,有《刑法》《律曆》《天文》《地理》《藝文》等十志。其中刑法、地理、藝文諸志爲《史記》所無,向被認爲最有價值。

[6]傳論:《後漢書》紀傳中的論語。一般稱在卷首者爲序,卷末者爲論,皆爲著者觀點之概括。

[7]皆有精意深旨:此語有自溢成分。然其書《中興二十八將論》《黨錮列傳序》《宦者列傳序》《鄧騭傳論》等筆勢縱放,確爲"天下之奇作"。

[8]約其詞句:限制用詞造句,以簡略爲目的。約,限制,拘束。

[9]《循吏》以下及《六夷》:見該書卷七六至九〇,皆依類相分,主要有《循吏》《酷吏》《宦者》《儒林》《文苑》《獨行》《方術》《逸民》《列女》《東夷》《南蠻》《西南夷》《西羌》《西域》《南匈奴》《烏桓鮮卑》列傳等。各卷基本有序有論,體例相對固定。

[10]《過秦》:西漢洛陽人賈誼作,一般分上、中、下三篇,指斥秦政之失。文見《賈誼集》。

[11]前漢所有:《漢書》共有《律曆》《禮樂》《刑法》《食貨》《郊社》《天文》《五行》《地理》《溝洫》《藝文》等十志,亦爲范曄擬作之體,惜因被殺未遂願。今本《後漢書》有《律曆》《禮儀》《祭祀》《天文》《五行》《郡國》《百官》《輿服》等八志,係用晉人司馬彪《續漢志》補綴而成,聊補范氏未遂之願。

[12]贊:《後漢書》各紀傳末亦有贊,用四字韵語寫成,大多語言凝煉,用意深刻。如《胡廣傳贊》謂"胡公庸庸,飾情恭貌。朝章雖理,據正或橈",多如此類。 傑思:傑出的構思、想法。此有自溢成分。

[13]紀、傳：《後漢書》有紀十卷，傳八十卷，後人稱其"網羅一代，事義周悉"，信爲良史。

　　吾於音樂，聽功不及自揮，[1]但所精非雅聲，[2]爲可恨。然至於一絶處，亦復何異邪。其中體趣，言之不盡，弦外之意，虛響之音，不知所從而來。雖少許處，而旨態無極。亦嘗以授人，士庶中未有一豪似者。此永不傳矣。吾書雖小小有意，筆勢不快，餘竟不成就，每愧此名。

　　[1]聽功：欣賞音樂的才能、功力。　自揮：自己演奏、發揮、創作。揮，舞動。
　　[2]雅聲：精美雅致的音樂。雅，正規、標準的。

曄《自序》並實，故存之。

　　藹幼而整潔，衣服竟歲未嘗有塵點。[1]死時年二十。

　　[1]竟歲：常年。竟，整，從頭到尾。

　　曄少時，兄晏常云：[1]"此兒進利，終破門户。"終如晏言。

　　[1]晏：人名。即范晏。本書無傳，事迹散見本卷及卷六〇《范泰傳》、卷六一《廬陵孝獻王義真傳》。

　　史臣曰：古之人云："利令智昏。"[1]甚矣，利害之相傾。劉湛識用才能，實苞經國之略，豈不知移弟爲臣，則君臣之道用，變兄成主，則兄弟之義殊乎。而義康數懷姦計，苟相崇説，與夫推長戟而犯魏闕，[2]亦何以異哉！

　　[1]利令智昏：過於追求利益可以使人神智發昏。語出《史記》卷七六《平原君虞卿列傳》。

　　[2]推長戟而犯魏闕：指三國魏末權臣司馬昭指使黨羽刺殺魏帝曹髦事。參見《三國志》卷四《魏書·高貴鄉公髦紀》及注。長戟，兵器。魏闕，曹魏宮闕。也指古代宮門外兩邊高聳的樓觀，借指朝廷。

宋書　卷七〇

列傳第三十

袁淑

　　袁淑字陽源，陳郡陽夏人，[1]丹陽尹豹少子也。[2]

　　[1]陳郡：治所在今河南淮陽縣。　陽夏：縣名。治所在今河南太康縣。

　　[2]丹陽尹：官名。京師所在郡府長官，掌行政事務。五品。丹陽，郡名。治所在今江蘇南京市東南。　豹：人名。即袁豹。本書卷五二有附傳。

　　少有風氣，[1]年數歲，伯父湛謂家人曰：[2]“此非凡兒。”至十餘歲，爲姑夫王弘所賞。[3]不爲章句之學，[4]而博涉多通，好屬文，[5]辭采遒艷，縱橫有才辯。本州命主簿，[6]著作佐郎，[7]太子舍人，[8]並不就。彭城王義康命爲司徒祭酒。[9]義康不好文學，雖外相禮接，意好甚疏。劉湛，[10]淑從母兄也，欲其附己，而淑不以爲意，由是大相乖失，以久疾免官。補衡陽王義季右軍主簿，[11] 遷太子洗馬，[12] 以脚疾不拜。衛軍臨川王義慶雅好文章，[13] 請爲諮議參軍。[14] 頃之，遷司徒左西屬。[15] 出爲宣城太守，[16] 入補中書侍郎，[17] 以母憂去職。服闋，爲太子中庶子。[18] 元嘉二十六年，[19] 遷尚書吏部郎。[20] 其秋，大舉北伐，[21] 淑侍坐從容曰：“今當鳴鑾中岳，[22] 席卷趙、魏，[23] 檢玉岱宗，[24] 今其時也。臣逢千載之會，願上《封禪書》一篇。”[25] 太祖笑曰：[26] “盛德之事，我何足以當之。”出爲始興王征北長史、南東海太守。[27] 淑始到府，濬引見，[28] 謂曰：“不意舅遂垂屈佐。”[29] 淑答曰：“朝廷遣下官，本以光公府望。”還爲御史中丞。[30]

[1] 風氣：風度。

[2] 父：各本並脱，中華本據《南史》補。　湛：人名。即袁湛。本書卷五二有傳。

[3] 王弘：人名。琅邪臨沂人。本書卷四二有傳。

[4] 章句之學：即經學。以尋章摘句爲主。

[5] 屬文：連綴字句而成文章，指寫作。

[6] 主簿：官名。多設於州及諸公府，典文書簿籍，經辦事務。品秩隨府主不等。

[7] 著作佐郎：官名。秘書省屬官，協助著作郎修撰國史及起居注。六品。

[8] 太子舍人：官名。太子府屬官，掌侍從左右，顧問應對，出則陪乘。七品。

[9] 彭城王義康：即劉義康。宋武帝子。本書卷六八有傳。彭城，王國名。治所在今江蘇徐州市。　司徒祭酒：官名。司徒府屬

官，主府內事務。六品。司徒，各本作"軍司"，中華本據《南史》改。

[10]劉湛：人名。南陽涅陽人。本書卷六九有傳。

[11]衡陽王義季：即劉義季。宋武帝子。本書卷六一有傳。衡陽，王國名。治所在今湖南衡山縣東北。　右軍主簿：官名。右軍將軍屬官，典領文書簿籍，經辦事務。六品。

[12]太子洗馬：官名。太子府屬官，掌圖籍經書，贊拜威儀，出則爲前驅。七品。

[13]衛軍：官名。即衛將軍。掌京城皇宮近衛軍，位亞三公，在諸名號大將軍上。二品。　臨川王義慶：即劉義慶。宋武帝弟子。本書卷五一有附傳。臨川，王國名。治所在今江西撫州市臨川區。

[14]諮議參軍：官名。諸公府僚佐，備顧問諮議。位在列曹參軍上，無定員。

[15]司徒左西屬：官名。司徒府左西曹長官。七品。

[16]宣城：郡名。治所在今安徽宣城市宣城區。

[17]中書侍郎：官名。中書省屬官，掌草擬詔令，職任機要。位在監令下。五品。

[18]太子中庶子：官名。太子府屬官，掌侍從、奏事、諫議。五品。

[19]元嘉：宋文帝劉義隆年號（424—453）。

[20]尚書吏部郎：官名。尚書省吏部曹長官，主官吏銓選事務。六品。

[21]其秋，大舉北伐：前文有元嘉二十六年，此言"其秋"，似大舉北伐在二十六年秋。考之本書卷五《文帝紀》、卷九五《索虜傳》知大舉北伐乃在元嘉二十年也。

[22]鳴鑾：敲響戰車上的鈴鐺。鑾，一種鈴鐺，借指皇帝大駕出行。　中岳：即嵩山。在今河南登封市境內。此處泛指中原一帶。

[23]席卷：像卷席一樣包攬無遺。　趙、魏：地區名。泛指今河北、河南一帶。

[24]檢玉：指封禪。古封禪有金册、石函、金泥、玉檢之封。檢玉即玉檢之封。　岱宗：山名。即泰山。在今山東泰安市南。此處泛指山東半島一帶。

[25]《封禪書》：封祭禪拜泰山的文書。古時帝王以封禪泰山爲盛事，秦皇漢武皆行封禪。參見《史記》卷二八《封禪書》。

[26]太祖：宋文帝劉義隆廟號。

[27]始興王：即劉濬。宋文帝子。本書卷九九有傳。　征北長史：官名。征北將軍屬官，爲軍府僚佐之長，總領事務。六品。南東海：郡名。治所在今江蘇鎮江市京口區。

[28]濬：人名。即劉濬。時爲征北府府主。本書卷九九有傳。

[29]舅：按本書卷四一《后妃傳》、卷五二《袁湛傳》及卷七二《文九王傳》，謂袁淑伯父湛女爲宋文帝皇后，生太子劭等，始興王濬則爲庶出。據此知濬呼淑爲舅，實爲從舅。

[30]御史中丞：官名。御史臺長官，掌監察執法。四品。

　　時索虜南侵，[1]遂至瓜步，[2]太祖使百官議防禦之術，淑上議曰：

[1]索虜：即北魏王朝。南朝以其統治者出自鮮卑拓跋部，頭上辮髮如繩索，故稱其爲索虜或索頭虜。意即辮髮索頭的胡族，有侮辱之意。本書卷九五有《索虜傳》。

[2]瓜步：地名。在今江蘇南京市六合區東南瓜埠。

　　臣聞函車之獸，[1]離山必斃；絶波之鱗，[2]宕流則枯。[3]羯寇遺醜，[4]趨致畿甸，[5]蟻萃螽集，[6]聞已崩殂。[7]天險巖曠，地限深遐，故全魏戢其圖，[8]盛

晋輟其議，[9]情屈力殫，氣挫勇竭，諒不虞於來臨，
本無怵於能濟矣。乃者燮定攜遠，[10]阻違授律，[11]
由將有弛拙，故士少鬭志。圍潰之衆，匪寇傾淪，
攻制之師，空自班散，濟西勁騎，[12]急戰麾旅，淮
上訓卒，[13]簡備靡旗。是由綏整寡衷，戎昭多昧，
遂使潞子入患，[14]伊川來擾，[15]紛殄姬風，[16]泯毒
禹績，[17]騰書有渭陰之迫，[18]懸烽均咸陽之警。[19]
然而切揣虛實，伏匿先彰，校索伎能，譎詭既顯。
綿地千里，彌行阻深，表裏躓砑，[20]後先介逼。捨
陵衍之習，[21]競湍沙之利。[22]今虹見萍生，土膏泉
動，津陸陷溢，疢禍洊興，[23]芻藁已單，[24]米粟莫
係，水宇衿帶，進必傾賈，[25]河隘扁固，退亦墮
滅。所謂栖鳥於烈火之上，養魚於叢棘之中。

[1]函車之獸：關禁在車籠中的野獸。函，匣，套子。

[2]絶波之鱗：離開了水域的魚。絶，斷，無。

[3]宕（dàng）流：奔放没節制的流淌。

[4]羯：族名。兩晋時期北方少數民族，曾在中原地區建立後
趙政權。

[5]畿甸：京城地區。古制王畿千里，千里之内曰甸服，去王
城五百里。

[6]蟻萃螽（zhōng）集：像螞蟻螽斯一樣聚集在一起。螽，
一種害蟲。

[7]崩殪（yì）：崩潰，滅亡。殪，死。

[8]全魏戢（jí）其圖：三國魏阻止了其擴張的意圖。指曹魏
時鮮卑等侵擾魏邊而又被分化瓦解事。參見《三國志》卷三〇
《魏書·鮮卑傳》及注。戢，止，收斂。

［9］盛晉輆其議：指西晉幽州刺史衛瓘離間鮮卑與烏桓關係，終使鮮卑削弱事。參見《晉書》卷三六《衛瓘傳》。

［10］燮定攜遠：和協天下，柔懷遠近。攜，離。

［11］阻違授律：越過險阻，傳授禮儀制度。

［12］濟西：地區名。即濟水以西。今山東半島西部一帶。

［13］淮上：地區名。即淮河流域。主要指今安徽、江蘇等省沿淮河一綫。

［14］潞子入患：指春秋時潞子國入侵晉、周事。潞子，春秋國名。赤狄別族，後爲晉所滅。各本作“栲潞”，中華本據《元龜》卷四七一改。

［15］伊川來擾：指春秋時居於伊川的陸渾之戎侵擾鄰國事。伊川，各本並作“泉伊”，中華本據《元龜》卷四七一改。

［16］殄：盡，絕。　姬：周朝的國姓。

［17］泯：消滅。　禹：夏禹。

［18］渭陰之迫：指西周末年獫狁與申侯聯合滅亡西周事。參見《史記》卷一一〇《匈奴列傳》。渭陰，渭水南岸。即今陝西西安市一帶。

［19］咸陽之警：指漢文帝爲防備匈奴入侵置烽火自邊塞通於長安事。參見《漢書》卷九四《匈奴傳》。咸陽，縣名。治所在今陝西中部、西安市西北。

［20］躓（zhì）硋（ài）：失敗而進退無據。硋，同“礙”。

［21］陵衍：由丘陵漫衍而下之地。

［22］湍沙：水流沙上。湍，水勢急速。

［23］痁（shān）禍洊（jiàn）興：重病不斷。痁，瘧疾。洊，再至，再次。

［24］芻藁：喂養牲畜的草料。

［25］霣（yǔn）：原指雷雨，此處通“殞”。

　　或謂損緩江右，[1]寬繕淮内。[2]竊謂拯扼閩城，
舊史爲允，[3]棄遠涼土，前言稱非。[4]限此要荒，[5]
猶弗委割。況聯被京國，咫尺神甸，數州摧掃，列
邑殲痍，山淵反覆，草木塗地。今丘賦千乘，[6]井
算萬集，[7]肩摩倍於長安，[8]締袂百於臨淄，[9]什一
而籍，[10]實慊氓願，履畝以稅，[11]既協農和。户競
戰心，人含鋭志，皆欲贏糧請奮，[12]釋緯乘城。[13]
謂宜懸金鑄印，[14]要壯果之士，重幣甘辭，[15]招摧
決之將，舉薦板築之下，[16]抽登臺皁之間，[17]賞之
以焚書，[18]報之以相爵，[19]俄而昭才賀闕，[20]異能
間至。

[1]損緩江右：在長江中下游地區實行寬緩政策。

[2]寬繕淮内：寬大修整淮河以南地區。淮内，指今淮河下游
以南一帶。

[3]拯扼閩城，舊史爲允：援救據守閩中的城池，過去的史書
認爲這樣做是對的。閩城，地區名。今福建中部一帶。

[4]棄遠涼土，前言稱非：放棄偏遠的涼州領土，前人認爲不
應當。涼土，地區名。今甘肅一帶古稱。

[5]要荒：偏遠之地。古時稱距都城極遠的地方爲要服或荒服。

[6]丘賦：田賦名。原指春秋時鄭國的田賦制度，每户以耕種
土地多寡上交馬牛爲賦。丘，土地單位。一丘約十六井。

[7]井算：田稅。相傳爲井田制時實行的賦稅制度。井，早期
土地制度。每井約九百畝。

[8]肩摩倍於長安：人口超過長安。肩摩，指人口衆多，以至
摩肩接踵。長安，周朝及西漢都城，即今陝西西安市。

[9]締袂百於臨淄：佩帶美玉、衣著華麗的人超過臨淄。此與

上句均由蘇秦説齊宣王“臨菑之塗，車轂擊，人肩摩，連衽成帷，舉袂成幕”而來。參見《史記》卷六九《蘇秦列傳》。臨淄，地名。今山東淄博市臨淄區北。

[10]什一而籍：十分之一的田租。

[11]履畝以税：以田畝面積徵税。

[12]贏糧：負擔著糧食。

[13]釋緯：脱去衣服。緯，紡織品。

[14]懸金鑄印：用金錢和官職作爲獎賞。

[15]重幣甘辭：大量的財物和動聽的語言。

[16]板築之下：修築城墙的人。板築，築墙用具。板，墙板。築，杵。相傳商朝傅説築於傅巖，武丁舉以爲相。見《孟子·告子下》。

[17]臺皁之間：地位低微的人。古時稱奴隸中地位最低者爲臺，服雜役的人爲皁。此處則指裴豹。參見下注。

[18]賞之以焚書：以焚燒約束其自由的契約文書爲賞賜，給以身份自由。典出《左傳》襄公二十二年，范宣子焚隸徒裴豹的丹書以獎勵其殺督戎之功。

[19]相爵：與所立功勳相應的封爵或官職。此指以相位賞賜傅説。

[20]昭才賀闕：優秀傑出的人才到宮闕朝賀。闕，宮闕，皇帝居住的地方。

　　戎貪而無謀，肆而不整，迷乎向背之次，謬於合散之宜，犯軍志之極害，觸兵家之甚諱。咸畜憤矣，僉策戰矣，稱願影從，謡言緒命。[1]宜選敢悍數千，鶩行潛掩，偃旗裹甲，鉗馬銜枚，[2]檜稽而起，[3]晨壓未陣，旌譟亂舉，火鼓四臨，使景不暇移，塵不及起，無不禽鍛獸聾，[4]冰解霧散，掃洗嚼類，[5]漂鹵浮山。[6]如有決罩漏網，[7]逡窠逗穴，命淮、汝戈船，[8]遏其還逕，兗部勁卒，[9]梗其歸塗。必剪元雄，[10]懸首麾下，乃將隻輪不反，戰轊無旋矣。[11]於是信臣騰威，[12]武士繕力，緹組接陰，[13]鞞柝聯響。[14]

[1]緡昏：昏眛。

[2]鉗馬銜枚：橫銜枚鉗制馬口，使它不能鳴叫。鉗，鉗制。

[3]檜稽而起：像船槳劃水一樣猛然而起。檜稽，即檜楫。用檜木做的船槳。

[4]禽鎩（shā）獸聾（zhé）：禽脱落羽毛或獸驚慌失措。鎩，傷殘。聾，恐懼。

[5]嚼類：遺類，尚生存的人。嚼，各本作“哨”，中華本據《元龜》卷四七一改。

[6]漂鹵浮山：敗軍血流成河，能把盾牌漂起來，把山淹没。鹵，盾牌。

[7]決罩（fú）：衝破網羅。罩，捕鳥的網。

[8]淮、汝戈船：淮水和汝水的戰船。二水今名淮河、汝河，在河南南部及安徽、江蘇中部一帶，當時約爲南朝宋與北朝的分界綫。

[9]兗部勁卒：兗州的精兵。兗，州名。治所在今山東兗州市一帶。

[10]元雄：爲首領的人。

[11]隻輪不反，戰轊（wèi）無旋：喻全軍覆没。《公羊傳》僖公三十三年：秦晉殽之戰，秦軍大敗，“匹馬隻輪無反者”。戰轊，戰車。轊，車軸頭。

[12]信臣騰威：由臣下發揮威力。信，聽任，隨便。

[13]緹組接陰：武士雲集，喻衆多。古時稱武士服裝爲緹衣，

騎士爲緹騎。

［14］鞞（pí）柝（tuò）聯響：戰鼓和木梆聲響成一片。鞞，鼓的一種。柝，巡夜所敲木梆。

　　若其僞遁瀛漲，[1]出没無際，楚言漢旆，[2]顯默如神，固已日月蔽虧，川谷蕩貿。負塞殘孽，阻山燼黨，收險竊命，憑城借一，[3]則當因威席卷，乘機芟剿。泗、汴秀士，[4]星流電爥，徐、臯嚴兵，[5]雨湊雲集，隉亂桑溪之北，[6]摇潰瀚海以南，[7]絶其心根，勿使能植，銜索之枯，幾何不盡。是由涸澤而漁，焚林而狩，若浚風之儳輕籜，[8]杲日之拂浮霜。既而尉洽荷掠之餘，[9]望吊網悲之鬼。[10]然後天行樞運，猋舉煙升，青蓋西巡，[11]翠華東幸，[12]經啓州野，舉無遺策，[13]俾高闕再勒，[14]燕然後銘。[15]方乃奠山沉河，創禮輯策，闡燿炎、昊之遺則，[16]貫軼商、夏之舊文。[17]

　　［1］瀛漲：意即像海潮一樣漲落無常。瀛，大海。

　　［2］楚言漢旆：説的是楚語，打的是漢旗。此指劉邦困項羽於垓下使之四面楚歌事。參見《史記》卷七《項羽本紀》、《漢書》卷一《高帝紀》。

　　［3］借一：各本作“借土”，中華本據《元龜》卷四七一改。

　　［4］泗、汴秀士：泗水和汴水流域優秀戰士。二水皆爲淮河支流，分別發源於今河南中部和山東西南部一帶，東南或南流入淮河。當時爲南朝宋聯結中原的重要水域。

　　［5］徐、臯：地區名。泛指今江蘇、安徽二省淮河以北地區。

　　［6］隉亂桑溪之北：挫敗叛亂於桑落洲以北。指劉裕平盧循之

亂事。參見《晉書》卷一〇〇《盧循傳》及本書卷一《武帝紀上》。

[7]摇潰瀚海：指漢武帝時霍去病征匈奴，在瀚海擊潰匈奴事。參見《史記》卷一一一《衛將軍驃騎列傳》。瀚海，湖名。即今俄羅斯貝加爾湖。

[8]儛輕籜（tuó）：青草拂動。儛，同"舞"。籜，一種草。

[9]荷掠之餘：劫後餘生的人。荷，擔負。

[10]網悲之鬼：招致悲哀的冤鬼。網，搜羅。

[11]青蓋：青色的車篷。漢制規定，諸王所乘車用青篷。

[12]翠華：用翠羽飾於旗杆頂上的旗，爲皇帝儀仗。

[13]舉無遺策：各本並作"滌一軫策"，中華本據《元龜》卷四七一改。

[14]高闕再勒：在高闕再建功勳。高闕，塞名。傳爲戰國趙武靈王自代旁陰山下建邊塞至此，故地在今内蒙古杭錦後旗北。漢衛青率十萬人擊匈奴，也在這裏敗右賢王。

[15]燕然後銘：在燕然山勒石銘文，歌功頌德。燕然，山名。即燕然山。今名杭愛山。後漢時，大將軍竇憲大破北單于，登此山，班固受命撰《封燕然山銘》。參見《後漢書》卷二三《竇憲傳》。

[16]炎、昊：炎帝、太昊，傳説中的遠古帝王。

[17]商、夏：商湯、夏禹。

　　今衆賈拳勇，而將術疏怯，意者稔泰日積，[1]承平歲久，邑無驚赴之急，家緩餽戰之勤，闕閲訓之禮，簡參屬之飾，且亦薦採之法，庸未蔑歟。[2]若乃邦造里選，[3]攉論深切，躬撢盡幽，斬帶尋遠，設有沉明能照，俊偉自宣，誠感泉雨，流通金石，氣懾飛、賁，[4]知窮苴、起，[5]審邪正順逆之數，達昏明益損之宜，能睽合民心，愚叡物性，登丹墀而敷策，[6]躡青蒲而揚謀，[7]上說辰鑒，下弭素言，足以安民紓國，救災恤患。則宜拔過寵貴之上，褒升戚舊之右，別其旂章，[8]榮其班祿，出得專譽，使不稟命。降席折節，同廣武之請；[9]設壇致禮，均淮陰之授。[10]必有要盟之功，[11]竊符之捷。[12]

[1]稔泰日積：農業豐收、天下太平的時間長久，即承平日久。稔，莊稼成熟。

[2]庸未薿（jì）歟：尚未到來。薿，來，到。

[3]邦造里選：官府訪查，鄉里推選。造，到，去。

[4]飛、賁：皆人名。即張飛、孟賁。分別爲三國蜀漢和先秦著名武將。張飛，《三國志》卷三六有傳。孟賁，《説苑》稱他"水行不避蛟龍，陸行不避虎狼"。

[5]知窮苴、起：才智超過司馬穰苴、白起。二人分別爲春秋戰國時期齊、秦名將，以足智多謀見稱。《史記》卷六四、七三各有傳。知，同"智"。

[6]丹墀：宮殿的赤色臺階。墀，臺階上的空地。

[7]青蒲：供坐下休息用的蒲團。

[8]旂章：旌旗威儀。旂，有鈴鐺的旗子。

[9]廣武之請：指秦末廣武君李左車請求出奇兵破敵軍事。參見《史記》卷九二《淮陰侯列傳》。廣武，縣名。李左車封地。治所在今河南滎陽市。

[10]淮陰之授：西漢高祖劉邦在奪韓信楚王之後，改封淮陰侯。參見《史記·淮陰侯列傳》。淮陰，縣名。韓信封地。治所在今江蘇淮安市淮陰區西南。

[11]要盟之功：指齊魯柯之盟。魯曹沫以匕首劫持齊桓公，要求齊返侵魯之地。參見《史記》卷三二《齊太公世家》。

[12]竊符之捷：指戰國魏公子無忌竊取魏王虎符調動軍隊援救趙國終獲大勝事。參見《史記》卷七七《魏公子列傳》。符，虎符，古時用作軍隊調動等事的憑信物。

　　夷裔暴很，内外侮棄，始附之衆，分茷無序，[1]蠱以威利，勢必攜離，首順之徒，靡然自及。今淶繹故典，灛土纓緌，[2]翦焉幽播，折首凶狡。是猶眇者願明，痿之思步，動商遄會，功終易感。劫晋在於善覘，[3]全鄭實寄良諜，[4]多縱反間，汩惑心耳。發險易之前，抵興喪之術，衝其猜伏，拂其嫌嗜，汩以連率之貴，[5]餌以析壤之資。[6]罄筆端之用，展辭鋒之鋭，振辯則堅圍可解，馳羽而巖邑易傾。必府䰟土崩，枝幹瓦裂，故燕、樂相悔，[7]項、范交疑矣。[8]

[1]分茷（fá）無序：雜亂。茷，草葉茂盛。

[2]纓緌（wéi）：冠帶與冠飾。緌，裝飾品。

[3]劫晋在於善覘：典出《左傳》成公十七年。樂書用反間計離間晋厲公與郤至的關係，詭説郤至有廢晋厲公的陰謀，使厲公派去覘探。厲公信之，然後樂書劫持晋厲公殺掉郤至，而立公子周爲君。《史記》卷三九《晋世家》也載其事。

[4]全鄭實寄良諜：指春秋時鄭國人弦高、燭之武等人阻止秦國攻鄭進而保全鄭國事。參見《史記》卷四二《鄭世家》及《左傳》文公十七年。

[5]汩以連率之貴：典出《晋書》卷三四《羊祜傳》。晋征南大將軍羊祜坐鎮荆州，多有惠政。羊祜死時，南州人“莫不號慟，罷市，巷哭者聲相接”，百姓於峴山爲羊祜立碑，“望其碑者莫不流

涕，杜預因名爲墮淚碑"。連率，統帥，此處代指羊祜。

[6]析壤：分封土地作爲獎賞。析，分開。

[7]燕、樂相悔：指戰國時燕惠王與將軍樂毅因互不信任而終爲齊國所乘事。參見《史記》卷八〇《樂毅列傳》。

[8]項、范交疑：指秦末項羽和謀士范增因人挑撥致相互懷疑而兩敗俱傷事。參見《史記》卷七《項羽本紀》。

　　或乃言約功深，事邇應廣，齊圉反駕，趙養還君，盡輿誦之道，[1]畢能事之效。臣幸得出内層禁，游息明代，[2]澤與身泰，恩隨年行，無以逢迎昌運，潤飾鴻法。今塗有遺鏃，蠆未息蜂，[3]敢思涼識，少酬闓施。但坐幕既乏昭文，免冑不能致果，竊觀都護之邊論，屬國之兵謨，終、晁之抗辭，[4]杜、耿之言事，[5]咸云及經之棘，[6]猶闕上算，燭郢之敬，裁收下策。自恥懦木，智不綜微，敢露昧見，無會昭採。

[1]輿誦：衆人的議論，民謡。

[2]游息：各本並作"游心"，中華本據《元龜》卷四七一改。

[3]蠆（chài）未息蜂：蠆蟲還有鬭志。蠆，一種像蝎子一樣的毒蟲。

[4]終、晁之抗辭：指西漢終軍、晁錯關於安定邊境和國内局勢的言辭。分別見《漢書》卷六四、四九各本傳。

[5]杜、耿之言事：指西晉杜預、東漢耿弇關於平吴、安邊等方面的言論。分別見《晉書》卷三四和《後漢書》卷一九各本傳。

[6]及經之棘：達到英明策略的高度。

淑意爲誇誕，每爲時人所嘲。始興王濬嘗送錢三萬
餉淑，一宿復遣追取，謂使人謬誤，欲以戲淑。淑與濬
書曰：“袁司直之視館，[1]敢寓書於上國之宮尹。[2]日者
猥枉泉賦，[3]降委弊邑。弊邑敬事是遑，無或違貳。懼
非郊贈之禮，[4]覲饗之資，[5]不虞君王惠之於是也，是有
慙焉。弗圖旦夕發咫尺之記，籍左右而請，以爲胥授失
旨，爰速先幣。曾是附庸臣委末學孤聞者，如之何勿
疑。且亦聞之前志曰，七年之中，一與一奪，[6]義士猶
或非之。況密邇旬次，何其哀益之亟也。藉恐二三諸
侯，有以觀大國之政。是用敢布心腹。弊室弱生，砥節
清廉，好是潔直，以不邪之故，而貧聞天下。寧有昧夫
嗟金者哉。不腆供賦，束馬先璧以俟命。[7]唯執事所以
圖之。”[8]

[1]袁司直：即袁淑。他在此時任御史中丞，與丞相司直職務
相近。任職之所又稱南司，亦可稱司直。　視館：猶司直府的
主事。

[2]上國：指劉濬始興國。　宮尹：官名。本爲太子詹事的別
稱，此處代指始興國的主管，實際是代指劉濬。

[3]猥枉泉賦：謙詞，意即榮幸獲得錢幣的贈與。猥，多，雜。
泉，泉貨，古時指貨幣。

[4]郊贈之禮：國王郊祭時所使用的禮節及贈送臣下的禮物。

[5]覲饗之資：朝見或款待君主的資費。古時稱朝見君主爲覲，
用酒食待人爲饗。

[6]七年之中，一與一奪：語出《左傳》成公八年。原爲季文
子關於晉大夫韓穿令魯將汶陽之田歸齊一事的反駁辭，此處意即反
復無常。

[7]束馬先璧以俟命：把過去贈送的錢束在馬身上，表示隨時聽候命令，自己並不貪財。

[8]執事：官府中擔任職務的人，官吏。對劉濬的敬稱。

遷太子左衛率。[1]元凶將為弒逆，[2]其夜淑在直，二更許，呼淑及蕭斌等流涕謂曰：[3]"主上信讒，將見罪廢。內省無過，[4]不能受枉。明旦便當行大事，望相與勠力。"淑及斌並曰："自古無此，願加善思。"劭怒變色，左右皆動。斌懼，乃曰："臣昔忝伏事，常思效節，況憂迫如此，輒當竭身奉令。"淑叱之曰："卿便謂殿下真有是邪？殿下幼時嘗患風，或是疾動耳。"劭愈怒，因問曰："事當克不？"淑曰："居不疑之地，[5]何患不克。但既克之後，為天地之所不容，大禍亦旋至耳。願急息之。"劭左右引淑〔衣曰："此是何事，而可言罷。"因賜淑〕等袴褶，[6]又就主衣取錦，[7]截三尺為一段，又中破，分斌、淑及左右，使以縛袴。淑出還省，[8]繞牀行，至四更乃寢。劭將出，已與蕭斌同載，呼淑甚急，淑眠終不起。劭停車奉化門，[9]催之相續。徐起至車後，劭使登車，又辭不上。劭因命左右："與手刃。"見殺於奉化門外，時年四十六。劭即位，追贈太常，[10]賜賵甚厚。[11]

[1]太子左衛率：官名。太子府屬官，掌宿衛東宮，亦任征伐，位在右率上。五品。

[2]元凶：行凶作亂的首領。此指劉劭，宋文帝太子。本書卷九九有傳。

［3］蕭斌：人名。南蘭陵人。本書卷七八有附傳。

［4］內省：自我反省。各本作“省內”，中華本據《通鑑》宋元嘉三十年改。

［5］不疑之地：不被人起疑心的地位。此指其僅次於皇帝的太子地位。

［6］“衣曰”至“賜淑”：各本並脫十三字，中華本據《南史》補。　袴褶：褲子。

［7］主衣：負責保管衣服的人。

［8］還省：回到值夜的官署。各本作“環省”，中華本據《南史》改。

［9］奉化門：建康宮門之一，在今江蘇南京市內。

［10］太常：官名。九卿之一，主祭祀社稷、宗廟和朝會、喪葬禮儀等事。三品。

［11］賜賵（fèng）：賞賜用作辦理喪事的錢和物。

　　世祖即位，[1]使顏延之爲詔曰：[2]“夫輕道重義，亟聞其教；世弊國危，希遇其人。自非達義之至、識正之深者，孰能抗心衛主、遺身固節者哉！故太子左衛率淑，文辯優洽，秉尚貞愨。[3]當要逼之切，意色不橈，屬辭道逆，氣震凶黨。虐刃交至，取斃不移。古之懷忠隕難，未云出其右者。興言嗟悼，無廢乎心。宜在加禮，永旌宋有臣焉。可贈侍中、太尉，[4]謚曰忠憲公。”[5]又詔曰：“袁淑以身殉義，忠烈邈古。遺孤在疚，特所矜懷。可厚加賜恤，以慰存亡。”淑及徐湛之、江湛、王僧綽、卜天與四家，[6]於是長給稟祿。[7]文集傳於世。[8]

[1]世祖：宋孝武帝劉駿廟號。

[2]顏延之：人名。琅邪臨沂人。本書卷七三有傳。

[3]愨（què）：謹慎。

[4]侍中：官名。門下省長官，掌侍從皇帝左右，顧問應對，諫諍諷議，出則陪乘。三品。　太尉：官名。三公之一，負責全國軍事事務的長官，多爲重臣加官。一品。

[5]忠憲：諡號。按《諡法》：“危身奉上曰忠。”“博聞多能曰憲。”

[6]徐湛之、江湛、王僧綽、卜天與：人名。分別爲東海郯、濟陽考城、琅邪臨沂、吳興餘杭人，皆於元凶作亂時不附而死。參見本書卷七一、九一各本傳。

[7]長給稟禄：官制用語。指長期使功臣之家享有衣食稟禄的優待，以示獎賞。

[8]文集傳於世：《隋書·經籍志四》稱梁有宋太尉《袁淑集》十卷及目録一卷，至唐時仍見流傳。

　　子幾、顗、稜、凝、標。顗，世祖步兵校尉。[1]凝，太宗世御史中丞，[2]出爲晋陵太守。[3]太宗初與四方同反，[4]兵敗歸降，以補劉湛冠軍府主簿。[5]淑諸子並早卒。

[1]步兵校尉：官名。禁衛軍將領之一，掌宮廷護衛。初領營兵，後多爲加官。四品。

[2]太宗：宋明帝劉彧廟號。

[3]晋陵：郡名。治所在今江蘇常州市。

[4]與四方同反：指宋明帝即位之初天下方鎮舉兵討伐事。參見本書卷八《明帝紀》。同反，原作“國反”，中華本據孫彪《考論》改。

[5]劉湛：人名。中華本據孫彪《考論》謂劉湛已於元嘉十七年被殺，此"湛"應爲"轀"之訛。　冠軍府主簿：官名。冠軍將軍府屬官，典領文書簿籍，經辦事務。七品。

　　史臣曰：天長地久，人道則異於斯。蕣華朝露，[1]未足以言也。其間夭遽，[2]曾何足云。宜任心去留，不以存没嬰心。徒以靈化悠遠，生不再來，雖天行路嶮，而未之斯遇，謂七尺常存，百年可保也。所以據洪圖而輕天下，[3]吝寸陰而敗尺璧。若乃義重乎生，空炳前誥，[4]投軀殉主，世罕其人。若無陽源之節，[5]丹青何貴焉爾。[6]

　　[1]蕣（shùn）華朝露：像木槿花和早晨的露珠一樣生命短暫。蕣，木名。即木槿。所開花朝開暮斂。
　　[2]夭遽：迅速消失。夭，摧折。
　　[3]洪圖：宏大基業。洪，同"鴻"。
　　[4]前誥：前世的詔誥。誥，帝王所下命令。
　　[5]陽源之節：袁淑的忠節。陽源，袁淑字。
　　[6]丹青：指史書。古時丹册記勳，青史紀事，故丹青引申爲史書。

宋書　卷七一

列傳第三十一

徐湛之　江湛　王僧綽

　　徐湛之，字孝源，東海郯人。[1]司徒羨之兄孫，[2]吳郡太守佩之弟子也。[3]祖欽之，秘書監。[4]父逵之，[5]尚高祖長女會稽公主，[6]爲振威將軍、彭城沛二郡太守。[7]高祖諸子並幼，以逵之姻戚，將大任之，欲先令立功。及討司馬休之，[8]使統軍爲前鋒，配以精兵利器，事剋，當即授荊州。[9]休之遣魯宗之子軌擊破之，[10]於陣見害。追贈中書侍郎。[11]

　　[1]東海：郡名。治所在今山東郯城縣北。　郯：縣名。治所在今山東郯城縣西北。

　　[2]司徒：官名。三公之一，多爲重臣加官。一品。　羨之：人名。即徐羨之。本書卷四三有傳。

　　[3]吳郡：治所在今江蘇蘇州市。　佩之：人名。即徐佩之。本書卷四三有附傳。

[4]秘書監：官名。秘書省長官，掌圖書經籍，考校古今，課試署吏。三品。

[5]達之：人名。各本並作“達之”，中華本據《南史》及本書卷一《武帝紀上》改。

[6]高祖：宋武帝劉裕廟號。　會稽公主：名興弟，臧皇后所生。又稱會稽長公主、會稽宣長公主。會稽爲其封邑，在今浙江紹興市。

[7]振威將軍：官名。與建、廣、奮、揚威將軍並稱五威將軍。四品。　彭城沛：皆郡名。彭城治所在今江蘇徐州市，沛治所在今江蘇沛縣。

[8]討司馬休之：事在晋義熙十一年。司馬休之，人名。晋宗室，時任荆州刺史。《晋書》卷三七有附傳，《魏書》卷三七、《北史》卷二九有傳。

[9]荆州：治所在今湖北荆州市荆州區。

[10]魯宗之：人名。扶風郿人。事見本書卷七四《魯爽傳》。軌：人名。即魯軌。事見本書《魯爽傳》。

[11]中書侍郎：官名。中書省屬官，掌草擬詔令，職任機要，位在監令下。五品。

　　湛之幼孤，爲高祖所愛，常與江夏王義恭寢食不離於側。[1]永初三年，[2]詔曰：“永興公主一門嫡長，[3]早罹辛苦。外孫湛之，特所鍾愛。且致節之胤，[4]情實兼常。可封枝江縣侯，[5]食邑五百户。”年數歲，與弟淳之共車行，[6]牛奔車壞，左右馳來赴之。湛之先令取弟，衆咸嘆其幼而有識。及長，頗涉文義，[7]善自位待。事祖母及母，並以孝謹聞。

　　[1]江夏王：王爵名。王國在今湖北武漢市武昌區。　義恭：

人名。即劉義恭。宋文帝子。本書卷六一有傳。

　　[2]永初：宋武帝劉裕年號（420—422）。

　　[3]永興公主：上云會稽公主，此云永興公主，中華本疑永興爲會稽公主的始封稱號。

　　[4]致節之胤：忠臣的後代。致節，指湛之父逖之以身殉國事。參見本書卷七四《魯爽傳》。

　　[5]枝江縣侯：侯爵名。侯爵最高等級。侯國在今湖北枝江市西南。

　　[6]淳之：人名。即徐淳之。本書僅此一見，其事不詳。

　　[7]文義：各本並作“大義”，中華本據《南史》等改。

　　元嘉二年，[1]除著作佐郎，[2]員外散騎侍郎，[3]並不就。六年，東宮始建，[4]起家補太子洗馬，[5]轉國子博士，[6]遷奮威將軍、南彭城沛二郡太守，[7]徙黃門侍郎。[8]祖母年老，辭以朝直，[9]不拜。復授二郡，加輔國將軍，[10]遷秘書監，領右軍將軍，[11]轉侍中，[12]加驍騎將軍。[13]復爲秘書監，加散騎常侍，[14]驍騎如故。

　　[1]元嘉：宋文帝劉義隆年號（424—453）。

　　[2]著作佐郎：官名。秘書省屬官，協助著作郎修撰國史及起居注。六品。

　　[3]員外散騎侍郎：官名。門下省官員，多以安置閑退官員或衰老人士。五品。

　　[4]東宮始建：指宋文帝始立長子劭爲太子事。東宮，太子所住宮殿，代指太子。

　　[5]太子洗馬：官名。太子府屬官，掌圖書經籍，贊替受事，出則爲前驅。七品。

　　[6]國子博士：官名。掌國子生徒教授，隸於祭酒。位在太學

博士上。六品。

[7]奮威將軍：官名。五威將軍之一。四品。　南彭城：郡名。治所在今江蘇泗陽縣一帶。

[8]黃門侍郎：官名。又稱黃門郎，給事宮內，侍從皇帝，顧問應對，出則陪乘。五品。

[9]朝直：在官署值班。直，同“值”。

[10]輔國將軍：官名。一度改爲輔師將軍，位在龍驤將軍上。三品。

[11]右軍將軍：官名。禁衛軍主要將領之一，掌宿衛。四品。

[12]侍中：官名。門下省長官，掌侍從皇帝左右，顧問應對，贊道衆事，出則陪乘。三品。

[13]驍騎將軍：官名。護衛皇宮主要將領之一，與領、護、左右衛、游擊將軍合稱六軍。四品。

[14]散騎常侍：官名。門下省長官，掌顧問應對，侍從皇帝左右，諫諍得失，參掌機密，職比侍中。三品。

　　會稽公主身居長嫡，爲太祖所禮，家事大小，必諮而後行。西征謝晦，[1]使公主留止臺內，[2]總攝六宮。忽有不得意，輒號哭，上甚憚之。初，高祖微時，貧陋過甚，嘗自往新洲伐荻，[3]有納布衫襖等衣，皆敬皇后手自作。[4]高祖既貴，以此衣付公主，曰：“後世若有驕奢不節者，可以此衣示之。”湛之爲大將軍彭城王義康所愛，[5]與劉湛等頗相附協。及劉湛得罪，事連湛之，太祖大怒，[6]將致大辟。[7]湛之憂懼無計，以告公主。公主即日入宮，既見太祖，因號哭下牀，不復施臣妾之禮。以錦囊盛高祖納衣，擲地以示上曰：“汝家本貧賤，此是我母爲汝父作此納衣。[8]今日有一頓飽食，便欲殘害我兒子！”上亦號哭，湛之由此得全也。遷中護軍，[9]未拜，又遷太子詹事，[10]尋加侍中。

[1]西征謝晦：事在元嘉三年。謝晦，人名。陳郡陽夏人。本書卷四四有傳。

[2]臺內：宮廷禁省以內。臺，宮禁的省稱。

[3]往：各本並脫，中華本據《御覽》卷一五三補。　新洲：長江中小島名。在今江蘇南京市六合區南。　荻：水邊生長的一種蘆草。

[4]敬皇后：即臧皇后。名愛親，東莞人，宋武帝皇后，會稽公主生母。本書卷四一有傳。

[5]彭城王：王爵名。王國在今江蘇徐州市。　義康：人名。即劉義康。宋武帝子。本書卷六八有傳。

[6]太祖：宋文帝劉義隆廟號。

[7]大辟：死刑。《尚書·呂刑》疏：“死是罪之大者，故謂死刑爲大辟。”

[8]我母爲汝父：會稽公主與宋文帝爲同父異母姊弟，公主爲臧皇后所生，文帝出自胡婕妤。參見本書卷四一《后妃傳》。

[9]中護軍：官名。掌督護京師以外諸軍，領營兵，資任較護軍爲輕。三品。

[10]太子詹事：官名。太子府屬官，掌太子府內外庶務，亦負輔翊太子之責。三品。

　　湛之善於尺牘，[1]音辭流暢。貴戚豪家，產業甚厚。室宇園池，貴遊莫及。伎樂之妙，冠絕一時。門生千餘人，[2]皆三吳富人之子，[3]姿質端妍，衣服鮮麗。每出入行遊，塗巷盈滿，泥雨日，悉以後車載之。太祖嫌其侈縱，每以爲言。時安成公何勗，[4]無忌之子也，[5]臨汝公

孟靈休，[6]昶之子也，[7]並各奢豪，與湛之共以肴膳、器
服、車馬相尚。京邑爲之語曰："安成食，臨汝飾。"湛
之二事之美，兼於何、孟。勗官至侍中，追謚荒公。[8]
靈休善彈棋，[9]官至秘書監。

[1]尺牘：書信。尺，尺簡。牘，書版。

[2]門生：一種以門徒弟子爲名的依附人口。

[3]三吳：地區名。指吳郡、吳興、會稽三郡，原爲春秋吳國
故地，即今江蘇南部和浙江北部一帶。

[4]安成公：公爵名。公國在今江西安福縣。　何勗：人名。
東海郯人，本書無傳，事迹散見本卷及卷四一《前廢帝何皇后傳》、
四二《劉慮之傳》、四六《張暢傳》等。

[5]無忌：人名。即何無忌。《晋書》卷八五有傳。

[6]臨汝公：公爵名。公國在今江西撫州市臨川區西。　孟靈
休：人名。平昌安丘人，本書無傳，事迹散見本書卷四二《劉穆之
傳》。

[7]昶：人名。即孟昶。本書無傳，事迹散見本卷及卷一《武
帝紀上》、四二《劉穆之傳》等。

[8]荒公：謚號。按《謚法》："好樂怠政曰荒。"

[9]彈棋：古時競技游戲一種，由兩人對局，執棋子以決勝負。
參見柳宗元《柳先生集·序棋》。

　　湛之遷冠軍將軍、丹陽尹，[1]進號征虜將軍，[2]加散
騎常侍，以公主憂不拜。過葬，復授前職，湛之表啓固
辭，又詣廷尉受罪。[3]上詔獄官勿得受，然後就命。固
辭常侍，許之。二十二年，范曄等謀逆，[4]湛之始與之
同，後發其事，所陳多不盡，爲曄等款辭所連，乃詣廷

尉歸罪，上慰遣令還郡。湛之上表曰：

[1]冠軍將軍：官名。位在輔國將軍上。三品。　丹陽尹：官
名。負責京師郡城政務的長官，職比太守。五品。丹陽，郡名。治
所在今江蘇南京市東南。

[2]征虜將軍：官名。多爲文職加官，不典兵。三品。

[3]廷尉：官署名。審理司法刑政事務機構。

[4]范曄等謀逆：指其欲擁立彭城王劉義康事。范曄，人名。
順陽人。本書卷六九有傳。

　　賊臣范曄、孔熙先等，[1]連結謀逆，法靜尼宣
分往還，[2]與大將軍臣義康共相脣齒，備於鞠對。[3]
伏尋仲承祖始達熙先等意，[4]便極言姦狀。而臣兒
女近情，不識大體，上聞之初，不務指斥，紙翰所
載，尤復漫略者，實以凶計既表，逆事歸露，又仰
緣聖慈，不欲窮盡，故言勢依違，未敢縷陳。情旨
無隱，已昭天鑒。及群凶收禽，各有所列，曄等口
辭，多見誣謗；承祖醜言，紛紜特甚。乃云臣與義
康宿有密契，在省之言，期以爲定，潛通姦意，報
示天文。末云熙先縣指必同，[5]以詆於曄，或以智
勇見稱，或以愚懦爲目。既美其信懷可覆，復駭其
動止必啓。凡諸詭妄，還自違伐，多舉事端，不究
源統，齎傳之信，[6]無有主名，所徵之人，又已死
沒，首尾乖互，自爲矛楯。即臣誘引之辭，以爲始
謀之證，銜臣糾告，並見怨咎，縱肆狂言，必規禍
陷。[7]伏自探省，亦復有由。昔義康南出之始，敕

臣入相伴慰，晨夕覿對，經踰旬日。逆圖成謀，雖無顯然，懟容異意，[8]頗形言旨。遺臣利刃，期以際會，臣苦相諫譬，深加距塞。以爲怨憤所至，不足爲慮，便以關啓，懼成虛妄，思量反覆，實經愚心，非爲納受，曲相蔽匿。又令申情范曄，釋中間之憾，致懷蕭思話，[9]恨婚意未申，[10]謂此僥幸，亦不宣達。陛下敦惜天倫，彰於四海，藩禁優簡，親理咸通，又昔蒙眷顧，不容自絕，音翰信命，時相往來。或言少意多，旨深文淺，辭色之間，往往難測。臣每懼異聞，皆略而不答。惟心無邪悖，故不稍以自嫌，愯愯丹實，[11]具如此啓。至於法靜所傳，及熙先等謀，知實不早，見關之日，便即以聞。雖晨光幽燭，曲昭窮款，裁以正義，無所逃刑。束骸北闕，[12]請罪司寇，[13]乾施含宥，未加治考，中旨頻降，制使還往，仰荷恩私，哀惶失守。

[1]孔熙先：人名。魯國人。事見本書卷六九《范曄傳》。
[2]法靜尼：建康王國寺尼姑。事見本書《范曄傳》。
[3]鞫對：審問囚犯的記錄。鞫，同“鞠”。
[4]仲承祖：人名。事見本書《范曄傳》。
[5]縣指：揭露，揭示。縣，同“懸”。
[6]齎（jī）傳之信：傳單。齎，帶，送。
[7]規：各本並作“見”，中華本據《元龜》卷二〇九改。
[8]懟（duì）容：不滿的情緒。懟，怨恨。
[9]蕭思話：人名。南蘭陵人。本書卷七八有傳。
[10]恨婚意未申：本書《范曄傳》謂義康府吏仲承祖曾奉命南下，“申義康意於蕭思話及曄，云‘本欲與蕭結婚，恨始意不

果'"。所指當此。

[11]慺（lóu）慺丹實：誠懇陳説實情。慺，恭謹。

[12]束骸北闕：主動謁闕請罪。北闕，皇宮北闕門，古時指皇帝所住的地方。

[13]司寇：官名。掌管刑罰的最高官吏。

臣殃積罪深，丁罹酷罰，久應屏棄，永謝人理。況姦謀所染，忠孝頓闕，智防愚淺，闇於禍萌，士類未明其心，群庶謂之同惡，朝野側目，衆議沸騰，專信釁隙之辭，不復稍相申體。臣雖駑下，情非木石。豈不知醜黷難嬰，[1]伏劍爲易。而靦然視息，[2]忍此餘生，實非苟吝微命，假延漏刻。[3]誠以負戾灰滅，[4]貽惡方來，貪及視息，少自披訴。冀幽誠丹款，儻或昭然，雖復身膏草土，九泉無恨。顯居官次，垢穢朝班，厚顔何地，可以自處。乞蒙隳放，[5]伏待鈇鑕。[6]

上優詔不許。

[1]醜黷難嬰：罪行嚴重，難以令人容忍、承受。嬰，同"膺"，承受。

[2]靦（tiǎn）然：厚著臉皮。靦，同"覥"。

[3]漏刻：古時計時工具。猶指時間。

[4]負戾：帶著罪惡。戾，罪過。

[5]隳（huī）放：罷官治罪。隳，毀壞。

[6]鈇（fū）鑕（zhì）：即斧鑕。古時處斬犯人的刑具。

二十四年，服闋，轉中書令，[1]領太子詹事。出爲前軍將軍、南兗州刺史。[2]善於爲政，威惠並行。廣陵城舊有高樓，[3]湛之更加脩整，南望鍾山。[4]城北有陂澤，水物豐盛，湛之更起風亭、月觀，吹臺、琴室，果竹繁茂，花藥成行，招集文士，盡遊玩之適，一時之盛也。時有沙門釋惠休，[5]善屬文，辭采綺艷，湛之與之甚厚。世祖命使還俗。[6]本姓湯，位至揚州從事史。[7]二十六年，復入爲丹陽尹，領太子詹事，將軍如故。二十七年，索虜至瓜步，[8]湛之領兵置佐，與皇太子分守石頭。[9]二十八年春，魯爽兄弟率部曲歸順，[10]爽等，魯軌子也。湛之以爲廟算遠圖，特所獎納，不敢苟申私怨。乞屏居田里，不許。

[1]中書令：官名。中書省長官之一，掌納奏、擬令、出詔，職比宰相。三品。

[2]前軍將軍：官名。掌宮禁宿衛，與後、左、右軍將軍並稱四軍將軍。四品。　南兗州：治所在今江蘇揚州市西北蜀崗上。

[3]廣陵：郡名。時爲南兗州治所，在今江蘇揚州市西北蜀崗上。

[4]南望鍾山：此爲誇大之語，周一良已有詳論。參見其《札記·廣陵南望鍾山語誇大》。鍾山，山名。在今江蘇南京市東。

[5]釋惠休：僧人名。又稱湯惠休。事迹僅見本卷。

[6]世祖：宋孝武帝劉駿廟號。

[7]從事史：官名。州中佐吏之一，掌衆曹文書事。六品。

[8]索虜：即北魏王朝。南朝以其統治者爲鮮卑族，頭上有辮髮如繩索，故稱爲索虜或索頭虜。　瓜步：地名。在今江蘇南京市六合區東南瓜埠。

[9]石頭：城名。建康諸城之一，多爲屯兵和儲糧之地。在今

江蘇南京市西清凉山。

[10]魯爽兄弟：即魯爽及其弟秀。扶風郿人。本書卷七四有傳。　部曲：漢時是軍隊的編制，魏晉南北朝是一種私人武裝。

　　轉尚書僕射，[1]領護軍將軍。[2]時尚書令何尚之以湛之國戚，[3]任遇隆重，欲以朝政推之。凡諸辭訴，一不料省。湛之亦以《職官記》及令文，[4]尚書令敷奏出内，事無不總，令缺則僕射總任。又以事歸尚之，互相推委。御史中丞袁淑並奏免官。[5]詔曰："令、僕治務所寄，不共求體當，而互相推委，糾之是也。然故事殘舛，所以致兹疑執，特無所問，時詳正之。"乃使湛之與尚之並受辭訴。尚之雖爲令，而朝事悉歸湛之。初，劉湛伏誅，[6]殷景仁卒，[7]太祖委任沈演之、庾炳之、范曄等，[8]後又有江湛、何瑀之。[9]曄誅，炳之免，演之、瑀之並卒，至是江湛爲吏部尚書，與湛之並居權要，世謂之江、徐焉。

　　[1]尚書僕射：官名。尚書省次官，協助録、令綜理省臺事務。三品。

　　[2]領：官制用語。指以本官暫時攝理其他職務，而不居其官。護軍將軍：官名。高級武官之一，掌督護京師以外諸軍。三品。

　　[3]何尚之：人名。廬江灊人。本書卷六六有傳。

　　[4]《職官記》：關於職官制度方面的書籍，著者未詳。南朝梁時有九卷。參見《隋書·經籍志二》。

　　[5]御史中丞：官名。御史臺長官，掌監察執法。四品。　袁淑：人名。陳郡陽夏人。本書卷七〇有傳。

　　[6]劉湛：人名。南陽涅陽人，官至金紫光禄大夫，因黨附彭

城王劉義康被殺。本書卷六九有傳。

　　[7]殷景仁：人名。陳郡長平人，卒於元嘉十七年。本書卷六三有傳。

　　[8]沈演之、庾炳之：皆人名。分別爲吴興武康、潁川鄢陵人。本書卷六三、五三各有傳。

　　[9]何瑀之：人名。廬江灊人。本書卷四一有附傳。瑀之，中華本校勘記稱本書卷四一《何皇后傳》作“瑀”，此作“何瑀之”，蓋六朝人名後之“之”字，有時可省去。又《通鑑》宋文帝元嘉二十八年胡三省注曰“何瑀之恐應當作何尚之”，蓋以何瑀之雖歷官清顯，未嘗管機密，不如何尚之之當要任。又丁福林《校議》據本書《江湛傳》《何尚之傳附攸之傳》考證，“頗疑此何瑀之乃何攸之之訛”。

　　上每有疾，湛之輒入侍醫藥。二凶巫蠱事發，[1]上欲廢劭，[2]賜濬死。[3]而世祖不見寵，故累出外蕃，不得停京輦。南平王鑠、建平王宏並爲上所愛，[4]而鑠妃即湛妹，勸上立之。[5]元嘉末，徵鑠自壽陽入朝，[6]既至，又失旨，欲立宏，嫌其非次，是以議久不決。與湛之屏人共言論，或連日累夕。每夜常使湛之自秉燭，繞壁檢行，慮有竊聽者。劭入弒之旦，[7]其夕，上與湛之屏人語，至曉猶未滅燭。湛之驚起趣北户，未及開，見害。時年四十四。世祖即位，追贈司空，加散騎常侍，本官如故，謚曰忠烈公。[8]又詔曰：“徐湛之、江湛、王僧綽門户荼酷，[9]遺孤流寓，言念既往，感痛兼深。可令歸居本宅，厚加恤賜。”於是三家長給廩。[10]

　　[1]二凶：即宋文帝太子劉劭、次子始興王劉濬。本書卷九九

各有傳。 巫蠱：以巫言妖術蠱惑人心借以作亂。

［2］劭：人名。即劉劭。宋文帝太子。

［3］濬：人名。即劉濬。宋文帝次子，封始興王。

［4］南平王：王爵名。王國在今湖北公安縣。 鑠：人名。即劉鑠。宋文帝第四子。本書卷七二有傳。 建平王：王爵名。王國在今重慶巫山縣。 宏：人名。即劉宏。宋文帝第七子。本書卷七二有傳。

［5］鑠妃即湛妹，勸上立之：丁福林《校議》據本卷《王僧綽傳》、《通鑑》卷一二七、《南史》考證，此“湛妹”乃指江湛之妹，非徐湛之之妹。故丁認爲“湛妹”後佚“湛”字。“湛”字屬下讀。

［6］壽陽：縣名。在今安徽壽縣，時爲豫州治所。

［7］入弑之旦：殺害宋文帝的早晨。事在元嘉三十年二月二十二日。

［8］忠烈公：謚號。按《謚法》：“危身奉上曰忠。”“有功安民曰烈。”“秉德尊業曰烈。”

［9］王僧綽：人名。琅邪臨沂人。本卷有傳。

［10］長給廩：官府對功臣的一種表彰方式。即長期提供米糧錢物給其家屬。

三子：聿之、謙之，爲元凶所殺。恒之嗣侯，[1]尚太祖第十五女南陽公主，[2]蚤卒，無子。聿之子孝嗣紹封，[3]齊受禪，國除。[4]

［1］嗣侯：嗣封枝江縣侯爵位。

［2］南陽公主：公主名號。本書僅此一見，其事不詳。封邑在今河南南陽市。

［3］孝嗣：人名。即徐孝嗣。《南齊書》卷四四有傳。

［4］國除：取消爵號，剝奪世襲封爵的權力。

　　江湛字徽淵，濟陽考城人，[1]湘州刺史夷子也。[2]居喪以孝聞。愛好文義，喜彈棋鼓琴，兼明算術。初爲著作佐郎，遷彭城王義康司徒行參軍，[3]南譙王義宣左軍功曹。[4]復爲義康司徒主簿，[5]太子中舍人。[6]司空檀道濟爲子求湛妹婚，[7]不許。義康有命，又不從。時人重其立志。義康欲引與日夕，湛固求外出，乃以爲武陵内史，[8]還爲司徒從事中郎，[9]遷太子中庶子，[10]尚書吏部郎。[11]隨王誕爲北中郎將、南徐州刺史，[12]以湛爲長史、南東海太守，[13]政事悉委之。[14]

　　[1]濟陽：郡名。治所在今河南蘭考縣。　考城：縣名。治所在今河南民權縣東北。

　　[2]湘州：治所在今湖南長沙市。　夷：人名。即江夷。本書卷五三有傳。

　　[3]行參軍：官名。由司徒府自辟屬官，掌參謀軍務。六品。

　　[4]南譙王：王爵名。王國在今安徽巢湖市居巢區東南。　義宣：人名。即劉義宣。宋武帝子。本書卷六八有傳。　左軍功曹：官名。王府屬官，掌吏事並參與政務。六品。

　　[5]主簿：官名。典領文書簿籍，經辦事務，諸王府及州皆置，品級隨府不等。

　　[6]太子中舍人：官名。太子府屬官，掌文翰、侍從、規諫等，位在中庶子下。六品。

　　[7]檀道濟：人名。高平金鄉人。本書卷四三有傳。

　　[8]武陵：郡國名。治所在今湖南常德市。　内史：官名。掌王國行政事務，職比太守。五品。

　　[9]司徒從事中郎：官名。司徒府屬官，職參謀議。六品。

[10]太子中庶子：官名。太子府屬官，掌侍從、奏事、諫議，屬太子少傅。五品。

[11]尚書吏部郎：官名。尚書省吏部曹長官，隸吏部尚書，掌官吏銓選調動事務。六品。

[12]隨王：王爵名。王國在今湖北隨州市。　誕：人名。即劉誕。宋文帝子。本書卷七九有傳。　北中郎將：官名。掌率師征伐，鎮守地方，多以宗室出任。四品。　南徐州：治所在今江蘇鎮江市京口區。

[13]長史：官名。爲僚佐之長，總掌府內諸曹。七品。　南東海：郡名。治所在今江蘇鎮江市京口區。

[14]悉：各本並脱，中華本據《元龜》卷七一六補。

元嘉二十五年，徵爲侍中，任以機密，領本州大中正，[1]遷左衛將軍。[2]時改選學職，以太尉江夏王義恭領國子祭酒，[3]湛及侍中何攸之領博士。[4]二十七年，轉吏部尚書。[5]家甚貧約，不營財利，餉饋盈門，一無所受，無兼衣餘食。嘗爲上所召，值澣衣，稱疾經日，衣成然後赴。牛餓，馭人求草，湛良久曰：“可與飲。”在選職，頗有刻覈之譏，而公平無私，不受請謁，論者以此稱焉。

[1]大中正：官名。評定世族內部品第的官員，多由居家於本地的名宦兼任。

[2]左衛將軍：官名。護衛皇宮主要將軍之一，與領軍、護軍、右衛、驍騎、游擊合稱六軍。四品。

[3]國子祭酒：官名。主管國子學，亦教授生徒儒學，參議禮制，隸太常。四品。

[4]何攸之：人名。一作何悠之，廬江灊人。本書卷六六有附傳。

[5]吏部尚書：官名。尚書省吏部長官，掌官吏銓選除授遷任。三品。

上大舉北伐，舉朝爲不可，唯湛贊成之。索虜至瓜步，領軍將軍劉遵考率軍出江上，[1]以湛兼領軍，軍事處分，一以委焉。虜遣使求婚，上召太子劭以下集議，衆並謂宜許，湛曰：“戎狄無信，許之無益。”劭怒，謂湛曰：“今三王在阨，[2]詎宜苟執異議。”聲色甚厲。坐散俱出，劭使班劍及左右推之，殆將側倒。劭又謂上曰：“北伐敗辱，數州淪破，獨有斬江湛，可以謝天下。”上曰：“北伐自我意，江湛但不異耳。”劭後燕集，未嘗命湛。常謂上曰：“江湛佞人，不宜親也。”上乃爲劭長子偉之娉湛第三女，[3]欲以和之。

[1]領軍將軍：官名。掌內軍，衛京師。三品。　劉遵考：人名。宋武帝族弟。本書卷五一有傳。

[2]三王在阨：指三位諸侯王在危難之中。三王，指江夏王義恭、武陵王駿、南平王鑠。時各督方面之軍與北魏相拒。參見本書卷五《文帝紀》及卷九五《索虜傳》。

[3]偉之：人名。即劉偉之。本書無傳，事迹散見本卷及卷九九《劉劭傳》。

上將廢劭，使湛具詔草。劭之入弑也，湛直上省，[1]聞叫譟之聲，乃匿傍小屋中。劭遣收之，舍吏紿云：[2]“不在此。”兵士即殺舍吏，乃得湛。湛據窗受害，意色不撓。時年四十六。湛五子恁、恕、憼、愻、法壽，皆見殺。初，湛家數見怪異，未敗少日，所眠牀忽有數升血。世祖即位，追贈左光禄大夫、開府儀同三司，[3]加散騎常侍，本官如故，謚曰忠簡公。[4]

長子㥄，尚太祖第九女淮陽長公主，[5]爲著作佐郎。

[1]直上省：正好在尚書省值班。直，通“值”。上省，即尚書省。

[2]舍吏：官署中辦理具體事務的人員。

[3]左光禄大夫：官名。多爲顯職加官，佩金章紫綬，班與特進同，在金紫上。二品。　開府儀同三司：官名。多爲顯職加官，意即與司徒、司空、司馬禮制相同，允許開設府署，自辟僚佐。

[4]忠簡公：謚號。按《謚法》：“危身奉上曰忠。”“一德不懈曰簡。”“平易不訾曰簡。”

[5]淮陽長公主：公主名號。又稱淮陽公主，生子敳等。封邑在今江蘇泗陽縣南。

王僧綽，琅邪臨沂人，[1]左光禄大夫曇首子也。[2]幼有大成之度，弱年衆以國器許之。[3]好學有理思，[4]練悉朝典。[5]年十三，太祖引見，下拜便流涕哽咽，上亦悲不自勝。襲封豫寧縣侯，[6]尚太祖長女東陽獻公主。[7]初爲江夏王義恭司徒參軍，轉始興王文學，[8]秘書丞，[9]司徒左長史，[10]太子中庶子。元嘉二十六年，徙尚書吏部郎，參掌大選。究識流品，諳悉人物，拔才舉能，咸得其分。二十八年，遷侍中，任以機密。僧綽沈深有局度，不以才能高人。先是，父曇首與王華並爲太祖所任，[11]華子嗣人才既劣，[12]位遇亦輕。僧綽嘗謂中書侍郎蔡興宗曰：[13]“弟名位應與新建齊，[14]超至今日，蓋由姻戚所致也。”新建者，嗣之封也。及爲侍中，時年二十九。始興王濬嘗問其年，僧綽自嫌蚤達，逡巡良久乃答，其謙虛自退若此。

[1]琅邪：郡名。治所在今山東臨沂市。　臨沂：縣名。治所在今山東費縣東。

[2]曇首：人名。即王曇首。本書卷六三有傳。

[3]國器：國家的寶器，棟梁之才。

[4]理思：中華本謂《通鑑》宋元嘉二十八年作“思理”。

[5]練悉朝典：熟悉朝廷禮儀及典章制度。

[6]豫寧縣侯：侯爵名。侯爵最高等級。侯國在今江西武寧縣西。各本並作“豫章”，中華本據本書《南史》及《王曇首傳》等改。

[7]東陽獻公主：公主名號。即東陽公主。名英娥，袁皇后所生。參見本書卷四一《后妃傳》。封邑在今浙江金華市。

[8]文學：官名。即文學掾。掌侍從文章，校讎典籍。六品。

[9]秘書丞：官名。秘書省屬官，掌管理校定圖書典籍。六品。

[10]左長史：官名。爲僚屬之長，總領諸曹，位在右長史上。六品。

[11]王華：人名。琅邪臨沂人。本書卷六三有傳。

[12]嗣：人名。即王嗣。事見本書卷六三《王華傳》。

[13]蔡興宗：人名。濟陽考城人。本書卷五七有附傳。

[14]新建：王嗣所襲父封地，在今江西樂安縣北。一説在今江西崇仁縣西南。

元嘉末，太祖頗以後事爲念，以其年少，方欲大相付託，朝政小大，皆與參焉。從兄微，[1]清介士也，懼其太盛，勸令損抑。僧綽乃求吳郡及廣州，[2]上並不許。

[1]微：人名。即王微。僧綽父曇首兄子。本書卷六二有傳。微，各本作“徽”，中華本據《南史》及《御覽》卷七三四改。

[2]廣州：治所在今廣東廣州市。

會二凶巫蠱事泄，上獨先召僧綽具言之。及將廢立，使尋求前朝舊典。劭於東宮夜饗將士，僧綽密以啓聞，上又令撰漢魏以來廢諸王故事。撰畢，送與江湛、徐湛之。湛之欲立隨王誕，江湛欲立南平王鑠，太祖欲立建平王宏，議久不決。誕妃即湛之女，鑠妃即湛妹。太祖謂僧綽曰：“諸人各爲身計，便無與國家同憂者。”僧綽曰：“建立之事，仰由聖懷。臣謂唯宜速斷，不可稽緩。當斷不斷，反受其亂。願以義割恩，略小不忍。不爾，便應坦懷如初，無煩疑論。《淮南》云：[1] ‘以石投水，吳越之善没取之。’[2]事機雖密，易致宣廣，不可使難生慮表，取笑千載。”上曰：“卿可謂能斷大事。此事重，不可不殷勤三思。且庶人始亡，[3]人將謂我無復慈愛之道。”僧綽曰：“臣恐千載之後，言陛下唯能裁弟，[4]不能裁兒。”上默然。江湛同侍坐，出閤，[5]謂僧綽曰：“卿向言，將不太傷切直。”僧綽曰：“弟亦恨君不直。”

[1]《淮南》：書名。即淮南王劉安集其賓客所著之《淮南子》，又名《淮南鴻烈》。

[2]以石投水，吳越之善没取之：見《淮南子·道應訓》。原文“没”字下有“者能”二字，語意更通順，可補之。

[3]庶人：指宋文帝弟彭城王劉義康。於元嘉二十二年被廢爲庶人，二十八年賜死。參見本書卷六八《彭城王義康傳》。

[4]裁弟：指宋文帝削奪彭城王義康權力、逼其自殺事。參見

本書《彭城王義康傳》。

[5]出閤：走出宮殿。閤，樓房。

及劭弒逆，江湛在尚書上省，[1]聞變，嘆曰：“不用僧綽言，以至於此。”劭既立，轉爲吏部尚書，委以事任，事在《二凶傳》。頃之，劭料檢太祖巾箱及江湛家書疏，[2]得僧綽所啓饗士并廢諸王事，乃收害焉，時年三十一。因此陷北第諸王侯，[3]以爲與僧綽有異志，并殺僧綽門客太學博士賈匪之、奉朝請司馬文穎、建平國常侍司馬仲秀等。[4]世祖即位，追贈散騎常侍、金紫光禄大夫，謚曰愍侯。[5]

[1]尚書上省：官署名。尚書臺所在處的俗稱，是尚書省長官辦公處所在，其屬官則多在下省辦公。參見本書《百官志》。

[2]巾箱：放置日常用品的箱子。

[3]北第諸王侯：府第在皇宮以北的達官貴人。主要指長沙王瑾、臨川王燁、桂陽侯覬、新渝侯玠等，未幾皆見殺。參見本書卷九九《劉劭傳》。

[4]門客：主要指依附於師友或權貴的故吏、文士等。　太學博士：官名。掌教授太學生，亦備咨詢、參議禮儀。隷太常。六品。　賈匪之：人名。平陽襄陵人。事見《南齊書》卷五二《賈淵傳》。　奉朝請：官名。散騎省屬官，多以安置閑散，無定員。六品。　司馬文穎：人名。本書僅此一見，其事不詳。　建平國常侍：官名。王國屬官，掌侍從左右，參贊禮儀，獻替諫諍，員額依國大小不等。建平國，時爲文帝第七子宏封國。　司馬仲秀：人名。本書僅此一見，其事不詳。

[5]愍侯：謚號。按《謚法》：“在國遭憂逢難曰愍。”

初，太社西空地一區，[1]吳時丁奉宅，[2]孫晧流徙其家。[3]江左初爲周顗、蘇峻宅，[4]其後爲袁悦宅，[5]又爲章武王司馬秀宅，[6]皆以凶終。後給臧燾，[7]亦頗遇喪禍，[8]故世稱爲凶地。僧綽常以正達自居，謂宅無吉凶，請以爲第。始就造築，未及居而敗。

[1]太社：皇帝祭祀社神的場所。

[2]丁奉：人名。廬江安豐人，官至大司馬。因貴而有功，去世後遭人讒毁，家人被流放。《三國志》卷五五有傳。

[3]孫晧：人名。三國吳末帝。《三國志》卷四八有傳。

[4]周顗、蘇峻：皆人名。分別爲汝南安成、長廣掖人，分別官至尚書左僕射、冠軍將軍，死於戰亂中。《晋書》卷六九、一〇〇各有傳。

[5]袁悦：人名。又名袁悦之，陳郡陽夏人，權臣司馬道子僚佐，因黨附見殺。《晋書》卷七五有附傳。

[6]章武王：王爵名。王國在今河北大城縣。　司馬秀：人名。晋宗室，官至桂陽太守，晋末爲宋武帝所殺。事見《晋書》卷三七《河間平王洪傳》。

[7]臧燾：人名。東莞莒人。本書卷五五有傳。燾，各本作“壽”，中華本據《南史》、《建康實録》、《御覽》卷一八〇改。

[8]頗遇喪禍：本書《臧燾傳》謂其居喪幾以毁性，任侍中以脚疾去職，孫凝之死於元凶之難，澄之、焕皆死於戰事。

子儉嗣，[1]昇明末，[2]爲齊國尚書右僕射。[3]

[1]儉：人名。即王儉。《南齊書》卷二三有傳。

[2]昇明：宋順帝劉準年號（477—479）。

[3]齊國：即蕭齊政權，繼宋以後統治南方的朝代。　尚書右

僕射：官名。尚書省次官，領祠部、度支、庫部等曹，亦主省臺事務，位在録、令及左僕射下。三品。

史臣曰：甚矣，宋氏之家難也，釁孽所鍾，親地兼極，雖復傾天滅道，迹非嫌路，而災隙內兆，邪蠹外興，天性既離，愛敬同盡，探雀請熊，[1]非無前釁，猜防之道，有未足乎。世祖弱年輕躁，夙無朝寵，累任邊外，未嘗居中。當璧之重，[2]將由愛立，臣主回疑，事無蚤斷。若使守器以長，[3]命不待賢，則密禍自銷，危機可免。聖哲之訓，豈欺我哉！昔山濤舉羊祜爲太子太傅，[4]蓋欲以後事委之，而羊公短世。僧綽綢繆主心，將任以國重，而宮車晏駕。二臣並以道德謙沖，名高兩代。胙未中年，[5]功謝成日，惜矣哉！

[1]探雀請熊：分別指趙武靈王和楚成王晚年事。史稱趙武靈王在繼承人一事上猶疑不決，引起內亂，被公子成、李兌圍困宮中，無食，探雀穀而食，後餓死。楚成王先立商臣爲太子，後又改立王子職，商臣發動政變，把成王圍在宮中。成王請求吃熊掌後再死，商臣不許，祇得自縊而死。分別見《史記》卷三四《趙世家》、《左傳》文公元年。

[2]當璧：擔當國家儲君的重任。璧，國器。

[3]守器：繼守國器，此指繼承皇位。

[4]山濤：人名。西晉河內懷人。《晉書》卷四三有傳。　羊祜：人名。泰山南城人。《晉書》卷三四有傳。　太子太傅：官名。太子府屬官，掌輔導太子及府中事務，多由重臣兼任。三品。

[5]胙（zuò）：古時祭祀用的肉。指死後被祭祀。

宋書　卷七二

列傳第三十二

文九王

南平穆王鑠　建平宣簡王宏　晉熙王昶　始安王休仁
晉平刺王休祐　鄱陽哀王休業　臨慶沖王休倩　新野懷
王夷父　巴陵哀王休若

　　文帝十九男：[1]元皇后生劭，[2]潘淑妃生濬，[3]路淑
媛生孝武帝，[4]吳淑儀生南平王鑠，[5]高修儀生廬陵昭王
紹，[6]殷修華生竟陵王誕，[7]曹婕妤生建平宣簡王宏，[8]
陳修容生東海王禕，[9]謝容華生晉熙王昶，[10]江修儀生
武昌王渾，[11]沈婕妤生明帝，[12]楊修儀生建安王休
仁，[13]邢美人生晉平王休祐，[14]蔡美人生海陵王休
茂，[15]董美人生鄱陽哀王休業，[16]顏美人生臨慶沖王休
倩，[17]陳美人生新野懷王夷父，[18]荀美人生桂陽王休

範，[19]羅美人生巴陵哀王休若。[20]劭、濬、誕、褘、渾、休茂、休範別有傳。紹出繼廬陵孝獻王義真。[21]

[1]文帝：宋太祖劉義隆謚號。按《謚法》：“經緯天地曰文。”本書卷五有紀。

[2]元皇后：即宋文帝袁皇后。名齊嬀，陳郡陽夏人。本書卷四一有傳。　劭：人名。即劉劭。宋文帝太子。本書卷九九有傳。

[3]潘淑妃：宋文帝妃嬪之一。《南史》卷一一有傳。淑妃，皇帝九嬪之一，位比九卿。　濬：人名。即劉濬。本書卷九九有傳。

[4]路淑媛：又稱路太后。名惠男，丹陽建康人，宋文帝妃嬪之一。本書卷四一有傳。淑媛，皇帝九嬪之一，位視九卿。　孝武帝：宋世祖劉駿謚號。本書卷六有紀。

[5]吳淑儀：宋文帝妃嬪之一。其事不詳。淑儀，位在淑媛下，秩比九卿。　南平王：王爵名。王國在今湖北公安縣。　鑠：人名。即劉鑠。宋文帝第四子。

[6]高修儀：宋文帝妃嬪之一。其事不詳。修儀，皇帝妃嬪名號，位視九卿。　廬陵昭王：王爵名。王國在今江西吉水縣。昭，謚號。按《謚法》：“昭德不勞曰昭。”　紹：人名。即劉紹。宋文帝第五子。本書卷六一有附傳。

[7]殷修華：宋文帝妃嬪之一。其事不詳。修華，班在淑儀下，位視九卿。　竟陵王：王爵名。王國在今湖北鍾祥市。　誕：人名。即劉誕。宋文帝第六子。本書卷七九有傳。

[8]曹婕妤：宋文帝妃嬪之一。其事不詳。婕妤，皇帝九嬪之一，位在修儀下、容華上，秩同九卿。　建平宣簡王：王爵名。王國在今重慶巫山縣。宣簡，謚號。按《謚法》：“聖善周聞曰宣。”“平易不訾曰簡。”　宏：人名。即劉宏。宋文帝第七子。

[9]陳修容：宋文帝妃嬪之一。本書僅此一見，其事不詳。修

容，位在修華下，秩同九卿。　東海王：王爵名。王國在今山東蒼山縣南。　褘：人名。即劉褘。宋文帝第八子。本書卷七九有傳。

[10]謝容華：又稱謝氏、射氏、晉熙太妃、晉熙國太妃。事迹散見本卷。容華，九嬪之一，位在修儀下，秩同九卿。　晉熙王：王爵名。王國在今安徽潛山縣。　昶：人名。即劉昶。宋文帝第九子。

[11]江修儀：宋文帝妃嬪之一。又稱江修容、江太妃。其事不詳。　武昌王：王爵名。王國在今湖北鄂州市鄂城區。　渾：人名。即劉渾。宋文帝第十子。本書卷七九有傳。

[12]沈婕妤：宋文帝妃嬪之一。宋明帝生母，名容姬，又稱沈美人、湘東國太妃、宣貴妃、宣太后、宣皇太后、明宣沈太后。本書卷四一有傳。　明帝：宋太宗劉彧謚號。本書卷八有紀。

[13]楊修儀：宋文帝妃嬪之一。又稱楊美人、楊太妃。僅見本卷，其事不詳。　建安王：王爵名。王國在今福建建甌市南松溪南岸。　休仁：人名。即劉休仁。宋文帝第十二子。

[14]邢美人：宋文帝妃嬪之一。又稱邢氏、晉平國太妃。本書無傳，事迹僅見本卷。美人，位在九嬪下，爵視千石以下。　晉平王：王爵名。王國在今福建福州市。　休祐：人名。即劉休祐。宋文帝第十三子。

[15]蔡美人：宋文帝妃嬪之一。本書僅此一見，其事不詳。海陵王：王爵名。王國在今江蘇泰州市海陵區。　休茂：人名。即劉休茂。宋文帝第十四子。本書卷七九有傳。

[16]董美人：宋文帝妃嬪之一。其事不詳。　鄱陽哀王：王爵名。王國在今江西鄱陽縣。哀，謚號。按《謚法》：“恭仁短折曰哀。”　休業：人名。即劉休業。宋文帝第十五子。

[17]顏美人：宋文帝妃嬪之一。其事不詳。　臨慶沖王：王爵名。王國在今廣西賀州市八步區。　休倩：人名。即劉休清。宋文帝第十六子。

[18]陳美人：宋文帝妃嬪之一。本書僅此一見，其事不詳。

新野懷王：王爵名。王國在今河南新野縣。懷，謚號。按《謚法》："慈仁短折曰懷。" 夷父：人名。即劉夷父。宋文帝第十七子。

[19]荀美人：宋文帝妃嬪之一。本書無傳，事迹散見本卷及卷七九。 桂陽王：王爵名。王國在今湖南郴州市。 休範：人名。即劉休範。宋文帝第十八子。本書卷七九有傳。

[20]羅美人：宋文帝妃嬪之一。本書僅此一見，其事不詳。巴陵哀王：王爵名。王國在今湖南岳陽市。 休若：人名。即劉休若。宋文帝第十九子。

[21]廬陵孝獻王：王爵名。孝獻，謚號。按《謚法》："慈惠愛親曰孝。""聰明叡哲曰獻。" 義真：人名。即劉義真。宋武帝第二子。本書卷六一有傳。

南平穆王鑠字休玄，[1]文帝第四子也。

元嘉十七年，[2]都督湘州諸軍事、冠軍將軍、湘州刺史，[3]不之鎮，領石頭戍事。[4]二十二年，遷使持節、都督南豫豫司雍秦并六州諸軍事、南豫州刺史。[5]時太祖方事外略，[6]乃罷南豫併壽陽，[7]即以鑠爲豫州刺史，尋領安蠻校尉，[8]給鼓吹一部。[9]二十六年，[10]進號平西將軍，[11]讓不拜。

[1]穆：謚號。按《謚法》："中情見貌曰穆。"

[2]元嘉：宋文帝劉義隆年號（424—453）。

[3]都督湘州諸軍事：官名。當地最高軍事長官，總理所部軍務。湘州，治所在今湖南長沙市。 冠軍將軍：官名。位在輔國將軍上。三品。

[4]石頭：城名。建康諸城之一，爲軍事要地，在今江蘇南京市西清凉山一帶。

[5]使持節：官名。多爲軍事長官出鎮時的加官，手持皇帝授

予的節杖，以示威權，同時享有相應的權力。 南豫豫司雍秦并：皆爲州名。治所除并州不詳外，其餘分別在今安徽和縣、安徽壽縣、河南信陽市、湖北襄陽市西南、陝西漢中市。

[6]太祖：宋文帝劉義隆廟號。

[7]壽陽：地名。在今安徽壽縣。

[8]安蠻校尉：官名。掌豫州一帶南北交界地區的民族事務，以豫州刺史兼領。四品。

[9]鼓吹：樂隊。多爲皇帝或軍隊出行時做儀仗使用，有時也賜予高級將官及有功之臣。參見本書《樂志一》。

[10]二十六年：丁福林《校議》據本書卷五《文帝紀》、卷五〇《劉康祖傳》、卷七四《臧質傳》、卷九五《索虜傳》考證："此'二十六'乃'二十七'之訛。"

[11]平西將軍：官名。高級武官之一，與平東、平南、平北將軍並稱爲四平將軍。三品。

索虜大帥託跋燾南侵陳、潁，[1]遂圍汝南懸瓠城。[2]行汝南太守陳憲保城自固，[3]賊晝夜攻圍之，憲且守且戰，矢石無時不交。虜多作高樓，施弩以射城內，飛矢雨下，城中負戶以汲。[4]又毀佛浮圖，[5]取金像以爲大鉤，施之衝車端，以牽樓堞。[6]城內有一沙門，[7]頗有機思，輒設奇以應之。賊多作蝦蟆車以填塹，[8]肉薄攻城。[9]憲督屬將士，固女牆而戰。[10]賊之死者，屍與城等，遂登屍以陵城，短兵相接。憲銳氣愈奮，戰士無不一當百，殺傷萬計，汝水爲之不流。[11]相拒四十餘日，鑠遣安蠻司馬劉康祖與寧朔將軍臧質救之，[12]虜燒攻具走。

[1]索虜：南朝對北朝鮮卑族的辱稱。又稱索頭虜，因其頭上有辮髮如繩索，故名。本書卷九五有《索虜傳》。　託跋燾：人名。鮮卑族。北魏太武帝。《魏書》卷四有紀。託，一般作"拓"。陳、潁：地區名。在今河南中南部一帶。

[2]汝南懸瓠城：城名。汝南郡治所，在今河南汝南縣一帶。

[3]行：官制用語。指由一種官職暫時代理另一官職的任職方式。　陳憲：人名。本書無傳，事見本書卷九五《索虜傳》。

[4]負户：背負門板。户，單扇門。古時稱一扇爲户，兩扇爲門。

[5]佛浮圖：佛教塑像或塔寺建築，又稱"浮屠"。《魏書·釋老志》："凡宫塔制度，猶依天竺舊狀而重構之……世人相承，謂之'浮圖'，或云'佛圖'。"

[6]樓堞：城上如齒狀的矮墙。古時以土築城，上加磚墙，爲射孔以伺非常。稱堞，也稱俾倪。

[7]沙門：信仰佛教的僧徒。也稱"桑門"，爲梵語"室羅摩拏"音譯，意即勤善修法，止息惡行。

[8]蝦蟆車：戰車名。形如蝦蟆，用於攻城或穿越城壕等。

[9]肉薄：即肉搏。古時稱兩軍交戰時的搏鬬。

[10]女牆：城牆上呈凹凸形的小墻。《釋名·釋宫室》："城上垣曰睥睨……亦曰女墙，言其卑小，比之於城，若女子之於丈夫也。"

[11]汝水：水名。源於今河南魯山縣，東南流，在汝南縣一帶注入淮河。

[12]司馬：官名。軍府高級幕僚，掌參贊軍務。　劉康祖：人名。彭城吕人。本書卷五〇有傳。　寧朔將軍：官名。掌北方地區民族軍政事務。四品。　臧質：人名。東莞莒人。本書卷七四有傳。

二十七年，大舉北伐，諸蕃並出師。鑠遣中兵參軍胡盛之出汝南，[1]到坦之出上蔡，[2]向長社，[3]長社戍主魯爽委城奔走。[4]既克長社，遣幢主王陽兒、張略等進據小索。[5]僞豫州刺史僕蘭於大索率步騎二千攻陽兒，[6]陽兒擊大破之。到坦之等進向大索，滎陽民鄭德玄、張和各起義以應坦之，[7]僕蘭奔虎牢。[8]會王陽兒等至，即據大索，因向虎牢，鑠又遣安蠻司馬劉康祖繼坦之。虜永昌王宜勤庫仁真救虎牢，[9]坦之敗走。虜乘勝逕進，於尉氏津逢康祖，[10]康祖戰敗見殺。賊進脅壽陽，因東過與燾會於江上。

[1]中兵參軍：官名。諸將軍府中兵曹長官，掌參謀軍務及署理該曹事務。　胡盛之：人名。本書無傳，事迹散見本卷及卷五〇《劉康祖傳》。

[2]到坦之出：中華本稱各本並脱，此四字據孫彪《考論》、錢大昕《考異》補。到坦之，人名。本書僅此一見，其事不詳。丁福林《校議》據本書卷九五《索虜傳》、卷七四《臧質傳》考證，頗疑“到坦之”爲“梁坦”之誤。　上蔡：縣名。治所在今河南上蔡縣。

[3]長社：縣名。治所在今河南長葛市。

[4]魯爽：人名。扶風郿人。本書卷七四有傳。

[5]幢主：領軍首領。幢，軍隊編制之一，百人爲幢，置有幢將，其法大約源於柔然。參見《通鑑》卷一二一宋元嘉七年“領內都幢主”注。　王陽兒、張略：皆人名。本書僅見於此，事皆不詳。　小索：地名。在今河南滎陽市。

[6]僕蘭：人名。本書僅此一見，其事不詳。　大索：地名。在今河南滎陽市。

[7]滎陽民：中華本稱各本並作"勞楊氏"。孫彪《考論》云："自昔無勞郡，楊氏雖漢縣名，又屬鉅鹿，不在河南"，而鄭又爲滎陽著姓，因疑"勞楊氏"爲"滎陽民"之訛。據改。滎陽，郡名。治所在今河南滎陽市東北。　鄭德玄：人名。事迹散見本卷及卷八三《宗越傳》。　張和：人名。本書僅此一見，其事不詳。

[8]虎牢：地名。在今河南滎陽市西北。

[9]永昌王：王爵名。王國在今山東曹縣東。一説在今河南洛寧縣西。　宜勤：又作"直勤""宜勒"，即特勤。北方鮮卑等族對部落首領或皇帝之子的稱呼。　庫仁真：人名。即拓跋仁。北魏宗室，拓跋燾從子。《魏書》卷一七有傳。各本並作"仁庫真"，中華本據本書《索虜傳》改。

[10]尉氏津：據中華本考證，"尉氏"疑當改從《索虜傳》及《通鑑》宋元嘉二十七年作"尉武"。《通鑑考異》云："《宋略》及《南平王鑠傳》皆作尉氏，按《康祖傳》去壽陽裁數十里，然則非尉氏也，今從《康祖傳》及《索虜傳》作尉武。"

二十八年夏，虜荆州刺史魯爽及弟秀等，[1]率部曲詣鑠歸順。[2]其年七月，[3]鑠所生吳淑儀薨，鑠歸京師，葬畢，還攝本任。時江夏王義恭領南兗州刺史，[4]鎮盱眙。[5]丁母憂，還京師。上以兗土彫荒，罷南兗併南徐州，當別置淮南都督住盱眙，[6]開創屯田，應接遠近，欲以授鑠。既而改授散騎常侍、撫軍將軍，[7]領兵戍石頭。

[1]荆州：治所在今湖北荆州市荆州區。　秀：人名。即魯秀。扶風郿人。本書卷七四有附傳。

[2]部曲：漢時爲軍隊的一種編制，後也泛指軍隊，魏晉南北朝指私人武裝。

［3］其年七月：丁福林《校議》據本書《禮志二》、卷六一《江夏文獻王義恭傳》考證，"其年"乃"明年"之誤。

［4］江夏王：王爵名。王國在今湖北武漢市武昌區。　義恭：人名。即劉義恭。宋武帝子。本書卷六一有傳。　領：官制用語。指以本官暫領暫代他官他職，而不居其位，不任其官，有暫攝之意。　南兗州：地名。治所在今江蘇鎮江市。南，各本並脱，中華本據本書《州郡志》補。

［5］盱眙：地名。在今江蘇盱眙縣。

［6］淮南都督：官名。負責淮南地區軍事事務的官員。淮南，地區名。指淮河中下游以南地區，相當於今安徽、江蘇二省的長江至淮河之間地區。

［7］散騎常侍：官名。門下省長官，掌顧問應對，侍從皇帝左右，諫諍得失，參謀機密，職比侍中。三品。　撫軍將軍：官名。與中軍、鎮軍將軍位比四鎮。三品。

元凶弑立，[1]以爲中軍將軍，[2]護軍、常侍如故。[3]世祖入討，[4]劭屯兵京邑，使鑠巡行撫勞。劭還立南兗，以鑠爲使持節、都督南兗徐兗青冀幽六州諸軍事、征北將軍、開府儀同三司、南兗州刺史，[5]常侍如故。柳元景至新亭，[6]劭親自攻之，挾鑠自隨。江夏王義恭南奔，使鑠守東府，[7]以腹心防之。進授侍中、驃騎將軍、錄尚書事，[8]餘如故。劭迎蔣侯神於宮內，[9]疏世祖年諱，厭祝祈請，[10]假授位號，使鑠造策文。[11]及義軍入宮，[12]鑠與濬俱歸世祖，濬即伏法，上迎鑠入營。當時倉卒失國璽，[13]事寧，更鑄給之。進侍中、司空，領兵置佐，以國哀未闋，讓侍中。

[1]元凶弑立：指宋文帝太子劉劭於元嘉三十年（453）殺害
文帝而作亂事。參見本書卷五《文帝紀》及卷九九《劉劭傳》。元
凶，作亂首領，此指劉劭。

[2]中軍將軍：官名。武官名號，位比四鎮。三品。

[3]護軍：中華本校勘記稱本傳前文僅及撫軍將軍，不云護軍
將軍，疑“護”爲“撫”之訛。

[4]世祖：宋孝武帝劉駿廟號。

[5]徐兗青冀幽：皆州名。徐、兗治所分別在今江蘇徐州市、
山東濟寧市東北。青、冀二州合治今山東青州市。幽州治所不詳。
征北將軍：官名。爲高級將領之一，與征南、東、西將軍並稱四
征將軍。三品。各本並作“征虜將軍”，中華本據本書《劉劭傳》
改。 開府儀同三司：官名。即與太尉、司徒、司空禮制待遇相
同，允許開設府署、自辟僚佐。

[6]柳元景：人名。河東解人。本書卷七七有傳。 新亭：地
名。在今江蘇南京市西南。

[7]東府：城名。建康諸城之一，爲宰相府所在。在今江蘇南
京市通濟門附近。

[8]侍中：官名。侍從皇帝左右，與問朝政，贊道衆事，顧問
應對。三品。 驃騎將軍：官名。位居諸名號將軍之首，多爲重臣
加官。二品。 録尚書事：官名。尚書省長官，職無不總，居百官
之首。一品。

[9]蔣侯神：即蔣神。六朝江東所奉諸神之一。神名蔣子文，
東漢廣陵人，爲秣陵尉，逐盜至鍾山，傷額而死，傳以爲神。三國
吳追封其爲蔣侯，南朝齊進封蔣帝。

[10]厭祝：以詛咒相禱告。古人認爲詛咒可以對別人不利，故
常有行其事者。

[11]策文：寫在簡策上的文章，多爲皇帝發布詔令時使用。

[12]義軍：起義的軍隊。此指以武陵王劉駿爲首的勤王之師。

[13]國璽：國家或皇帝的印章，也稱“傳國璽”。相傳由秦朝

傳承而來，上書"受命于天，既壽永昌"等字，爲國家政權的
象徵。

鑠素不推事世祖，又爲元凶所任，上乃以藥内食中
毒殺之，[1]時年二十三，追贈侍中、司徒。

三子：敬猷、敬淵、敬先。敬猷嗣，官至黃門
郎。[2]敬淵初封南安縣侯，[3]官至後軍將軍。[4]敬先繼廬
陵王紹。前廢帝景和末，[5]召鑠妃江氏入宮，[6]使左右於
前逼迫之，江氏不受命。謂曰："若不從，當殺汝三
子。"江氏猶不肯。於是遣使於第殺敬猷、敬淵、敬先，
鞭江氏一百。其夕廢帝亦殂。太宗即位，[7]追贈敬猷侍
中，謚曰懷王。追贈敬淵黃門侍郎，謚曰悼侯。[8]改封
孝武帝第十八子臨賀王子產字孝仁爲南平王，[9]繼鑠後，
未拜，被殺。泰始五年，[10]立晉平王休祐第七子宣曜爲
南平王繼鑠。[11]休祐死，宣曜被廢還本。後廢帝元徽元
年，[12]立衡陽恭王嶷第二子伯玉爲南平王繼鑠，[13]後官
至給事中。[14]昇明二年，[15]謀反誅，國除。

[1]内（nà）：同"納"。放進。

[2]黃門郎：官名。又稱黃門侍郎。給事宮門内，侍從皇帝，
顧問應對，出則陪乘。五品。

[3]南安縣侯：侯爵名。侯國在今湖北武漢市新洲區。一説在
今江西南康市西南。

[4]後軍將軍：官名。掌宮禁宿衛，與前、左、右軍將軍並稱
四軍將軍。四品。

[5]前廢帝：即劉子業。宋孝武帝子。本書卷七有紀。　景和：
宋前廢帝劉子業年號（465）。

[6]江氏：本書僅此一見，其事不詳。

[7]太宗：宋明帝劉彧廟號。

[8]悼：謚號。按《謚法》：“年中早夭曰悼。”

[9]臨賀王：王爵名。王國在今廣西賀州市八步區。　子産：人名。即劉子産。母曰徐昭容，與皇子劉子深、永嘉王劉子仁等爲同産兄弟。

[10]泰始：宋明帝劉彧年號（465—471）。

[11]宣曜：人名。即劉宣曜。本書卷七二《晋平剌王休祐傳》稱宣曜爲休祐第六子。

[12]後廢帝：即劉昱。宋明帝長子。本書卷九有紀。　元徽：宋後廢帝劉昱年號（473—477）。

[13]衡陽恭王：王爵名。王國在今湖南株洲縣西南。恭，謚號。按《謚法》：“尊賢讓善曰恭。”　巑：人名。即劉巑。宋武帝孫，衡陽王劉義季子。事見本書卷六一《衡陽文王義季傳》。

[14]給事中：官名。給事宮中，常侍左右，備顧問應對，多爲加官。位在散騎下。五品。

[15]昇明：宋順帝劉準年號（477—479）。　二年：《南史》卷一四《南平穆王鑠傳》作“三年”。

建平宣簡王宏字休度，文帝第七子也。早喪母。

元嘉二十一年，年十一，封建平王，食邑二千户。少而閑素，篤好文籍。太祖寵愛殊常，爲立第於雞籠山，[1]盡山水之美。建平國職，高他國一階。二十四年，爲中護軍，[2]領石頭戍事。出爲征虜將軍、江州刺史。[3]二十八年，徵爲中書令，[4]領驍騎將軍。[5]元凶弑立，以宏爲左將軍、丹陽尹。[6]又以爲散騎常侍、鎮軍將軍、江州刺史。[7]世祖入討，劫録宏殿内。世祖先嘗以一手板與宏，宏遣左右親信周法道齎手板詣世祖。[8]事平，以爲尚書左僕射，[9]使奉迎太后，[10]還加中軍將軍、中書監，[11]僕射如故。臧質爲逆，宏以仗士五十人入六門。[12]

[1]雞籠山：山名。在今江蘇南京市雞鳴寺一帶。

[2]中護軍：官名。掌督護京師以外諸軍。三品。

[3]征虜將軍：官名。雜號將軍之一，掌征伐等事務，多爲加官。三品。　江州：治所在今湖北黃梅縣。

[4]中書令：官名。中書省長官之一，掌收納章奏，草擬及發布皇帝詔令等。位在監下。三品。

[5]驍騎將軍：官名。雜號將軍之一，任宿衛，爲護衛皇宮主要將領。四品。

[6]左將軍：官名。高級武官之一，與右、前、後將軍並稱。三品。　丹陽尹：官名。京師所在郡府長官，掌行政事務，職比太守。五品。丹陽，郡名。治所在今江蘇南京市東南。

[7]鎮軍將軍：官名。雜號將軍之一，與中軍、撫軍將軍同比四鎮將軍。三品。

[8]周法道：人名。本書僅此一見，其事不詳。

[9]尚書左僕射：官名。尚書省副長官之一，輔佐錄令處理省臺事務，位在右僕射上。三品。

[10]太后：即宋孝武帝生母路淑媛。

[11]中軍將軍：各本並作“冠軍將軍”，中華本據《南史》改。　中書監：官名。中書省長官，綜理該省事務，職比宰相。三品。

[12]仗士：執掌兵杖的衛士。仗，同“杖”。　六門：建康城城門，主要有宣陽門、開陽門、陵陽門、清明門、西明門等。

爲人謙儉周愼，禮賢接士，明曉政事，上甚信仗之。時普責百官讜言，[1]宏議曰：

　　臣聞建國之道咸殊，興王之政不一。至於開諫致寧，[2]防口取禍，[3]固前王同軌，後主共則。秦、殷之敗，語戮刺亡；周、漢之盛，謗升箴顯。陛下以至德神臨，垂精思治，進儒禮而崇寬教，哀獄法而黜嚴刑，表忠行而舉貞節，辟處士而求賢異，修廢官而出滯賞，[4]撤天膳而重農食，[5]禁貴遊而弛榷酤，[6]通山澤而易關梁，[7]固已海內仰道，天下知德。今復開不諱之塗，獎直辭之路，四海希風，普天幸甚。舉蒙採問，敢不悉心，謹條鄙見，置陳如左。辭理違謬，伏用震惵。[8]

[1]讜言：正直的話。《漢書》卷一〇〇上《叙傳上》：“上乃喟然嘆曰：‘吾久不見班生，今日復聞讜言。’”顏師古注：“讜言，善言也，音黨。”

[2]開諫：開放百姓諫諍的渠道。相傳舜有告善之旌，禹立諫鼓於朝，皆爲廣開言路。

[3]防口取禍：因不讓百姓議論朝政而招致禍害。相傳西周厲王在位時壓制輿論，有則殺之，使國人莫敢言，最終引起民亂，爲後人留下了“防民之口，甚於防川”的教訓。

[4]滯賞：應賞而積久未賞。《國語·晉語七》：“興舊族，出滯賞。”注：“滯賞，謂有功於先君未賞者。”

[5]天膳：天子的豐盛食品。膳，飲食。《周禮·天官·膳夫》：“掌王之食飲膳羞，以養王及后世子。”注：“膳，牲肉也。羞，有滋味者。”

[6]榷酤：官府專利賣酒。《漢書》卷六《武帝紀》“初榷酒

酤"注引應劭曰："縣官自酤榷賣酒，小民不復得酤也。"

[7]關梁：水陸要會之處。關，陸路交通關口。梁，津梁。

[8]聾（zhé）：恐懼。

　　夫用兵之道，自古所慎。頃干戈未戢，戰備宜修，而卒不素練，兵非夙習。且戎衛之職，多非其才，或以資厚素加，或以禄薄帶帖，[1]或寵由權門，恩自私假，既無將領，虛尸榮禄。[2]至於邊城舉燧，羽驛交馳，而望其摜甲推鋒，[3]立功閫外，[4]譬緣木求魚，[5]不可得矣。常謂臨難命師，皆出倉卒，驅烏合之衆，隸造次之主，[6]貌疏情乖，有若胡、越，[7]豈能使其同力，拔危濟難，故奔北相望，[8]覆敗繼有。今欲改選將校，皆得其人，分臺見將，[9]各以配給，領、護二軍，[10]爲其總統。令撫養士卒，使恩信先加，農隙校獵，以習其事，三令五申，以齊其心，使動止應規，[11]進退中律，[12]然後畜銳觀釁，因時而動，摧敵陷堅，折衝于外。孫子曰：[13]"視卒如赤子，故可與之共死。"所以張眷效爭先之心，[14]吮癰致必盡之命，[15]豈不由恩著者士輕其生，令明者卒畢其力。考心迹事，如或有在，妄陳膚知，[16]追懼乖謬。

[1]帶帖：兼任他職得到經濟補償。

[2]虛尸榮禄：居其位而不作事，如尸一樣。尸，古代祭祀時代死者受祭、象徵死者神靈的人。

[3]摜（guān）甲推鋒：在戰場上衝鋒陷陣。摜，貫，穿。

[4]閫（kǔn）外：國都以外的地方。閫，郭門，國門。

[5]緣木求魚：上樹找魚，比喻勞而無功。緣，攀援。

[6]造次：倉卒，急遽。

[7]胡、越：胡人、越人，古時生活於北方或南方的少數民族，多被視爲異類或敵人。

[8]奔北：臨陣脱逃。《尚書·甘誓》：“弗用命，戮于社。”漢孔安國傳：“不用命奔北者，則戮之於社主前。”唐孔穎達疏：“奔北，謂背陳走也。”

[9]見將：現任將領。見，同“現”。

[10]領、護二軍：即領軍將軍和護軍將軍。分別爲内、外軍統帥。皆三品。

[11]應規：與規章相適應。規，法度，準則。

[12]中律：符合法令、條例。

[13]孫子：即孫武。春秋時齊人，在吳國任將領，著有《孫子》一書。《史記》卷六五有傳。

[14]張弮（juàn）：拉開弓箭。弮，弩弓。

[15]吮癰：又作“吮疽”。吸吮創傷。《史記》卷六五《孫子吳起列傳》：“卒有病疽者，起爲吮之……母曰：‘非然也。往年吳公吮其父，其父戰不旋踵，遂死於敵。’”後因以指將領撫慰戰士努力作戰。

[16]膚知：膚淺的見解。知，同“智”。

轉尚書令，[1]加散騎常侍，將軍如故，給鼓吹一部，尋進號衛將軍，[2]中書監、尚書令如故。

[1]尚書令：官名。尚書省長官，綜理省臺事務，職比宰相，位在録下。三品。

[2]衛將軍：官名。掌京城及皇宮禁衛軍，位在諸名號大將軍

上，亞於三公。二品。

宏少而多病，大明二年疾動，[1]求解尚書令，以本號開府儀同三司，加散騎常侍，中書監如故。未拜，其年薨，時年二十五。追贈侍中、司徒，中書監如故，給班劍二十人。[2]上痛悼甚至，每朔望輒出臨靈，自爲墓誌銘并序。[3]與東揚州刺史顏竣詔曰：[4]“宏夙情業尚，素心令績，雖年未及壯，願言兼申。謂天道可倚，輔仁無妄，雖寢患淹時，慮不至禍。豈圖祐善虛設，一旦永謝，驚惋摧慟，五內交殞。平生未遠，舉目如昨，而賞對遊娛，緬同千載，哀酷纏綿，實增痛切。卿情均休戚，[5]重以周旋，[6]乖拆少時，奄成今古，聞問傷惋，當何可言。”五年，益諸弟國各千户，先薨者不在其例，唯宏追益。

[1]大明：宋孝武帝劉駿年號（457—464）。

[2]班劍：飾有花紋的木劍，爲重臣儀仗使用。漢制朝服帶劍，晋代之以木，謂之班劍，南朝謂之象劍。參見本書《樂志四》。

[3]自爲墓誌銘并序：丁福林《校議》據《南史》卷一四《建平宣簡王宏傳》考證，“序”作“誄”。

[4]東揚州：治所在今浙江紹興市。　顏竣：人名。琅邪臨沂人，本書卷七五有傳。

[5]休戚：歡樂和憂慮。

[6]周旋：交往密切。

子景素，少愛文義，有父風。大明四年，爲寧朔將軍、南濟陰太守，[1]徙歷陽、南譙二郡太守，[2]將軍如故。中書侍郎，[3]不拜。監南豫豫二州諸軍事、輔國將軍、南豫州刺史，[4]又不拜。太宗初，[5]太子中庶子，[6]領步兵校尉，[7]太子左衞率，[8]加給事中。冠軍將軍、南兗州刺史，丹陽尹，吳興太守，[9]使持節、監湘州諸軍事、湘州刺史，將軍並如故。進號左將軍。泰始六年，都督荆湘雍益梁寧南北秦八州諸軍事、左將軍、荆州刺史，[10]持節如故。徵爲散騎常侍、後將軍、太常，[11]未拜。

[1]南濟陰：郡名。治所在今安徽宿州市北符離集。

[2]歷陽、南譙：皆郡名。治所分別在今安徽和縣、巢湖市居巢區東南。

[3]中書侍郎：官名。掌草擬詔令，職任機要，多爲諸王起家官。五品。

[4]監南豫豫二州諸軍事：官名。爲二州軍政長官，位在都督諸軍事下。　輔國將軍：官名。一度改稱輔師將軍，位在龍驤將軍上。三品。

[5]太宗初：丁福林《校議》據本書卷八《明帝紀》考證，認爲"太宗初"三字應移至"監南豫"之前，因爲景素任南豫州刺史已是"太宗初"之事。

[6]太子中庶子：官名。太子府屬官，掌侍從、諫議、奏事等，職比侍中。五品。

[7]步兵校尉：官名。侍衞武官，多以安置勳舊武臣，不領兵。四品。

[8]太子左衞率：官名。太子府屬官，掌宿衞東宮，亦任征伐，領兵，地位頗重。五品。

[9]吳興：郡名。治所在今浙江湖州市吳興區。

[10]荆湘雍益梁寧南北秦：皆州名。前六州治所分別在今湖北

荊州市、湖南長沙市、湖北襄陽市、四川成都市、陝西漢中市、雲南曲靖市。梁、南北秦三州爲合治。

[11]後將軍：官名。位在前將軍下。三品。　　太常：官名。九卿之一，主宗廟祭祀及喪葬朝會禮儀、管理帝王陵寢等。三品。

授使持節、都督南徐南兗兗徐青冀六州諸軍事、鎮軍將軍、南徐州刺史。桂陽王休範爲逆，景素雖纂集兵衆，以赴朝廷爲名，而陰懷兩端。及事平，進號鎮北將軍。[1]齊王爲南兗州，[2]景素解都督。

[1]鎮北將軍：官名。四鎮將軍之一，掌督方面之軍以行征伐。三品。丁福林《校議》據本書卷九《後廢帝紀》、《建康實錄》等考證，認爲“鎮北將軍”乃“征北將軍”之誤。

[2]齊王：即齊高帝蕭道成。《南齊書》卷一有紀。

時太祖諸子盡殂，衆孫唯景素爲長，建安王休祐諸子並廢徙，[1]無在朝者。景素好文章書籍，招集才義之士，傾身禮接，以收名譽。由是朝野翕然，莫不屬意焉。而後廢帝狂凶失道，內外皆謂景素宜當神器，[2]唯廢帝所生陳氏親戚疾忌之。[3]而楊運長、阮佃夫並太宗舊隸，[4]貪幼少以久其權，慮景素立，不見容於長主，深相忌憚。元徽三年，景素防閤將軍王季符失景素旨，[5]怨恨，因單騎奔京邑，告運長、佃夫云“景素欲反”。運長等便欲遣軍討之，齊王及衛將軍袁粲以下並保持之，[6]謂爲不然也。景素亦馳遣世子延齡還都，[7]具自申理。運長等乃徙季符於梁州，又奪景素鎮北將軍、開府儀同三司。[8]

[1]建安王休祐：丁福林《校議》云："考本書帝紀及本卷，休祐未嘗有建安王之封，此'建安王休祐'者，誤。"又云："考建安王乃文帝第十二子休仁子之封……'建安王休祐'，恐爲'建安王休仁晋平王休祐'之訛也。"

[2]神器：帝位。《漢書》卷一〇〇上《叙傳上》："游説之士，至比天下於逐鹿，幸捷而得之，不知神器有命，不可以智力求也。"

[3]陳氏：即宋明帝陳貴妃。又稱陳太妃、蒼梧王太妃，名妙登，丹陽建康人。本書卷四一有附傳。

[4]楊運長：人名。宣城懷安人。本書卷九四有傳。 阮佃夫：人名。會稽諸暨人。本書卷九四有傳。

[5]防閤將軍：官名。負責諸王及其府第防衛事務的武官，品秩不等。 王季符：人名。本書僅見本傳，其事不詳。

[6]袁粲：人名。陳郡陽夏人。本書卷八九有傳。

[7]世子：諸侯王正妻所生的長子或有權繼承王位者。 延齡：人名。即劉延齡。事迹詳下。

[8]鎮北將軍：各本並作"征北將軍"，中華本據上文"進號鎮北將軍"改。丁福林《校議》認爲此"征北"不誤。

自是廢帝狂悖日甚，朝野並屬心景素，陳氏及運長等彌相猜疑。景素因此稍爲自防之計，與司馬廬江何季穆、録事參軍陳郡殷灟、記室參軍濟陽蔡履、中兵參軍略陽垣慶延、左右賀文超等謀之。[1]以參軍沈顒、毌丘文子、左暄、州西曹王潭等爲爪牙。[2]季穆薦從弟豫之爲參軍。[3]景素遣豫之、潭、文超等去來京邑，多與金帛，要結才力之士。由是冠軍將軍黃回、游擊將軍高道慶、輔國將軍曹欣之、前軍韓道清、長水校尉郭蘭之、羽林監垣祇祖，[4]並皆響附，其餘武人失職不得志者，莫不歸之。

[1]盧江：郡名。治所在今安徽舒城縣。　何季穆：人名。本書僅見本卷及卷五四《羊希傳》，其事不詳。　錄事參軍：官名。諸王公或軍府錄事曹長官，總錄衆曹文簿，舉彈善惡，位在列曹參軍上。七品。　陳郡：治所在今河南淮陽縣。　殷灞：人名。本書僅見本卷，其事不詳。　記室參軍：官名。諸王公或軍府記室曹長官，掌曹中事務。七品。　濟陽：郡名。治所在今河南蘭考縣。蔡履：人名。本書僅見本卷，其事不詳。　略陽：郡名。治所在今甘肅天水市秦安縣。　垣慶延：人名。本書僅見本卷，其事不詳。賀文超：人名。本書僅見本卷，其事不詳。

[2]參軍：官名。諸王公將軍府屬官，掌參謀軍務，爲衆曹之長，品秩隨府主高低不等。　沈顒：人名。本書僅見本卷，其事不詳。　毌丘文子：人名。本書僅此一見，其事不詳。　左暄：人名。本書僅見本卷，其事不詳。　州西曹：官名。即州西曹掾。州中僚佐之一，掌西曹刑獄事務。七品。　王潭：人名。本書僅此一見，其事不詳。

[3]豫之：人名。即何豫之。本書僅此一見，其事不詳。

[4]黃回：人名。竟陵郡人。本書卷八三有傳。　游擊將軍：官名。雜號將軍之一，與左右衛、領軍、護軍、驍騎將軍並稱六軍，任宿衛。四品。　高道慶：人名。南郡人。事見本書卷八三《黃回傳》。　曹欣之：人名。南陽新野人。事見本書卷八三《宗越傳》。　前軍：官名。即前軍將軍。與左、右、後軍將軍並稱四軍將軍。四品。　韓道清：人名。本書僅見本卷，其事不詳。　長水校尉：官名。侍衛武官之一，隸領軍將軍，不領兵。多以安置勳舊武臣。四品。　郭蘭之：人名。本書僅見本卷，其事不詳。　羽

林監：官名。掌宿衛侍從，多以文官兼領。五品。　　垣祇祖：人名。本書僅見本卷，其事不詳。

　　時廢帝單馬獨出，遊走郊野，曹欣之謀據石頭，韓道清、郭蘭之欲説齊王使同，若不回者圖之。候廢帝出行，因衆作難，事克奉景素。景素每禁駐之，未欲怱怱舉動。運長密遣傖人周天賜僞投景素，[1]勸爲異計。景素知爲運長所遣，即斬之，遣司馬孫謙送首還臺。[2]元徽四年七月，垣祇祖率數百人奔景素，云京邑已潰亂，勸令速入。景素信之，即便舉兵，負戈至者數千人。運長等常疑景素有異志，及聞祇祖叛走，便纂嚴備辦。齊王出屯玄武湖，[3]冠軍將軍任農夫、黄回、左軍將軍李安民各領步軍，[4]右軍將軍張保率水軍，[5]並北討。冠軍將軍、南豫州刺史段佛榮爲都統，[6]其餘衆軍相繼進。冠軍將軍齊王世子鎮東府城。[7]齊王知黄回有異圖，故使安民、佛榮俱行以防之。

　　[1]傖人：由北方南下的流亡之人，是江東原居民對這些人的辱稱。　　周天賜：人名。本書僅見本卷，其事不詳。

　　[2]孫謙：人名。本書僅見本卷，其事不詳。　　臺：朝廷，省臺。中央政府的辦事機構。

　　[3]玄武湖：湖名。在今江蘇南京市。

　　[4]任農夫：人名。臨淮人。本書卷八三有附傳。丁福林《校議》考證，任農夫時任驍騎將軍。　　左軍將軍：官名。掌宮禁宿衛，與前、後、右軍將軍並稱爲四軍將軍。四品。　　李安民：人名。蘭陵承縣人。《南齊書》卷二七有傳。

　　[5]右軍將軍：官名。掌宮禁宿衛，爲四軍將軍之一。四品。

張保：人名。本書僅見本卷及卷九《後廢帝紀》，其事不詳。

[6]段佛榮：人名。京兆人。事見本書卷八四《鄧琬傳》。

[7]齊王世子：即蕭賾。《南齊書》卷三有紀。

景素欲斷據竹里，[1]以拒臺軍。[2]垣慶延、祇祖、沈顒等曰：“今天時旱熱，臺軍遠來疲困，引之使至，以逸待勞，可一戰而克也。”殷灝等固爭不能得。[3]農夫等既至，放火燒市邑，而垣慶延等各相顧望，並無鬥志。景素本乏威略，怔擾不知所爲。[4]時張保水軍泊西渚，[5]景素左右勇士數十人，並荆楚快手，[6]自相要結，擊水軍，應時摧陷，斬張保，而諸將不相應赴，復爲臺軍所破。臺軍既薄城池，[7]顒先衆叛走，垣祇祖次之，其餘諸軍相係奔敗。左暄驍果有膽力，欲爲景素盡節，而所配兵力甚弱，猶力戰不退，於萬歲樓下橫射臺軍，[8]不能禁，然後退散。右衛殿中將軍張倪奴、前軍將軍周盤龍攻陷京城，[9]倪奴禽景素斬之，時年二十五，即葬京口。垣慶延、祇祖、左暄、賀文超並伏誅；殷灝、蔡履徙梁州；何季穆先遷官，故不及禍。其餘皆逃亡，值赦得免。景素即敗，曹欣之反告韓道清、郭蘭之之謀，道清等並誅。黃回、高道慶等，齊王撫之如舊。景素子延齡及二少子，並從誅。其年冬，封長沙成王義欣子獻第三子恬爲秭歸縣侯，[10]食邑千户，繼宏後。順帝昇明二年卒，[11]國除。張倪奴以禽景素功，封筑陽縣侯，[12]食邑千户。

[1]竹里：地名。在今江蘇鎮江市丹徒區西。

〔2〕臺軍：官軍。時稱中央禁省爲臺。

〔3〕得：各本並脱，中華本據《通鑑》宋元徽四年補。

〔4〕恇（kuāng）擾：恐懼慌張。恇，怯弱，恐懼。

〔5〕西渚：地名。在今江蘇鎮江市西部一帶。

〔6〕快手：身手敏捷的鬥士。也稱快射手，指快射的士兵。本書卷八三《黄回傳》即作"快射手"。

〔7〕薄城池：靠近城池。薄，逼近，靠近。

〔8〕萬歲樓：建築名。在今江蘇鎮江市境内。

〔9〕右衛：軍事編制之一，指正面右側的軍隊。 殿中將軍：官名。侍衛武官之一，不典兵，無定員。六品。 張倪奴：人名。僅見本卷及卷八三《黄回傳》，其事不詳。 周盤龍：人名。北蘭陵蘭陵人。《南齊書》卷二九有傳。 京城：城名。即京口，在今江蘇鎮江市京口區。

〔10〕長沙成王：王爵名。王國在今湖南長沙市。成，謚號。按《謚法》："安民立政曰成。" 義欣：人名。即劉義欣。宋武帝弟長沙王道憐子。本書卷五一有附傳。 勔：人名。即劉勔。事見本書卷五一《長沙景王道憐傳》。 恬：人名。即劉恬。本書僅見於此，其事不詳。 秭歸縣侯：侯爵名。侯國在今湖北秭歸縣。

〔11〕順帝：宋末帝劉準謚號。按《謚法》："慈和遍服曰順。"

〔12〕筑陽縣侯：侯爵名。侯國在今湖北穀城縣北。

景素敗後，故記室參軍王螭、故主簿何昌寓並上書訟景素之冤。[1]齊受禪，[2]建元初，[3]故景素秀才劉璡又上書曰：[4]

〔1〕王螭：人名。本書僅此一見，其事不詳。 何昌寓：人名。廬江灊人。《南齊書》卷四三有傳。

〔2〕受禪：接受禪讓。即宋、齊改朝換代事。

[3]建元：齊高帝蕭道成年號（479—482）。

[4]秀才：本指出類拔萃的人才，此指通過選舉推薦上來的人，爲舉士科目之一。　劉瓛：人名。沛國相人。《南齊書》卷三九有傳。

　　臣聞曾子孝於其親而沈乎水，[1]介生忠於其主而焚於火。[2]何則？仁也不必可依，信也不必可恃。昔者墨翟議雲梯於荊臺之下，宋人逐之；[3]夷叔爲衛軍隱難於晋，公子殪之；[4]李牧北逝强胡之旗，[5]南拒全秦之卒，[6]趙王不圖其功，[7]賜以利劍；陳蕃白首固義，[8]忘生事主，漢靈不明其忠，[9]卒被刑戮。彼數子者，皆身栖青雲之上，而困於泥塵之裏，誠以危行不容於衰世，孤立聚尤於衆人，[10]加讒諂蛆蠹其中，[11]謗隙蜂飛而至故也。[12]臣聞浸潤之行，[13]骨肉離絶，疑似一至，[14]君臣易心，此中山所以歔欷奏樂，[15]孟博所以慷慨囊頭者也。[16]臣每惟故舉將宋建平王之禍，悲徹骨髓，氣凝霜霰。今琁鼎啓運，[17]人神改物，生罪尚宥，死冤必申。臣誠不忍王之負謗而不雪，故敢明言其理。

[1]曾子孝於其親而沈乎水：指春秋時魯國人曾參以孝聞名，常因思親而落泪。曾子，即曾參。春秋魯國南城人，孔子弟子。事見《史記》卷六七《仲尼弟子列傳》。

[2]介生忠於其主而焚於火：指春秋時晋國人介子推因不肯出仕而被火燒死事。介生，即介子推。又稱介子綏。事見《左傳》僖公二十四年及《史記》卷三九《晋世家》。

[3]墨翟議雲梯於荊臺之下，宋人逐之：指戰國時宋國人墨翟

爲保衛宋國而在楚國與公輸班論攻城之法而最終不爲宋人所容事。見《史記》卷七四《荀卿列傳》集解引《墨子》。墨翟，人名。戰國時宋國人，思想家，著有《墨子》一書。雲梯，使人攀登升高的工具。荊臺，地名。在楚國國都附近，即今湖北荊州市荊州區西北紀南城。

[4]夷叔爲衛軍隱難於晉，公子殪之：指衛公子夷叔（又稱叔武、衛武、衛叔，衛成公弟）在踐土之盟中爲衛君解難，歸國後反爲衛君射殺事。見《左傳》僖公二十八年。

[5]李牧：人名。戰國趙人，名將。《史記》卷八一有附傳。北逝强胡之旗：指李牧爲趙國防衛北邊事。《史記》本傳稱，牧既爲將，駐於北邊，習騎射，謹烽火，多間諜，匈奴不敢犯邊。

[6]南拒全秦之卒：指李牧大敗秦軍事。《史記》本傳稱，李牧於趙王遷三年率衆拒秦來犯之軍，敗之，因功封武安君。

[7]趙王：即趙王遷。事迹見《史記》卷四三《趙世家》。

[8]陳蕃：人名。東漢汝南平輿人，桓帝時官至太傅。爲人剛正不阿，年七十餘，因謀誅宦官被殺。《後漢書》卷六六有傳。

[9]漢靈：即東漢靈帝劉宏。《後漢書》卷八有紀。

[10]聚尤：積聚怨仇。尤，責怪，罪愆。

[11]讒諂蛆蠱：像蛆蠱一樣誣諂別人。蠱，傳說一種可以害人的毒蟲。

[12]謗隙蜂飛：誹謗別人的話像狂蜂一樣滿天飛舞。蜂飛，飛舞的黃蜂，可以害人。

[13]浸潤：本指物體被水滲透，借指讒言以漸而進，時間長了就容易使人聽信。《論語・顔淵》：“浸潤之譖，膚受之愬，不行焉，可謂明也已矣。”注：“鄭玄曰：譖人之言，如水之浸潤，漸以成之。”後因以此指讒言。

[14]疑似：相似，是非難辨。

[15]中山所以歔欷奏樂：指漢中山靖王劉勝於建元三年來朝，武帝置酒奏樂歡迎，劉勝聞樂聲而流泣歔欷。問之，乃知因受流言

離間君臣骨肉之情而悲哀。中山，即中山王劉勝。《漢書》卷五三有傳。

[16]孟博所以慷慨囊頭：指東漢范滂因反對宦官而慷慨就義事。孟博，人名。范滂字。《後漢書》卷六七有傳。囊頭，古代酷刑，以物蒙頭處死。

[17]琁鼎啓運：改朝換代。

　　臣聞孝悌爲志者，不以犯上，曾子不逆薪而爨，知其不爲暴也；秦仁獲麑，[1]知其可爲傅也。臣聞王之事獻太妃也，[2]朝夕不違養，甘苦不見色。帳下進珍饌，太妃未食，王投箸輟飯。太妃起居有不安，王傍行蓬髪。[3]臣聞求忠臣者於孝子之門，安有孝如王而不忠者乎？其可明一也。

[1]秦仁獲麑（ní）：指秦西巴釋放幼鹿事。《韓非子・説林上》："孟孫獵得麑，使秦西巴持之歸。其母隨之而啼，秦西巴弗忍而與之……孟孫大怒，逐之。居三月，復召以爲其子傅……曰：夫不忍麑，又且忍吾子乎？"後因以喻從言行中辨識人品。麑，幼鹿。

[2]獻太妃：即宋文帝妃曹婕妤。建平王劉宏生母，劉景素之祖母。

[3]傍行蓬髪：步履不正側身而行，蓬首垢面，以示孝行。

　　當泰始、元徽中，王公貴人無謁景寧陵者，[1]王獨抗情而行，不以趨時捨義，出鎮入朝，必俛拜陵所。王尚不棄先君，豈背今君乎？其可明二也。

[1]景寧陵：宋孝武帝劉駿陵墓。在丹陽郡秣陵縣巖山，即今

江蘇南京市東麒麟門外麒麟鋪。

王博聞而容衆，與諫而愛士，與人言昫昫若有傷。[1]聞人之善，譽而進之；見人之惡，掩而誨之。李蔚之，[2]蓬廬之寒素也，[3]王枉駕而訊之；何季穆等，宣簡王之舊也，[4]王提挈以升之。王虛己以厚天下之士，尚不欲傷一人之心，何乃親戚圖相菹膾乎？[5]其可明三也。

[1]昫昫：和順恭敬貌。
[2]李蔚之：人名。本書僅此一見，其事不詳。
[3]蓬廬：茅草房。　寒素：出身貧寒的下層人。
[4]宣簡王：即宋文帝第七子建平王劉宏。
[5]菹（zū）膾：傷害。菹，古時把人剁成肉醬的酷刑。膾，細切的肉。

臣昔以法曹參軍，[1]奉訊於聽朝之末。[2]王每斷獄，降聲辭，和顏色，以待士女之訟。時見夏伯以童子縲縶，[3]王愴然改貌，用不加刑。徐州嘗歲飢，王散秩粟俸帛，以斷民之乏。蠲理冤疑，咸息繇務，所在皆有愛於民。臣聞善人，國之紀也，安有仁於民庶而虐其宗國者乎？[4]其可明四也。

[1]法曹參軍：官名。諸王公將軍府屬官，爲法曹長官。七品。
[2]聽朝：帝王主持朝會以聽政。
[3]夏伯：夏老先生。名字、事迹均不詳。伯，對人的尊稱。縲（léi）縶（zhí）：束縛、拘縶。縲，拘縛罪人的繩。縶，

拘囚。

　[4]宗國：宗主。此代指國家朝廷。

　　王脩身潔行，言無近雜，內去聲酏之娛，[1]外無田弋之好。[2]每所臨踐，不加穿築，[3]直衛不繁，[4]第宅無改。荊州高齋，[5]刻楹柏構，王廢而不處。昔朝廷欲賜王東陵甲第，[6]又辭而不當。兩宮所遺珍玩，塵於笥篋。[7]無它嬖私，不耽內寵，姬嬙數人，皆詔令所賜。王身食不踰一肉，器用瓦素，時有獻鏤玉器，王顧謂何昌寓曰：“我持此安所用哉？”乃謝而反之。王恭己蹈義若此，其可明五也。

　[1]聲酏：聲色與宴飲，即淫佚之娛。
　[2]田弋：游獵。田，同“畋”。打獵。
　[3]穿築：挖掘和修築。指擅興土木。
　[4]直衛：值勤的衛士，衛隊。直，同“值”。
　[5]高齋：州郡廳堂建築，後也指王府所在。
　[6]東陵甲第：東陵一帶的上等房舍府第。東陵，地名。約在今湖北武穴市東北及黃梅縣一帶。一說在今安徽壽縣南。
　[7]笥（sì）篋（qiè）：盛放財物的竹器。笥，盛衣物或飯食的方形器械。篋，小箱。

　　王之在荊州也，時獻太妃初薨，宋明帝新棄天下，[1]京畿諸王又相繼非命，王乃徵入爲太常，楚下人士並勸勿下。王謂：“爲臣而距先皇之命，不忠；爲子不奉親之窆歹，[2]不孝。”於是棄西州之重，而匍伏北闕。[3] 王若志欲倔强，便應高枕江漢，何爲屈折而受制於人乎？其可明六也。

[1] 新棄天下：指皇帝新喪。猶言棄世。

[2] 窀（zhūn）穸（xī）：墓穴。古時稱長埋爲窀，長夜爲穸。《左傳》襄公十三年："唯是春秋窀穸之事。"注："窀，厚也；穸，夜也。厚夜，猶長夜。春秋謂祭祀，長夜謂葬埋。"疏："夜不復明，死不復生，故長夜謂葬埋也。"

[3] 北闕：古時宮殿北面的門樓，是大臣等候朝見或上書奏事的地方，後也指帝王宮禁。《漢書》卷一下《高帝紀下》："蕭何治未央宮，立東闕、北闕。"顏師古注："未央殿雖南嚮，而上書奏事謁見之徒皆詣北闕，公車司馬亦在北焉，是則以北闕爲正門。"

　　王名高海內，義重泰山，耆幼懷仁，士庶慕德。故從昏者忌明，同枉者毀正，搦弦爲鉤，張一作百，行坐欬嚏，皆生風塵。會王季符負罪流謗，事會讒人之心，權醜相扇，鴟梟奮翼。[1] 王雖遭愍離凶，而誠分彌款，散情中孚，揮斥滿素。虞玩之銜使歸旋，[2] 世子入質京邑，[3] 續解徐州，請身東第，[4] 後求會稽，降階外撫。虞玩、殷焕實爲詮譯，[5] 誠心殷勤，備留聖聽。王若俛張跋扈，[6] 何事若斯？其可明七也。

[1] 鴟梟：惡鳥。鴟爲猛禽，傳說梟食母，古人皆以爲惡鳥。亦借以比喻奸邪惡人。

[2] 虞玩之：人名。會稽餘姚人。《南齊書》卷三四有傳。

[3] 世子：即劉延齡。時爲劉景素建平國世子。參見上文。

[4]請身東第：請求歸國，就王位，不參朝政。《史記》卷一一七《司馬相如列傳》："位爲通侯，居列東第。"《索隱》："列甲第在帝城東，故云東第也。"

[5]殷焕：人名。本書僅此一見，其事不詳。

[6]伷（zhōu）張：欺誑。伷，同"譸"。編造謊言信口説，張，誇大。

　　自是以後，日同殊論，蒼梧之衰德既彰，[1]群小之姦慝彌廣，下盈其毒，上不可依。時長王並見誅鋤，[2]公卿如蹈虎尾，衆人翕翕，莫不注仰於王。厢閣諸人，[3]同謀異志，王心不從利，忠不背本，執周天賜而斬之，以距王宜與等，[4]遣司馬孫謙歸款朝廷。王若欲擬非覬，寧當如此乎？其可明八也。

[1]蒼梧：王國名。在今廣西梧州市。此代指宋後廢帝劉昱。宋明帝子，在位五年（473—477），因失德被廢爲蒼梧王。本書卷九有紀。

[2]長王：年齡較大的諸侯王。上文稱："時太祖諸子盡殂，衆孫唯景素爲長，建安王休祐諸子並廢徙，無在朝者。"可以參見。

[3]厢閣：即臺閣。朝廷辦公之處。厢，側房。《史記》卷九六《張丞相列傳》："吕后側耳於東箱聽。"《索隱》小顏曰："正寢之東西室皆號曰箱。言似箱篋之形。"

[4]王宜與：人名。吳興人。本卷及卷七四作"王宜與"，卷八三《黄回傳》，卷八九《袁粲傳》，南監本、局本《南齊書》卷三〇皆作"王宜興"。張忱石《南朝五史人名索引》謂當以《黄回傳附王宜興傳》爲是。

又是年五月以後，道路皆謂阮佃夫等欲潛圖宮禁，因兵北襲，而黃回、高道慶等傅構其事，武人奬亂，[1]更相恐脅。至六月而京師徵賦車徒，[2]將講衆北壘，[3]都鄙疑駭，[4]僉言釁作。垣祗祖因民情嚚蕩，揚聲北奔，紿辭惑衆，[5]窮亂極禍。會州人自都還，說：“掖門已閉，[6]殊不知臺中安不？”王旣素籍異論，謂爲信然，收率疲弱，志在投散，[7]冰炭在懷，[8]但恐遲後。何圖兵以順出，翻爲逆動乎？夫往來之人，誼譁幻惑，皆出輦轂，[9]非從徐州起也。且臺以六月晦夜無何呼北兵已至，[10]皆登陴抽刃，[11]而朱方七月朔猶緩帶從容，[12]其晚聞京都變亂，始乃鳩兵簡甲耳。王豈先造禍哉！其可明九也。

[1]奬亂：相助作亂。奬，勸勉，輔助。

[2]京師徵賦車徒：京師之內徵集車馬軍隊，將有軍事行動。事在後廢帝元徽四年。參見《南齊書》卷二五《垣崇祖傳》。

[3]講衆北壘：訓練軍隊。講，訓練，講習。《國語·周語上》：“三時務農而一時講武。”注：“講，習也。”

[4]都鄙：京都和邊邑。《左傳》襄公三十年：“子產使都鄙有章，上下有服。”注：“國都及邊鄙。”

[5]紿（dài）辭：騙人的話。紿，欺騙。

[6]掖門：宮門的旁門。《漢書》卷三《高后紀》：“入未央宮掖門。”顏師古注：“非正門而在兩旁，若人之臂掖也。”

[7]投散：投閑置散，意即沒有野心，滿足於閑散職位。

[8]冰炭在懷：懷中揣著冰和炭，喻形勢危急。

[9]輦轂：天子的車輿，用以代指天子或京師。

[10]無何：無幾何時，不久。 北兵：此指劉景素所統南徐州之兵。以其鎮守之地在建康東偏北，故稱。

[11]登陴：登上城牆進行防守。陴，城上女牆。

[12]朱方：地名。春秋時吳國置朱方縣，予慶封以爲奉邑，在今江蘇鎮江市丹徒區東南。劉景素任南徐州刺史時，此爲其轄境。

王聞京室有難，坐不安，食不甘，言及太后，[1]未嘗不交巾掩泣。[2]又臨危之際，撫檻而嘆曰：[3]“吾恐三才於斯絶矣。”[4]兹豈不誠在本朝，以天下爲憂乎？自非深忠遠概，孰能身滅之不恤，獨眷眷國家安危哉？其可明十也。

[1]太后：即宋明帝王皇后，後廢帝時尊爲皇太后。本書卷四一有傳。

[2]交巾掩泣：交換著手帕擦眼淚，言極悲痛。

[3]撫檻（jiàn）：手撫檻杆。檻，欄杆，也指囚禁犯人的裝有欄杆的車，即檻車。

[4]三才：指天、地、人，也指天地人之道。《易·説卦》：“是以立天之道，曰陰與陽；立地之道，曰柔與剛；立人之道，曰仁與義；兼三才而兩之，故《易》六畫而成卦。”

夫王起兵之日，止在匡救昏難，放殄姦盜，[1]非它故也。請較言之。當時君臣之道，治亂云何？楊運長、阮佃夫爲有罪邪？爲無罪邪？若其無罪，何故爲戮？若其有罪，討之何辜？王豈不知君親之無將乎？[2]顧以救火之家，豈遑先白丈人，[3]非不恭也，徒以運屬陵喪，智力無所用之，蹉跌傾覆，[4]

此乃時也，豈謂反乎？果然今日王亡，明日宋亡，王何負於社稷，何愧於天下哉！

[1]放殛（jí）：放逐和殛殺。

[2]君親之無將：對君親不得相違犯、離叛。

[3]救火之家，豈遑先白丈人：救火的人，怎能先考慮去告訴主人呢？丈人，家長、主人。

[4]蹉跌：失足。比喻失誤。

臣聞武王克商，[1]未及下車，而封王子之墓；[2]漢高定天下，[3]過大梁，[4]躡燕、代，[5]脩信陵之祀，[6]存望諸之裔；[7]晉世受命，[8]亦追王淩之冤，[9]而詔其孫爲郎。[10]夫比干，殷辛之罪人也；[11]無忌，魏之疑臣也；[12]樂毅，[13]燕之逃將也；[14]彥雲，[15]齊之賊而晉害也。[16]適逢聖明之君，革運創制，昭功誠，蕩嫌怨，清議以天下之善也。或殊世而相明，故四賢咸濟其令問，[17]三后馳光於萬葉，[18]君子榮其輝，小人服其義。今陛下尊英雄之高軌，振逸世之奇聲，何至仍衰世之異議，以掩賢人之名哉！若王之中外不明，終始惛德，[19]臣懼方今之人，不復爲善矣。且世之興衰，何代無有，今齊苗裔萬世之後，[20]其能無污隆乎？苟前良可廢，何以勸後之能者。伏願上同周、漢、西晉之如彼，下爲來胤垂範之如此。[21]儻能降明詔，箋枉道，使往王得洗謗議，拯冥魂，[22]賜以王禮反葬，則民之從義，猶若回風之卷草也。臣聞鸛鳴皋埏，則降陰吐雨；[23]騰蛇聳躍，而沈雲鬱冥。[24]但傷臣言輕落毛，[25]身如橫芥，[26]神高聽邈，終焉莫省，直欲內不負心，庶將來知王之意耳。

[1]武王克商：指周武王起兵滅亡商朝事。武王，周武王，姬姓，名發。事見《史記》卷四《周本紀》。

[2]封王子之墓：封祭王子比干的塋墓。《史記·周本紀》稱，周武王既克商，命閎夭封比干之墓。王子，即王子比干。商帝乙之子，紂王庶兄。事見《史記》卷三《殷本紀》。其墓在今河南衛輝市北。

[3]漢高：即漢高祖劉邦。《漢書》卷一有紀。

[4]大梁：地名。在今河南開封市西南，戰國時爲魏國國都。

[5]燕、代：地區名。指今河北北部及北京市一帶，先秦時爲燕、代等國轄境。

[6]脩信陵之祀：對信陵君無忌進行祭祀。《史記》卷七七《魏公子列傳》稱，漢高祖未舉義前，常聞信陵君賢，"及即天子位，每過大梁，常祠公子。高祖十二年，從擊黥布還，爲公子置守冢五家，世世歲以四時奉祠公子"。信陵，即信陵君無忌。戰國時魏昭王子，史稱信陵君或魏公子無忌。

[7]存望諸之裔：問候望諸君樂毅的後裔。《史記》卷八〇《樂毅列傳》稱，漢高祖劉邦過趙，"問：'樂毅有後世乎？'對曰：'有樂叔。'高帝封之樂鄉，號曰華成君。華成君，樂毅之孫也"。望諸，戰國時趙將樂毅封地，在今河南睢縣北。

[8]晉世：指司馬炎所建立的西晉。　受命：接受上天的命令。是古時帝王詭托神權以鞏固統治的托詞，亦即改朝換代。

[9]追王淩之冤：追復平反王淩的冤獄。王淩，人名。三國魏太原祁人，齊王芳時官至太尉，鎮守淮南，以起兵擅謀廢立被殺。《三國志》卷二八有傳。

［10］詔其孫爲郎：以王淩之孫爲郎官，表示爲其平反冤獄。

［11］殷辛：即商紂王。名辛。事見《史記·殷本紀》。其在位時，比干數以直諫犯顔，終以獲罪，被殺。

［12］魏之疑臣：魏國的疑忌之臣。《史記·魏公子列傳》稱，公子無忌既竊魏安釐王符救趙，魏王怒之，留於趙。常自言罪過，以負於魏。

［13］樂毅：人名。戰國燕將。昭王時因伐齊有功，封爲昌國君。惠王時因見疑奔趙，封望諸君。後往來燕、趙間。《史記》卷八〇有傳。

［14］燕之逃將：指樂毅因見疑於燕惠王而出奔趙國事。參見上注。

［15］彦雲：王淩字。參見上注。

［16］齊之賊而晉害：意即是對齊、晉不利的人。《三國志》卷二八《魏書·王淩傳》稱，王淩既爲太尉，擁兵於淮南，不滿於齊王芳爲權臣司馬懿（晉宣帝）所制，舉兵謀廢之，事敗被殺。齊，即魏齊王曹芳。魏國皇帝，後被廢爲齊王。晉，即晉宣帝司馬懿。魏國權臣，其孫司馬炎建晉後被追謚爲宣帝。

［17］四賢：即比干、信陵君、樂毅、王淩。參見以上各注。令問：好名聲。

［18］三后：三位皇帝。此指周武王、漢高祖和晉武帝。參見以上各注。后，古時指帝王。

［19］慆（tāo）德：使美德隱藏而不顯露。慆，隱藏。

［20］今齊：即南朝蕭齊。劉璡此疏上於蕭齊建國初年。參見上文。

［21］來胤：後代。胤，嗣。

［22］冥魂：幽冥中的冤魂。古人認爲人死靈魂不滅，幽冥之中另有一個世界。

［23］鸛鳴皋埪，則降陰吐雨：典出《詩·豳風·東山》：「我徂東山，慆慆不歸，我來自東，零雨其濛，鸛鳴于垤，婦嘆于室。」

鄭玄《箋》："鸛，水鳥也，將陰雨則鳴，行者於陰雨尤苦，婦念之，則嘆於室也。"後成爲婦人思念征夫的典故。此處意爲祇有降陰吐雨，鸛纔會鳴叫。

[24]騰蛇聳躍，而沈雲鬱冥：神蛇踴躍騰空，而有濃雲密布。典出《愼子·威德》："騰蛇游霧，飛龍乘雲，雲罷霧霽，與蚯蚓同。"意爲蛇龍不乘雲霧之勢，就失了神威。

[25]落毛：掉下的羽毛。比喻人微言輕，像羽毛一樣微不足道。

[26]橫芥：雜生的小草。草小而賤，比喻輕微不被重視的東西。芥，小草。

又不省。至今上即位，[1]乃下詔曰："宋建平王劉景素，名父之子，少敦清尚。雖末路失圖，[2]而原心有本。年流運改，[3]宜弘優澤，可聽以王禮還葬舊墓。"

[1]今上：當今皇上。即梁武帝蕭衍。沈約著本書時的在位皇帝。

[2]失圖：失去主意。

[3]年流運改：歲月流逝，人世變化。年流，又稱流年，指歲月、年華像流水一樣容易逝去。運改，時運改換，即改朝換代。

晉熙王昶，字休道，文帝第九子也。

元嘉二十二年，年十歲，封義陽王，[1]食邑二千户。二十七年，爲輔國將軍、南彭城下邳二郡太守。元凶弒立，加散騎常侍。世祖踐祚，遷太常，出爲東中郎將、會稽太守，[2]尋監會稽、東陽、臨海、永嘉、新安五郡諸軍事。[3]孝建元年，[4]立東揚州，拜昶爲刺史，[5]東中郎將如故，進號後將軍。大明元年，徵爲秘書監，[6]領驍騎將軍，加散騎常侍，遷中軍將軍、南彭城下邳二郡太守。又出爲都督江州郢州之西陽豫州之新蔡晉熙三郡諸軍事、前將軍、江州刺史。[7]三年，徵爲護軍將軍，給鼓吹一部，增邑千户。轉中書令，中軍將軍，尋以本號開府儀同三司，加散騎常侍、太常。從世祖南巡，坐斥皇太后龍舟，[8]免開府，尋又以加授。前廢帝即位，出爲使持節、都督徐兖南兖青冀幽六州豫州之梁郡諸軍事、征北將軍、徐州刺史，[9]加散騎常侍，開府如故。

[1]義陽王：王爵名。王國在今河南信陽市。

[2]東中郎將：官名。掌率師征伐或鎮守地方，多由宗室出任。四品。

[3]東陽、臨海、永嘉、新安：皆郡名。治所分別在今浙江金華市、臨海市、温州市、淳安縣西北。

[4]孝建：宋孝武帝劉駿年號（454—456）。

[5]拜：各本並作"郡"，中華本據《元龜》卷二七八改。

[6]秘書監：官名。秘書省長官，掌圖書經籍，考校古今，課試署吏。三品。

[7]西陽：郡名。治所在今湖北黄岡市黄州區。　新蔡：郡名。治所在今河南固始縣。

[8]皇太后：即宋文帝妃路淑媛。

[9]梁郡：治所在今安徽碭山縣。

　　昶輕詖褊急，[1]不能祗事世祖，[2]大明中常被嫌責，民間喧然，常云昶當有異志。永光、景和中，[3]此聲轉甚。廢帝既誅群公，彌縱狂悖，常語左右曰："我即大位來，遂未嘗戒嚴，使人邑邑。”[4]江夏王義恭誅後，昶表入朝，遣典籤蘧法生銜使。[5]帝謂法生曰：“義陽與太宰謀反，[6]我正欲討之，今知求還，甚善。”又屢詰問法生：“義陽謀反，何故不啓？”法生懼禍，叛走還彭城。帝因此北討，親率衆過江。法生既至，昶即聚衆起兵。統内諸郡，並不受命，斬昶使。將佐文武，悉懷異心。昶知其不捷，乃夜與數十騎開門北奔索虜，[7]棄母妻，唯攜愛妾一人，作丈夫服，亦騎馬自隨。昶家還都，二妾各生一子。時太宗已即位，名長者曰思遠，小者曰懷遠，尋並卒。追封懷遠爲池陽縣侯，[8]食邑千户。

[1]輕訬（chāo）褊急：輕狂急躁，不冷静，不穩重。輕訬，亦作“訬輕”，狡獪輕薄。《漢書》卷一〇〇下《叙傳下》：“魯恭館室，江都訬輕。”顔師古注：“訬謂輕狡也。”訬，矯健，敏捷。

[2]祗事：恭敬奉事，尊奉。祗，恭敬。

[3]永光：宋前廢帝劉子業年號（465）。

[4]邑邑：憂鬱不樂。又作“悒悒”。

[5]典籤：官名。又稱籤帥。指由朝廷派往各王國典掌文書等事務、借以監視諸王行動的下級官吏。　蘧法生：人名。本書僅此一見，其事不詳。

[6]與：各本並脱，中華本據《魏書》卷五九《劉昶傳》、《南史》卷一四、《通鑑》宋泰始元年補。

[7]北奔索虜：投降北魏。按：劉昶在北魏被封爲宋王，官至太傅，領揚州刺史。詳見《魏書》卷五九本傳。

[8]池陽縣侯：侯爵名。侯國在今陝西涇陽縣西北。南朝宋僑置於今河南新野縣。

泰始六年，以第六皇子燮字仲綏繼昶，[1]改昶封爲晉熙王。[2]燮襲爵，食邑三千戶。

[1]燮：人名。即劉燮。宋明帝妃謝修儀所生，另有同胞兄劉法良。

[2]改昶封爲晉熙王：丁福林《校議》據本書卷八《明帝紀》考證，改封昶爲晉熙王在泰始三年，而非六年。

太宗既以燮繼昶，乃下詔曰："夫虎狼護子，猴猨負孫，毒性薄情，亦有仁愛，故識念氣類，尚均群品，況在人倫，可忘天屬？晉熙太妃謝氏，[1]沈刻無親，物理罕比，[2]征北公雖孝道無替，[3]而遭此不慈，自少及長，闕恩鞠之口，[4]乃至休否莫關，寒溫不訪，晨昏屏塞，定省靡因。事無違忤，動致誚責，毒句發口，人所難聞。加惡備苦，過於讎隙，遂事憤於宗姻，義傷於行路。公故妃郗氏，[5]婦禮無違，逢此嚴酷，遂以憂卒，用夭盛年。又謝氏食則豐珍，衣則文麗，奉己之餘，播覃群下；而諸孫纏不溫體，食不充飢，付於姆嬬之手，[6]縱以任軍之路。遇其所生，棄若糞土，繿縷比於重囚，窮困過於下使。誠皇規方遠，沙塞將一，公脩短不諱，亦難豫圖。兼妾女累弱，一第領主，防閑之道，人理斯急。朕所以詔第六子燮奉公爲胤，欲以毗整一門，爲公繼紹。但謝氏待骨肉至親，尚相棄蔑，況以義合，免苦爲難。患萌防漸，危機須斷，便可還其本家，削絕蕃秩。"先是，改謝氏爲射氏。

[1]晋熙太妃謝氏：即宋文帝妃謝容華。晋熙王劉昶生母。僅見本卷，其事不詳。

[2]物理：事物的常理。

[3]征北公：即晋熙王劉昶。出奔北魏前官居征北將軍。參見上文。

[4]□：各本並闕，無考。

[5]郗氏：晋熙王劉昶夫人。本書僅此一見，其事不詳。

[6]姆嬭（nǎi）：乳母，也作"嬭母"。

時主幼時艱，宗室寡弱。元徽元年，爕年四歲，以爲使持節、監郢州豫州之西陽司州之義陽二郡諸軍事、征虜將軍、郢州刺史，以黄門郎王奂爲長史，[1]總府州之任。明年，太尉、江州刺史桂陽王休範舉兵逼朝廷，爕遣中兵參軍馮景祖襲尋陽，[2]休範留中兵參軍毛惠連、州别駕程罕之居守，[3]開門詣景祖降。進爕號安西將軍，[4]加督江州諸軍事，復昶所生謝氏爲晋熙國太妃。四年，又進爕鎮西將軍，[5]加鼓吹一部。順帝即位，徵爲使持節、都督揚南徐二州諸軍事、撫軍將軍、揚州刺史。先是，齊世子爲爕安西長史，行府州事，時亦被徵爲左衛將軍，[6]與爕俱下。會荆州刺史沈攸之舉兵反，[7]世子因奉爕鎮尋陽之盆城，[8]據中流，爲内外形援。攸之平，爕還京邑。齊王爲南徐州，爕解督南徐，進督南豫、江州諸軍事，進號中軍將軍、開府儀同三司，遷司徒。齊受禪，解司徒，降封陰安縣侯，[9]食邑千五百户。謀反，賜死。

[1]王奂：人名。琅邪臨沂人。《南齊書》卷四九有傳。　長

史：官名。官署掾屬之長，總領事務，地位隨府主高低不等。

　　[2]馮景祖：人名。本書僅見於此，其事不詳。

　　[3]毛惠連：人名。本書僅此一見，其事不詳。　別駕：官名。又稱別駕從事史，州刺史僚佐之一，掌吏員選舉，與治中同爲州上綱。六品。　程罕之：人名。本書僅此一見，其事不詳。

　　[4]安西將軍：官名。掌督方面之軍以行征伐，與安東、南、北將軍並稱四安將軍。三品。

　　[5]鎮西將軍：官名。與鎮東、南、北將軍並稱四鎮將軍，位在四征下，多授持節都督，出鎮方面。二品。

　　[6]左衛將軍：官名。護衛皇宮主要將領之一，與右衛、領軍、護軍、游擊、驍騎將軍並稱六軍。四品。

　　[7]沈攸之：人名。吳興武康人。本書卷七四有傳。

　　[8]盆城：地名。在今江西九江市。

　　[9]陰安：各本並作“隆安”，中華本據《南史》卷一四改。時爲僑置，治所在今安徽樅陽縣。丁福林《校議》據《南史》卷一四《宋宗室及諸王傳下》作“陰安縣公”，《南齊書》卷二《高帝紀下》作“陰安公”。應以“縣公”爲是。

　　始安王休仁，文帝第十二子也。

　　元嘉二十九年，年十歲，立爲建安王，食邑二千户。孝建三年，爲秘書監，領步兵校尉。尋都督南兗徐二州諸軍事、冠軍將軍、南兗州刺史。大明元年，入爲侍中，領右軍將軍。四年，出爲湘州刺史，加散騎常侍，加號平南將軍。[1]八年，遷使持節、督江州南豫州之晉熙新蔡郢州之西陽三郡諸軍事、安南將軍、江州刺史。[2]未拜，徙爲散騎常侍、太常，又不拜。仍爲護軍將軍，常侍如故。前廢帝永光元年，遷領軍將軍，常侍如故。景和元年，又遷使持節、都督雍梁南北秦四州諸軍事、安西將軍、寧蠻校尉、雍州刺史，^[3]未之任，留爲散騎常侍、護軍將軍，^[4]又加特進、左光禄大夫，^[5]給鼓吹一部。

[1]平南將軍：官名。高級武官之一，多爲持節都督或加官。三品。

[2]安南將軍：官名。多爲出鎮南方地方長官或地方官加官。三品。

[3]寧蠻校尉：官名。掌少數民族事務，領兵設府。四品。

[4]爲：各本並闕，中華本據《元龜》卷二七九補。

[5]特進：官名。多爲加官名號，以安置閑退大臣。二品。左光禄大夫：官名。多爲顯職加官，位在金紫光禄大夫上。二品。

時廢帝狂悖無道，誅害群公，忌憚諸父，並囚之殿内，毆捶凌曳，無復人理。休仁及太宗、山陽王休祐，^[1]形體並肥壯，帝乃以竹籠盛而稱之，以太宗尤肥，號爲“豬王”，號休仁爲“殺王”，休祐爲“賊王”。以三王年長，尤所畏憚，故常録以自近，不離左右。東海王褘凡劣，號爲“驢王”，桂陽王休範、巴陵王休若年少，故並得從容。嘗以木槽盛飯，内諸雜食，攪令和合，掘地爲坑穽，實之以泥水，裸太宗内坑中，和槽食置前，令太宗以口就槽中食，用之爲歡笑。欲害太宗及休仁、休祐前後以十數，休仁多計數，每以笑調佞諛悦之，故得推遷。常於休仁前使左右淫逼休仁所生楊太妃，^[2]左右並不得已順命，以至右衛將軍劉道隆。^[3]道隆歡以奉旨，盡諸醜狀。時廷尉劉矇妾孕，[4]臨月，迎入後宮，冀其生男，欲立爲太子。太宗嘗忤旨，帝怒，乃保之，縛其手脚，以杖貫手脚內，使人檐付太官，曰："即日屠豬。"休仁笑謂帝曰："豬今日未應死。"帝問其故，休仁曰："待皇太子生，殺豬取其肝肺。"帝意乃解，曰："且付廷尉。"一宿出之。

[1]山陽王：王爵名。王國在今江蘇淮安市。

[2]楊太妃：即宋文帝妃楊修儀。本書無傳，事迹散見本卷。

[3]劉道隆：人名。彭城人。本書卷四五有附傳。

[4]廷尉：官名。最高司法長官。三品。　劉矇：人名。本書無傳，事迹散見本卷及卷七《前廢帝紀》。矇，中華本稱本書卷七作"勝"，《南史》卷一四作"蒙"。

　　帝將南遊荊、湘二州，明旦欲殺諸父便發。其夕，太宗克定禍難，殞帝於華林園。[1]休仁即日推崇太宗，便執臣禮。明旦，休仁出住東府。時南平、廬陵敬先兄弟，[2]爲廢帝所害，猶未殯殮，休仁、休祐同載臨之，開帷歡笑，奏鼓吹往反，時人咸非焉。

[1]華林園：皇家園林名。在今江蘇南京市雞籠山一帶。

[2]南平、廬陵敬先兄弟：此處疑有脱誤。三朝本、北監本、毛本、局本作"南平廬陵敬先兄弟"。中華本校勘記謂南平王劉鑠有三子，其中長子敬猷嗣封南平王，次子敬淵封南安縣侯，三子敬先出嗣廬陵王劉紹。若三子並言封爵，則當云"南平、南安、廬陵兄弟"，若但舉南平、廬陵二王，則當如《南史》云"南平王敬猷、廬陵王敬先兄弟"。今廬陵舉名，南平不舉名，又奪南安侯敬

淵，疑文有脱訛。

先是，廢帝進休仁爲驃騎大將軍、開府儀同三司，[1]常侍如故。未拜，太宗令書以爲使持節、侍中、都督揚南徐二州諸軍事、司徒、尚書令、揚州刺史，加班劍二十人，給三望十五乘。[2]時劉道隆爲護軍，[3]休仁請求解職，曰：“臣不得與此人同朝。”上乃賜道隆死。

[1]驃騎大將軍：官名。居諸名號將軍之首，多爲重臣加官。一品。

[2]三望：車乘名。爲王公大臣所乘，三面有窗可望。《晉書·輿服志》：“位至公，或四望、三望、夾望車。”

[3]時劉道隆爲護軍：丁福林《校議》據本書卷八《明帝紀》、《通鑑》卷一三〇考證，劉道隆時任“中護軍”而非“護軍”。

尋諸方逆命，休仁都督征討諸軍事，增班劍三十人。出據虎檻，[1]進據赭圻。[2]尋領太子太傅，[3]總統諸軍，隨宜應接。中流平定，[4]休仁之力也。初行，與蘇侯神結爲兄弟，[5]以求神助。及事平，太宗與休仁書曰：“此段殊得蘇侯兄弟力。”增休仁邑四千户，固辭，乃受千户。上流雖平，薛安都據彭城，[6]招引索虜，復都督北討諸軍事，又增邑三千户，不受。時豫州刺史殷琰據壽陽，[7]未平。晉平王休祐先督征討諸軍事，休祐出領江陵，[8]休仁代督西討諸軍事。泰始五年，進都督豫、司二州。

[1]虎檻：洲名。約在今安徽繁昌縣東北長江中。

[2]赭圻：城名。在今安徽繁昌縣西北。

[3]太子太傅：官名。太子府屬官，掌太子輔導教授，職比三公。三品。

[4]中流平定：指平定江州刺史晉安王劉子勛、雍州刺史袁顗、郢州刺史安陸王劉子綏、荊州刺史臨海王劉子頊舉兵作亂事。參見本書卷八《明帝紀》及諸人本傳。中流，指今長江中游地區。

[5]初行，與蘇侯神結爲兄弟：丁福林《校議》據《南史》卷一四《宋宗室及諸王傳下》、本書《明帝紀》考證，在“初行”後佚“太宗”二字。蘇侯神，神祇名。無考。葛洪《神仙傳》有《蘇仙公傳》，而無蘇侯神。

[6]薛安都：人名。河東汾陰人。本書卷八八有傳。　彭城：城名。在今江蘇徐州市。

[7]殷琰：人名。陳郡長平人。本書卷八七有傳。

[8]江陵：地名。今湖北荊州市荊州區。

　　休仁年與太宗鄰亞，[1]俱好文籍，素相愛友。及廢帝世，同經危難，太宗又資其權譎之力。泰始初，四方逆命，兵至近畿，休仁親當矢石，大勳克建，任總百揆，親寄甚隆。朝野四方，莫不輻湊。上漸不悦。休仁悟其旨，其冬，表解揚州，見許。六年，進位太尉，領司徒，固讓，又加漆輪車、劍履。[2]太宗末年，多忌諱，猜害稍甚，休仁轉不自安。及殺晉平王休祐，[3]憂懼彌切。其年，上疾篤，與楊運長等爲身後之計，慮諸弟强盛，太子幼弱，將來不安。運長又慮帝宴駕後，休仁一旦居周公之地，其輩不得秉權，彌贊成之。上疾嘗暴甚，内外莫不屬意於休仁，主書以下，皆往東府詣休仁所親信，[4]豫自結納，其或直不得出者，[5]皆恐懼。上既宿懷此意，至是又聞物情向之，乃召休仁入見。既而又謂曰："夕可停尚書下省宿，[6]明可早來。"其夜，遣人齎藥賜休仁死，時年三十九。[7]

[1]年與太宗鄰亞：年齡與宋明帝相近。按本卷序，明帝爲文帝第十一子，休仁爲第十二子。按本書卷八《明帝紀》，明帝生於元嘉十六年。本傳，休仁約生於元嘉二十一年。是兄弟行序及年齡皆相近。

[2]漆輪車：車乘名。又稱畫輪車，古時帝王車乘。其形制上如輦，下如犢車，左右開四望，以漆彩畫輪。參見《晋書・輿服志》。

[3]殺晋平王休祐：事在泰始七年。詳見本書《明帝紀》及本卷《晋平剌王休祐傳》。

[4]詣：各本並脱，中華本據《南史》卷一四《建安王休仁傳》補。

[5]直：同"值"。值班，值勤。

[6]尚書下省：官署名。尚書省辦事機構之一。爲諸曹尚書辦公之署，在宮禁中，爲處理日常政務的主要場所，多有輔政大臣入值。

[7]三十九：孫彪《考論》云當作二十九，中華本校勘記亦徵引宋明帝年齡作爲旁證，謂明帝去世與休仁被殺皆在泰始七年，是時明帝三十四歲，而休仁爲明帝弟，年齡自當在明帝之下，可知作"三十九"有誤。其説甚是。

上寢疾久，內外隔絕，慮人情有同異，自力乘轝出端門。[1]休仁死後，乃詔曰："夫無將之誅，諒惟通典，知咎自引，實有偏介。劉休仁地屬密親，位居台重，朕友寄特深，寵秩兼茂。不能弘贊國猷，[2]裨宣政道，[3]而自處相任，妄生猜嫌，側納群小之説，內懷不逞之志，晦景蔽迹，無事陽愚。因近疾患沉篤，內外憂悚，休仁規逼禁兵，謀爲亂逆。朕曲推天倫，[4]未忍明法，申詔誥礪，辨覈事原。休仁慚恩懼罪，遽自引決。追尋悲痛，情不自勝，思屈法科，以申矜悼。可宥其二子，并全封爵。但家國多虞，釁起台輔，永尋既往，感慨追深。"

[1]端門：門名。建康宮城門之一，爲內垣南門，在今江蘇南京市珠江路一帶。

[2]國猷：國家的政道、法則。猷，法則。

[3]裨宣：增益、宣揚。裨，增益。

[4]天倫：兄弟先後的倫理次序，也指兄弟。《穀梁傳》隱公元年："兄弟，天倫也。"

有司奏曰："臣聞明罰無親，情屈於司綱，[1]國典有經，威申於義滅。[2]是以梁、趙之誅，跣出稱過，來言之罰，克入致動。謹案劉休仁苞蓄禍迹，事蔽於天明，[3]竄匿沉姦，情宣於民聽。自以屬居戚近，早延恩睦，異禮殊義，望越常均。往歲授鉞南討，[4]本非才命，啓行濃湖，[5]特以親攝，仰遵廟略，俯藉衆效，屬承泰運，竊附成勳，而亟叨天功，多自臧伐。[6]既聖明御宇，躬覽萬機，百司有紀，官方無越，而休仁矜勳怙貴，自謂應總朝權，遂妄生疑難，深自猜外。故司空晉平剌王休祐，少無令業，長滋貪暴，苬任陝荊，[7]毒流西夏，[8]編户嗟散，列邑彫虛，聖澤含弘，未明正憲。亟與休仁論其愆迹，辭意既密，不宜傳廣，遂飾容旨，反相勸激。休祐以休仁位居朝右，[9]任遇優崇，必能爲己力援，故深相黨結。休祐於是輸金薦寶，承顏接意，造膝之間，必論朝政，遂無日不俱行，無時不同宿，聲酣聚集，密語清閑。休仁含姦扇惑，善於計數，説休祐使外託專慎之法，密行貪詐之心，謂朝廷不覺，人莫之悟。休祐遂乃外積怨懼，内協禍心，既得贊激，凶慝轉熾，與休仁共爲姦謀，潛伺機隙，圖造釁變，規肆凶狡。休祐致殞倉卒，[10]實維天誅，而晋平國太妃姜邢不能追慚子惡，[11]上感曲恩，更懷不逞，巫蠱祝詛。[12]休仁因聖躬不和，猥謀姦逆，滅道反常，莫斯爲甚，殛肆朝市，庶申國刑，而法網未加，自引厥命。天慈矜厚，減法崇恩，賜全二息，及其爵封，斯誠弘風曠德，貫絶通古，然非所以棄惡流釁、懲懼亂臣者也。臣等參議，謂宜追降休仁爲庶人，絶其屬籍，[13]見息悉徙遠郡。休祐愆謀始露，亦宜裁黜，徙削之科，一同舊準。收邢付獄，依法窮治。"詔曰："邢匹婦狂愚，不足與計。休仁知釁自引，情有追傷，可特爲降始安縣王，食邑千户，并停伯融等流徙，[14]聽襲封爵。伯猷先紹江夏國，[15]令還本，賜爵鄉侯。"

[1]司綱：法律制度。司，臺司，官府。

[2]義滅：大義滅親。

[3]事蔽於天明：其事有違天之明道。《左傳》哀公二年："范氏、中行氏反易天明。"孔穎達疏："臣事君，法則天之明道；臣不事君，是反易天之明道。"

　　〔4〕授鉞南討：授以節鉞而主持征討事務。指劉休仁平定江州刺史晉安王劉子勛等叛亂事。

　　〔5〕濃湖：湖泊名。原在今安徽繁昌縣西，久已湮廢。

　　〔6〕臧伐：自居功伐。臧，有功。《易·師卦》：“否臧凶。”孔穎達疏：“否謂敗破，臧謂有功。”伐，功勞。

　　〔7〕陝荊：意爲劉休祐任職荊州，形同分陝而治。

　　〔8〕西夏：地區名。指今湖北中西部一帶，因在當時京師建康以西故云。

　　〔9〕朝右：高官。因在上朝時班列朝堂之右，故稱。亦稱“端右”。

　　〔10〕休祐：各本並作“休仁”，張森楷《校勘記》、孫彪《考論》並云當作“休祐”。中華本據改。

　　〔11〕晉平國太妃妾邢：即宋文帝妃嬪邢美人。晉平王劉休祐生母。本書無傳，事迹僅見本卷。

　　〔12〕巫蠱：古代迷信，指以巫師邪術加禍於人。蠱，毒蟲。

　　〔13〕屬籍：皇族的户籍。《史記》卷六八《商君列傳》：“宗室非有軍功，論，不得爲屬籍。”《索隱》：“謂宗室若無軍功，則不得入屬籍。”

　　〔14〕伯融：人名。即劉伯融。劉休仁長子，事迹詳下。

　　〔15〕伯猷：人名。即劉伯猷。劉休仁次子，事迹詳下。

　　上既殺休仁，慮人情驚動，與諸方鎮及諸大臣詔曰：

　　　　休仁致殞，卿未具悉，事之始末，今疏以相示。

　　　　休祐貪恣非政，法網之所不容。昔漢梁孝王、淮南厲王無它釁悖，[1]正以越漢制度耳。[2]況休祐吞嚼聚斂，爲西數州之蝗，[3]取與鄙虐，無復人情。

屢得王景文、褚淵、沈攸之等啓,[4]陳其罪惡，轉不可容。吾篤兄弟之恩，不欲致之以法，且每恨大明兄弟情薄，親見休祐屯苦之時,[5]始得寬寧，彌不忍問。所以改授徐州，冀其去朝廷近，必應能自悛革。及拜徐州，未及之任，便徵動萬端，暴濁愈甚，既每爲民蠹，不可復全。休仁身粗有知解，兼爲宰相；又吾與其兄弟情昵，特復異常，頗與休仁論休祐釁狀。休祐以休仁爲吾所親，必應知吾意，又云休仁言對，能爲損益。遂多與財賂，深相結事，乃寢必同宿，行必共車。休仁性軟，易感説，遂成繾綣,[6]共爲一家，是吾所吐密言，一時倒寫。[7]吾與休仁，少小異常，唯虛心信之，初不措疑。雖爾猶慮清閑之時,[8]非意脱有聞者。吾近向休祐推情，戒訓嚴切，休祐更不復致疑。休祐死後，吾將其內外左右，問以情狀，方知言語漏泄并具之由，彌日懊惋,[9]心神萎孰。[10]休仁又説休祐云："汝但作佞,[11]此法自足安。我常秉許爲家,[12]從來頗得此力。但試用，看有驗不？"休祐從之，於是大有獻奉，言多乖實，積惡既不可恕。

[1]漢梁孝王：即劉武。漢景帝弟，封於梁。《漢書》卷四七有傳。　淮南厲王：即劉長。漢高帝少子，封淮南王。《漢書》卷四四有傳。

[2]越漢制度：僭越漢朝規定的禮儀制度。按《漢書·梁孝王劉武傳》稱，景帝時，孝王以太后愛子，又有功爲大國，賞賜不可勝道，得賜天子旌旗，出警入蹕，擬於天子，擁兵數十萬，珠玉寶

器多於京師，甚爲景帝所忌。《淮南厲王劉長傳》稱，孝文時，厲王以爲最親，驕蹇不奉法，封國亦不用漢法，出入警蹕，稱制，自作法令，數上書不遜順，自太后及太子諸大臣皆憚之。

[3]西數州：指劉休祐所任職的荆州及所督湘、雍、益、梁、寧、南北秦等州，其方位皆在建康之西。

[4]王景文：人名。琅邪臨沂人。本書卷八五有傳。　褚淵：人名。河南陽翟人。《南齊書》卷二三有傳。

[5]屯苦：艱難困苦。屯，艱難。《莊子·外物》：“慰暋沈屯。”釋文：“屯，難也。”

[6]繾綣：纏綿。形容情意深厚，難解難分。

[7]倒寫：像倒水一樣傾瀉無餘。寫，同“瀉”。

[8]清閑：清閑時的談話，閑談。

[9]懊惋：懊悔惋惜，喻爲某些事情後悔不已。

[10]萎薾：萎靡不振。

[11]作佞：作出諂媚巴結的樣子，意猶俗語“拍馬”。參見周一良《札記·劉彧與方鎮及大臣詔書中當時口語》（中華書局1985年版）。

[12]秉許爲家：以這種辦法作爲手段。秉，執。許，此，這。家，同“價”。參見上引周一良《札記》。

　　自休祐殞亡之始，休仁款曲共知。[1]休仁既無罪釁，主相本若一體，吾之推意，初無有間。休祐貪愚，爲天下所疾，致殞之本，爲民除患，兄弟無復多人，彌應思弔不咸，益相親信。休祐平生，狼抗無賴，[2]吾慮休仁往哭，或生祟禍。[3]且吾爾日本辦仗往哭，[4]晚定不行。吾所以爲設方便，[5]呼入在省。[6]而休仁得吾召入，大自驚疑，遂入辭楊太妃，顏色狀意，甚與常異。既至省，楊太妃驟遣監子去來參察。[7]從此日生嫌懼，而吾之推情，初不疑覺。從休祐死後，吾再幸休仁第，飲噉極日，排閤入內，[8]初無猜防，休仁坐生嫌畏。

[1]款曲：詳盡情況。

[2]狼抗無賴：意即傲慢無禮、剛愎自大。狼抗，又作“抗浪”“狼戾”，爲當時習語，有高慢之意。參見周一良《札記·劉彧與方鎮及大臣詔書中當時口語》。

[3]祟禍：災禍。祟，舊時指鬼神予人的災禍。

[4]爾日：當天。 辦仗：準備儀仗，擺駕。參見上引周一良《札記》。

[5]設方便：設法。方便，有設法、故意之意。

[6]在省：所在官署、省臺，即前述尚書下省。省，省臺，官府辦事機構。

[7]監子：太監，宦官。 參察：探訪、偵察。參，舊時指下屬謁見上級。

[8]排閤：推門。排，推擠。

一日，吾春中多期射雉，每休仁清閑，多往雉場中，或敕使陪輦，及不行日，多不見之。每值宵，休仁輒語左右云：“我已復得今一日。”及在房內見諸妓妾，恒語：“我去不知朝夕見底，[1]若一旦死去作鬼，亦不取汝，取汝正足亂人耳。”休祐死時，日已三晡，[2]吾射雉，始從雉場出，休仁從騎在右，伏野中，吾遣人召之，稱云：“腹痛，不堪騎馬。”爾時諸王車皆停在朱雀門裏，[3]日既暝，不暇遠呼車，吾衣書車近在離門裏，[4]敕呼來，下油幢絡,^[5]擬以載之。吾由來諳悉其體有冷患,^[6]聞腹痛,知必是冷,乃敕太醫上省送供御高梁薑飲以賜之。休仁得飲,忽大驚,告左右稱:"敗今日了。"左右答曰:"此飲是御師名封題。"休仁乃令左右先飲竟,猶不甚信,乃僶俛噬之,^[7]裁進一合許。^[8]妄生嫌貳,事事如是。由來十日五日,一就問太妃。自休祐死後,每吾詔,必先至楊太妃問,如分別狀。休仁由來自營府國興生文書,^[9]二月中,史承祖齎文書呈之,^[10]忽語承祖云:"我得成許那,何煩將來。"吾虛心如舊,不復見信,既懷不安,大自嫌恐,惟以情理,不容復有善心。

[1]朝夕見底:早晚有何遭遇。底,何,什麼。

[2]三晡:傍晚時分。晡,午後申時。

[3]朱雀門:建康城門名。爲宮城南門,約在今江蘇南京市鎮淮橋一帶。

[4]衣書車:皇帝車駕之一。爲出行時專載衣物及書籍等用品的車輛。 離門:建康城門名。又稱籬門,爲宮城外門。因當時宮外諸門俗以竹籬爲門,故名。

[5]油幢絡:又稱"油絡"。古時車上懸垂的絲質繩網。因其光亮油滑,故名。

[6]諳悉:熟悉。諳,熟悉,知道。

[7]僶俛:勉強,努力。僶,同"黽"。

[8]一合:古時容量單位。約十龠爲一合,相當於一升的十分之一。

[9]府國:官署名。即劉休仁所任職和分封的司徒府、始安國。興生文書:經營產業的文件簿籍。興生,即興利。

[10]史承祖：人名。本書僅此一見，其事不詳。

休仁既經南討，與宿衛將帥經習狎共事相識者，布滿外內。常日出入，於廂下經過，[1]與諸相識將帥，都不交言。及吾前者積日失適，休仁出入殿省，諸衛主帥裁相悉者，無不和顏厚相撫勞。爾時吾既甚惡，[2]意不欲見外人，悠悠所傳，互言差劇。休仁規欲聞知方便，[3]使曇度道人及勞彥遠屢求啟，[4]闚覘吾起居。及其所啟，皆非急事，吾意亦不厝疑。[5]吾與休仁，親情實異，年少以來，恒相追隨，情向大趣，亦往往多同，難否之日，每共契闊。[6]休仁南討爲都統，既有勳績，狀之於心，亦何極已。但休仁於吾，望既不輕，[7]小人無知，亦多挾背向，既生猜貳，不復自寧。夫禍難之由，皆意所不悟，如其意趣，人莫能測，事不獲已，反覆思惟，不得不有近日處分。夫於兄弟之情，不能無厚薄。休祐之亡，雖復悼念，猶可以理割遣；及休仁之殞，悲愍特深，千念不能已已，[8]舉言傷心。事之細碎，既不可曲載詔文，恐物不必即解，兼欲存其兒子，不欲窮法。爲詔之辭，不得不云有兵謀，非事實也。故相報卿知。

上與休仁素厚，至於相害，慮在後嗣不安。休仁既死，痛悼甚至，謂人曰：「我與建安年時相鄰，少便狎從。景和、泰始之間，勳誠實重。事計交切，[9]不得不相除。痛念之至，不能自已。今有一事不如與諸侯共説，歡適之方，於今盡矣。」因流涕不自勝。

〔1〕厢下：正房兩側的房屋。

〔2〕甚惡：指病情嚴重。惡，疾病。《左傳》成公六年：“郇瑕氏土薄水淺，其惡易覯。”注：“惡，疾疢。”

〔3〕方便：計謀，算計。

〔4〕曇度道人：僧侶法號。本書僅見於本卷及卷九《後廢帝紀》，其事不詳。　勞彦遠：人名。本書僅此一見，其事不詳。

〔5〕厝疑：置疑。

〔6〕契闊：要約，死生相約。

〔7〕望既不輕：積怨深重。望，怨恨。

〔8〕已已：休止。

〔9〕事計交切：事關緊要。切，要。《漢書》卷八七下《揚雄傳下》：“不能一二其詳，請略舉凡，而客自覽其切焉。”顏師古注：“切，要也。”

　　子伯融，妃殷氏所生。殷氏，吳興太守沖女也。[1]范陽祖翻有醫術，[2]姿貌又美，殷氏有疾，翻入視脉，說之，遂通好。事泄，遣還家賜死。伯融歷南豫州刺史，琅邪、臨淮二郡太守，[3]寧朔將軍、廣州刺史，[4]不之職。廢徙丹楊縣。[5]後廢帝元徽元年，還京邑，襲封始興王。[6]弟伯猷，初出繼江夏愍王伯禽，[7]封江夏王，邑二千户。休仁死後還本，與伯融俱徙丹楊縣。後廢帝元徽元年，賜爵都鄉侯。[8]建平王景素爲逆，楊運長等畏忌宗室，稱詔賜伯融等死。伯融時年十九，伯猷年十一。

　　〔1〕沖：人名。即殷沖。陳郡長平人。本書卷五九有附傳。

[2]范陽：郡名。治所在今河北涿州市。　祖翻：人名。本書僅此一見，其事不詳。

[3]琅邪、臨淮：皆郡名。治所分別在今江蘇句容市、盱眙縣東北。

[4]廣州：治所在今廣東廣州市。

[5]丹楊：縣名。一作"丹陽"，治所在今安徽當塗縣東北小丹陽。

[6]始興：地名。中華本稱張森楷《校勘記》謂當爲"始安"，爲劉休仁降爵後封地。在今廣西桂林市。

[7]愍：謚號。按《謚法》："在國遭憂曰愍。"　伯禽：人名。即劉伯禽，江夏王劉義恭子。本書卷六一有附傳。

[8]都鄉侯：侯爵名。位次縣侯，初指封邑在都邑之鄉（城郊）者，後無封地，僅以虛號示褒崇。

晋平剌王休祐，文帝第十三子也。

孝建二年，[1]年十一，封山陽王，食邑二千户。大明元年，爲散騎常侍，領長水校尉，尋遷東揚州刺史。未拜，徙湘州刺史，加號征虜將軍。四年，還爲秘書監，領右軍將軍，增邑千户。遷侍中，又遷左中郎將、都官尚書，[2]又爲秘書監，領驍騎將軍。出爲使持節、都督豫司二州南豫州之梁郡諸軍事、右將軍、豫州刺史。景和元年，入朝，進號鎮西大將軍，仍遷散騎常侍、鎮軍大將軍、開府儀同三司。[3]

[1]二年：各本並作"三年"，中華本據本書卷六《孝武帝紀》、《南史》卷一四、《元龜》卷二六四改。

[2]左中郎將：官名。掌征伐或鎮守地方，多以宗室充任。四

品。　都官尚書：官名。尚書省都官曹長官，掌刑獄水火盜賊。
三品。

　　[3]鎮軍大將軍：官名。高級武官之一，權任較重。二品。

　　太宗定亂，以爲使持節、都督荆湘雍益梁寧南北秦
八州諸軍事、驃騎大將軍、荆州刺史，開府、常侍如
故。又改都督江郢雍湘五州江州刺史，[1]又改都督江南
豫司州、南豫州刺史，改都督豫江司三州、豫州刺史。
時豫州刺史殷琰據壽陽反叛，休祐出鎮歷陽，督劉勔等
討琰。[2]琰未平，勔築長圍守之。休祐復徙都督荆湘雍
益梁寧南北秦八州諸軍事、荆州刺史，持節、常侍、將
軍、開府並如故，增封二千户，受五百户。以山陽荒
敝，改封晉平王。

　　[1]江郢雍湘五州：中華本校勘記稱，五州止四州，奪去一州，
或“五”是“四”之誤。
　　[2]劉勔：人名。彭城人。本書卷八六有傳。

　　休祐素無才能，強梁自用，[1]大明之世，年尚少，
未得自專，至是貪淫，好財色。在荆州，裒刻所在，[2]
多營財貨。以短錢一百賦民，[3]田登，[4]就求白米一斛。
米粒皆令徹白，若有破折者，悉删簡不受。民間糴此
米，一升一百。至時又不受米，評米責錢。凡諸求利，
皆悉如此，百姓嗷然，不復堪命。泰始六年，[5]徵爲都
督南徐南兖徐兖青冀六州諸軍事、南徐州刺史，加侍
中，持節、將軍如故。上以休祐貪虐不可莅民，留之京

邑，遣上佐行府州事。[6]

[1]强梁自用：剛愎、傲慢自大。强梁，强横，强悍果决。

[2]裒（póu）刻：侵奪聚斂。指搜刮財物。裒，聚集。

[3]短錢：形狀短小、分量不足的錢幣。本書卷七五《顏竣傳》謂宋時錢幣多爲民間盜鑄，“大小厚薄皆不及也。無輪郭，不磨鑢……一千錢長不盈三寸”。所指大抵即此。

[4]田登：莊稼成熟。登，成熟。

[5]泰始六年：丁福林《校議》據本書卷八《明帝紀》、卷八七《蕭惠開傳》考證，認爲“六年”爲“五年”之訛。

[6]上佐：高級佐史，多指在州郡或王公將軍府供職者。《通典·職官典·總論郡佐》注：“大都督府司馬有左右二員，凡別駕、長史、司馬，通謂之上佐。” 行：暫行，代理。

休祐很戾强梁，[1]前後忤上非一。在荆州時，左右苑景達善彈棋，[2]上召之，休祐留不遣。上怒，詰責之曰：“汝剛戾如此，豈爲下之義！”積不能平。且慮休祐將來難制，欲方便除之。七年二月，車駕於巖山射雉，[3]有一雉不肯入場，日暮將反，令休祐射之。語云：“不得雉，勿歸。”休祐時從在黃麾內，[4]左右從者並在部伍後，休祐便馳去，上遣左右數人隨之。上既還，前驅清道，休祐人從悉分散，不復相得，上因遣壽寂之等諸將追之。[5]日已欲闇，與休祐相及，逼令墜馬。休祐素勇壯有氣力，奮拳左右排擊，莫得近。有一人後引陰，因頓地，即共毆拉殺之。乃遣人馳白上，行唱：“驃騎落馬。”上曰：“驃騎體大，落馬殊不易。”即遣御醫絡驛相係。頃之，休祐左右人至，久已絕。去車脚，[6]輿以還第，時年二十七。追贈司空，持節、侍中、都督、刺史如故，給班劍二十人，三望車一乘。時巴陵王休若在江陵，其日即馳信報休若曰：“吾與驃騎南山射雉，驃騎馬驚，與直閣夏文秀馬相蹹，[7]文秀墮地，驃騎失鞚，[8]馬驚，觸松樹墮地，落硎中，[9]時頓悶，不識人，故馳報弟。”其年五月，追免休祐爲庶人。

[1]佷戾：狂暴。佷，乖戾，狠毒。

[2]苑景達：人名。本書僅此一見，其事不詳。據中華本考證，《南史》卷一四，《元龜》卷二九七、二九九皆作“范景達”。

[3]巖山：山名。在今江蘇南京市江寧區。

[4]黃麾：皇帝儀仗所用的黃色旌旗，多在巡游或遠征時使用。參見《新唐書·儀衛志上》。

[5]壽寂之：人名。吳興人。本書卷九四有附傳。

[6]車脚：車輪。以其負車以行，如人之脚，故名。

[7]直閣：官名。即直閣將軍。在皇帝身邊及皇宮中值勤的衛隊首領。　夏文秀：人名。本書僅此一見，其事不詳。　蹹（tà）：踐，同“蹋”。踢。

[8]鞚（kòng）：馬勒。

[9]硎（kēng）：同“坑”。坑穴。

長子士薈，早卒。次子宣翊爲世子，爲寧朔將軍、湘州刺史，未拜，免廢。次士弘，繼鄱陽哀王休業。襲封，被廢還本。次宣彥，封原豐縣侯，[1]爲寧朔將軍、彭城太守，未拜，免廢。次宣諒。次宣曜，出繼南平穆王鑠封，被廢還本。次宣景，次宣梵，次宣覺，次宣受，次宣則，次宣直，次宣季，凡十三子，並徙晉平郡。太宗尋病，見休祐爲祟，乃遣前中書舍人劉休至晋平撫慰宣翊等，[2] 上遂崩。後廢帝元徽元年，聽宣翊等還都。順帝昇明三年，謀反，並賜死。

[1]原豐縣侯：侯爵名。侯國在今福建福州市。

[2]中書舍人：官名。中書省屬官，又稱中書通事舍人，掌文書管理、起草詔令，參與機密等。七品。　劉休：人名。沛郡相人。《南齊書》卷三四有傳。

鄱陽哀王休業，文帝第十五子也。

孝建二年，年十一，封鄱陽王，食邑二千户。三年，薨，追贈太常。大明六年，以山陽王休祐次子士弘嗣封。[1] 被廢還本，國除。

[1]以山陽王休祐次子士弘嗣封：丁福林《校議》據本書卷六《孝武帝紀》及休祐十三子順序考證，認爲“此‘次子’，恐爲‘第三子’之訛”。

臨慶沖王休倩，文帝第十六子也。

孝建元年，年九歲，疾篤，封東平王，[1] 食邑二千户，未拜，薨。

[1]東平王：王爵名。王國在今江蘇淮安市淮陰區。

大明七年，立第二十七皇子子嗣爲東平王，[1] 紹休倩後。太宗泰始二年還本，國絕。六年，以第五皇子智井爲東平王，[2] 繼休倩，未拜，薨。其年，追改休倩爲臨慶王，以臨賀郡爲臨慶國，[3]立第八皇子躋爲臨慶王，[4]食邑二千户，繼休倩後。明年，還本國。休倩，太祖所愛，故前後屢加紹門嗣。[5]

[1]子嗣：人名。即劉子嗣。孝武帝子，謝昭容所生，始安王劉子真同產弟。事迹參見本書卷八〇《始安王子真傳》。

[2]智井：人名。即劉智井。宋明帝子，鄭修容所生。事見本書卷九〇《明四王傳》。

[3]臨賀：郡名。治所在今廣西賀州市八步區。

[4]躋：人名。即劉躋。宋明帝子，徐婕好所生。事見本書卷九〇《明四王傳》。

[5]加紹門嗣：增加繼承門第的子嗣、後代。紹，繼承。

新野懷王夷父，文帝第十七子也。

元嘉二十九年，薨，時年六歲。太宗泰始五年，追加封謚。

巴陵哀王休若，文帝第十九子也。

孝建三年，年九歲，封巴陵王，食邑二千户。大明二年，爲冠軍將軍、南琅邪臨淮二郡太守，徙南彭城、下邳二郡太守，將軍如故。四年，出爲都督徐州諸軍事、徐州刺史，[1]將軍如故，增督豫州之梁郡，增邑千户。明年，徵爲散騎常侍、左中郎將、吳興太守。[2]復徵爲散騎常侍、太常。未拜，前廢帝永光元年，遷左衛將軍。太宗泰始元年，遷散騎常侍、中書令，領衛尉。[3]未拜，復爲左衛將軍，常侍、衛尉如故。又未拜，出爲使持節、都督會稽東陽永嘉臨海新安五郡諸軍事、領安東將軍、會稽太守,[4]率衆東討。進督吳、吳興、晉陵三郡。[5]尋加散騎常侍,進號衛將軍,給鼓吹一部。又進督晉安□□二郡諸軍事。[6]

[1]徐州刺史:各本並脫"徐州"二字。孫虨《考論》云:"脫徐州二字。"中華本校勘記並謂"前未言休若任刺史"。

[2]左中郎將:各本並作"左右郎將"。孫虨《考論》云:"當是左中郎將。"據改。

[3]衛尉:官名。掌宮禁及京城防衛。三品。

[4]安東將軍:官名。出鎮某一地區的軍事長官,或爲州刺史兼理軍務加官。三品。丁福林《校議》云:"本書《明帝紀》《南史·宋本紀下》皆作'鎮東將軍'。"

[5]吳:郡名。治所在今江蘇蘇州市。 晉陵:郡名。治所在今江蘇常州市。

[6]晉安:郡名。治所在今福建福州市。 □□:各本並脫,無考。

二年,遷雍梁南北秦四州郢州之竟陵隨二郡諸軍事、寧蠻校尉、雍州刺史,[1]持節、常侍、將軍如故,增邑二千戶,受三百戶。前在會稽,録事參軍陳郡謝沈以諂佞事休若,[2]多受賄賂。時内外戒嚴,普著袴褶,[3]沈居母喪,被起,聲樂酣飲,不異吉人。[4]衣冠既無殊異,並不知沈居喪,嘗自稱孤子,衆乃駭愕。休若坐與沈褻黷,[5]致有姦私,降號鎮西將軍。又進衛將軍。典籤夏寶期事休若無禮,[6]繫獄,啓太宗殺之,慮不被許,啓未報,輒於獄行刑,信反果錮送,[7]而寶期已死。上大怒,與休若書曰:"孝建、大明中,汝敢行此邪?"休若母加杖三百，[8]降號左將軍，貶使持節都督爲監，[9]行雍州刺史，使寧蠻校尉，[10]削封五百户。四年，遷使持節、都督湘州諸軍事、行湘州刺史，將軍如故。[11]六年，[12]荆州刺史晋平王休祐入，以休若監荆州事，進號征南將軍、湘州刺史。[13]仍爲都督荆湘雍益梁寧南北秦八州諸軍事、征西將軍、荆州刺史，持節如故。尋加散騎常侍，又進號征西大將軍，開府儀同三司。[14]

[1]郢州：各本並作“荆州”。孫彪《考論》謂當作“郢州”，中華本據此引《州郡志》，謂孝武帝於孝建元年立郢州，竟陵、隨二郡屬之，故以作“郢州”爲是，據改。丁福林《校議》認爲《考論》校改“亦未審”。而應於“改‘荆’爲‘郢’之同時又删去‘隨二郡’三字”。　竟陵：郡名。治所在今湖北鍾祥市。隨：郡名。治所在今湖北隨州市。

[2]謝沈：人名。事另見本書卷五七《蔡廓傳》。

[3]袴褶：服裝名。上服褶而下束袴，其外不復用裘裳，故謂袴褶。因便於騎乘，多爲軍中之服。參見《晋書·輿服志》及清·王國維《觀堂集林》卷二二《胡服考》。

[4]吉人：家無凶喪之事或不在服喪期限中的普通人。與服喪之“凶人”相對。

[5]褻黷：輕慢，不恭敬。黷，也作“瀆”。

[6]夏寶期：人名。本書僅此一見，其事不詳。

[7]信：信使，來往於中央及地方之間傳遞消息的人。　鋃送：禁鋃起來發送。鋃，禁鋃，束縛。

[8]休若母加杖三百：丁福林《校議》引《南史》卷一四《巴陵哀王休若傳》作“使其母羅加杖三百”。益一“使”字，文義立顯。

[9]監：官名。即諸州的監諸軍事，簡稱監軍，爲該地區軍政

長官，位在都督諸軍事下，在督諸軍事上。此謂休若由使持節都督貶爲監雍州軍事。

[10]使：官制用語。指職官本制以外的差遣，行使所兼官職的職權。

[11]將軍：各本並脱此二字。孫彪《考論》云："謂仍爲左將軍如故也。脱將軍二字。"中華本據補。

[12]六年：丁福林《校議》據本書卷八《明帝紀》考證，"六年"乃"五年"之誤。

[13]征南將軍：官名。四征將軍之一，掌出鎮方面。三品。

[14]征西大將軍：官名。位在四征將軍上，職掌與征西將軍同。二品。丁福林《校議》據本書卷八《明帝紀》、《南史》卷三《宋本紀下》認爲"記休若進號征西大將軍、開府儀同三司在泰始七年二月，此則載於泰始七年前，恐亦誤"。

七年，晋平王休祐被殺，建安王休仁見疑。京邑訛言休若有至貴之表，[1]太宗以言報之，休若内甚憂懼。會被徵，代休祐爲都督南徐南兗徐兗青冀六州諸軍事、征北大將軍、南徐州刺史，[2]持節、常侍、開府如故。休若腹心將佐咸謂還朝必有大禍，中兵參軍京兆王敬先固陳不宜入，[3]勸割據荆楚以距朝廷，休若僞許之。敬先既出，執録，[4]馳使白太宗，敬先坐誅死。休若至京口，建安王休仁又見害，益懷危慮。上以休若和善，能諧緝物情，慮將來傾幼主，欲遣使殺之。慮不奉詔，徵入朝，又恐猜駭，乃僞遷休若爲都督江郢司廣交豫州之西陽新蔡晋熙湘州之始興四郡諸軍事、車騎大將軍、江州刺史，[5]持節、常侍、開府如故。徵還召拜，手書殷勤，[6]使赴七月七日，[7]即於第賜死，時年二十四。贈侍中、司空，持節、都督、刺史如故，給班劍二十人，三望車一乘。

[1]至貴之表：尊貴無比的相貌。即有帝王之相。表，外表，容貌。

[2]征北大將軍：官名。職掌與征北將軍同，而位在其上，多統兵出鎮方面，不常置。二品。

[3]京兆：郡名。治所在今陝西西安市西北。　王敬先：人名。本書僅見本卷，其事不詳。

[4]執錄：拘捕起來。錄，逮捕。

[5]車騎大將軍：官名。位在諸名號將軍上，多加權臣元老，以示尊崇。一品。

[6]殷勤：情意親切。

[7]七月七日：即七夕。傳統民間節日，多有節慶活動。

休若既死，上與驃騎大將軍桂陽王休範書曰：

外間有一師，[1]姓徐名紹之，[2]狀如狂病，自云爲塗步郎所使。[3]去三月中，忽云：「神語道巴陵王應作天子，汝使巴陵王密知之。」於是師便訪覓休若左右人，不能得。東宮典書姓何者相識，[4]數去來，師解神語，東宮典書具道神語，東宮典書答云：「我識巴陵間一左右，當爲汝向道。」數日，東宮典書復來語師云：「我已爲汝語巴陵左右，道因達巴陵，巴陵具知，云莫聲但聽。」[5]又頃者史官奏天文占候，[6]頗云休若應挾異端。神道芒昧，[7]乃不可全信，然前後相准，略亦不無髣髴。[8]且帖肆間，[9]自大明以來有「若好」之謠，于今未止。詔若百重章句，皆配以美辭美事，諸不逞之徒，咸云必是休若。休若且知道路有異音，里巷有"若好"之謠，在西已奇懼，致王敬先吐猖狂之言。近休祐、休仁被誅，休若彌不自安，又左右多是不相當負罪之徒，恒說以道路之言叩動之，相與唱云"萬民之心，屬在休若"，感激其意。[10]

[1]有一師：即有一位傳道大師，或即五斗米道師之類。

[2]姓徐名紹之：即徐紹之。本書僅此一見，其事不詳。

[3]塗步郎：編造的官名，或爲宗教神職人員的官稱。

[4]東宮典書：屬吏名。在東宮太子府中典掌文書圖籍的文史。姓何者：姓何的人。失名，無考。

[5]莫聲但聽：不聲張，靜候消息。聽，等候，靜待，聽任。

[6]占候：古時占卜天文現象以判斷人間吉凶的迷信活動。

[7]芒昧：暗昧，不明確。芒，同"茫"。

[8]髣髴：好像，類似。

[9]肆間：民間。肆，坊肆，普通百姓居住或市集貿易之處。

[10]感激：感動，刺激。

尋休若從來心迹，殊有可嫌。劉亮問高次祖，[1]汝一應識此人，當給休若。休若在東縱恣群下無本末，[2]還朝被貶，爵位小退，次祖被亮使歸，過問訊，大泣，語次祖云："我東行是一段功，在郡橫爲群小輩過失，大被貶降，我實憤怨，不解劉輔國何意不作。"[3]次祖答云："劉輔國蒙朝廷生成之恩，[4]豈容有此理。"推此已是有奇意。吾使諸王在蕃，正令優游而已，本不以武事，而休若在西，

廣召弓馬健兒，都不啟聞。又庚道明等，[5]昔親爲
賊，罪應萬死，休若至西，大信遇之，乃潛將往不
啟京。吾知汝意謂休若處奉因事事何如，心迹既不
復可測，因其還朝在第與書，事事詰誚於內，許密
自引分，狀如暴疾致故，差得於其名位及見子悉得
全也。休若既是汝弟，使其狼心得申者，汝得守冶
城邊作太尉公邪？[6]非但事關計，亦於汝甚切，汝
可密白荀太妃令知。[7]

廬江王褘昔在西州，[8]故上云冶城邊也。

休若子沖始襲封。順帝昇明三年薨。會齊受禪，
國除。

[1]劉亮：人名。彭城人。本書卷四五有附傳。　高次祖：人
名。本書僅見本卷，其事不詳。

[2]本末：主次，先後，章法。

[3]劉輔國：即劉亮，時任輔國將軍。

[4]生成之恩：生養撫育的恩德。按：本書卷四五《劉懷慎
傳》及卷四七《劉懷肅傳》，劉亮爲宋武帝從母兄劉懷肅從孫，家
世貧賤，因從宋武帝起兵而得富貴，故此以爲莫大恩德。

[5]庚道明：人名。本書僅此一見，其事不詳。

[6]冶城：城名。建康諸城之一，在今江蘇南京市朝天宮一帶。

[7]荀太妃：即荀美人。桂陽王劉休範生母。本書無傳，事迹
散見本卷及卷七九《桂陽王休範傳》。

[8]西州：城名。即西州城。建康諸城之一，在冶城西，今江
蘇南京市朝天宮西望仙橋一帶。

史臣曰：《詩》云："不自我先，不自我後。"[1]古人

畏亂世也。太宗晚途，疑隙内成，尋斧所加，^[2]先自至戚。^[3]晋剌以獷暴摧軀，^[4]巴哀由和良酖體，^[5]保身之路，未知攸適。昔之戒子，^[6]慎勿爲善，將遠有以乎！

[1]不自我先，不自我後：意即感嘆生不逢時，遭遇亂世。語出《詩·小雅·正月》。

[2]尋斧：大斧，殺人的刑具。尋，古時長度單位。周制八尺爲尋，後也指物體的長廣高。斧，斧斤，刑具。

[3]至戚：至親，最爲親近的人。如同胞兄弟等。

[4]晋剌：即晋平剌王劉休祐。事迹詳見本卷。

[5]巴哀：即巴陵哀王劉休若。事迹詳見本卷。

[6]昔之戒子：過去受過警告的人。指被皇帝疑忌的人。

宋書　卷七三

列傳第三十三

顔延之

顔延之，字延年，琅邪臨沂人也。[1]曾祖含，[2]右光禄大夫。[3]祖約，[4]零陵太守。父顯，[5]護軍司馬。[6]

[1]琅邪：郡名。治所在今山東臨沂市。　臨沂：縣名。治所在今山東費縣東。

[2]含：人名。即顔含。《晋書》卷八八有傳。

[3]右光禄大夫：官名。掌論議，常作爲朝中顯貴的加官，以示榮寵。二品。《南史》卷三四作左光禄大夫，誤。《晋書》也作右光禄大夫。

[4]約：人名。即顔約。顔含第三子，長髦，次謙。事見《晋書》卷八八《顔含傳》。

[5]顯：《南史》《建康實録》均作“顗”。

[6]護軍司馬：官名。護軍將軍下屬，參贊軍務，位在護軍長史下。

　　延之少孤貧，居負郭，室巷甚陋。[1]好讀書，無所不覽，文章之美，冠絕當時。飲酒不護細行，年三十，猶未婚。妹適東莞劉憲之，[2]穆之子也。穆之既與延之通家，[3]又聞其美，[4]將仕之，先欲相見，延之不往也。後將軍、吳國內史劉柳以爲行參軍，[5]因轉主簿，[6]豫章公世子中軍行參軍。[7]

　　[1]負郭：靠近外城。負，背靠。郭，外城。　室巷：時顏延之家住建康長干里顏家巷（顏之推《觀我生賦》自注）。

　　[2]劉憲之：人名。洪頤煊《諸史考異》曰：“按《宋書·劉穆之傳》，穆之三子，長子慮之、中子式之、少子貞之，無名憲之者。”“按慮、憲形似”，“憲之”或“慮之”之訛。

　　[3]通家：世交之家、姻親之家。郝懿行《書故》稱：“漢魏以師友爲通家，晋宋以姻親爲通家。”

　　[4]其美：《南史》作“美才”。

　　[5]後將軍：官名。位在雜號將軍上，不常置。三品。　吳國內史：官名。吳國行政長官，職如太守。五品。吳國，王國名。在今江蘇蘇州市。　劉柳：人名。《晋書》卷六一有附傳。　行參軍：官名。中央任命者爲參軍，諸府自辟者爲行參軍，品位低於參軍，掌選舉人事。

　　[6]主簿：官名。典領文書簿籍，掌印鑒，中央及州、郡、縣均設此職，爲掾史之首。

　　[7]豫章公：公爵名。一品。此爲劉裕的封爵，公國在今江西南昌市。　世子：可繼承公爵的嫡長子。此指劉裕長子劉義符，後立爲少帝。　中軍：官名。中軍將軍之簡稱。晋初主管京師及宮廷警衛，後不再領禁軍。宋時位比四鎮將軍。三品。

　　義熙十二年，[1]高祖北伐，[2]有宋公之授，[3]府遣一使慶殊命，參起居。[4] 延之與同府王參軍俱奉使至洛陽，[5] 道中作詩二首，[6] 文辭藻麗，爲謝晦、傅亮所賞。[7]

[1]義熙：晋安帝司馬德宗年號（405—418）。

[2]高祖：宋武帝劉裕廟號。

[3]宋公之授：指晋安帝册封劉裕爲宋公。

[4]參起居：請安、問好。參，專指下級對上級的問候。

[5]王參軍：即王允之。時任中軍參軍。

[6]作詩二首：指《北使洛》《還至梁城作》。詩見《文選》。

[7]謝晦、傅亮：皆人名。本書卷四四、四三分別有傳。

宋國建，奉常鄭鮮之舉爲博士，[1] 仍遷世子舍人。[2] 高祖受命，補太子舍人。[3] 雁門人周續之隱居廬山，[4] 儒學著稱。永初中，[5] 徵詣京師，開館以居之。高祖親幸，朝彦畢至，延之官列猶卑，引升上席。上使問續之三義，[6] 續之雅仗辭辯，延之每折以簡要。既連挫續之，上又使還自敷釋，言約理暢，莫不稱善。徙尚書儀曹郎，[7] 太子中舍人。[8]

[1]奉常：官名。應爲太常。本書《百官志》稱："周時曰宗伯……秦改曰奉常，漢因之。景帝中六年更名曰太常。"宋仍稱太常。主管宗廟祭祀、朝會、喪葬禮儀，兼管文化教育。三品。　鄭鮮之：人名。滎陽開封人。本書卷六四有傳。　博士：官名。應爲太常博士。議定禮儀，教授學生。六品。

[2]世子舍人：官名。世子的親近屬員，掌文檄等事。

[3]太子舍人：官名。太子屬員，掌文章書記等事。七品。

[4]雁門：郡名。治所在今山西代縣西南。 周續之：人名。隱士。本書卷九三有傳。

[5]永初：宋武帝劉裕年號（420—422）。

[6]三義：據本書卷九三《周續之傳》，指《禮記》"傲不可長""與我九齡""射於矍圃"三題之義。

[7]尚書儀曹郎：官名。尚書省諸曹郎之一。六品。

[8]太子中舍人：官名。東宮屬官，選舍人中品學兼優者充任。掌東宮奏事文書、侍從、規諫等職。六品。

時尚書令傅亮自以文義之美，[1]一時莫及。延之負其才辭，不爲之下，亮甚疾焉。廬陵王義真頗好辭義，[2]待接甚厚，徐羨之等疑延之爲同異，意甚不悅。

[1]尚書令：官名。尚書省長官，綜理全國政務，職如秦漢宰相。三品。

[2]廬陵王：王爵名。王國在今江西吉水縣東北。 義真：人名。即劉義真。劉裕次子。本書卷六一有傳。

少帝即位，以爲正員郎，[1]兼中書，[2]尋徙員外常侍，[3]出爲始安太守。[4]領軍將軍謝晦謂延之曰："昔荀勗忌阮咸，斥爲始平郡，今卿又爲始安，可謂二始。"[5]黃門郎殷景仁亦謂之曰："所謂俗惡俊異，世疵文雅。"[6]

[1]正員郎：官名。編制內的散騎侍郎的別稱，以區別於員外散騎侍郎。位比侍中，侍從皇帝，諫諍得失，主掌圖書文翰、收納文書、轉呈奏議，兼撰述。三品。

[2]兼中書：即兼管中書省事務。掌納奏、擬詔出令。

[3]員外常侍：官名。員外散騎常侍的簡稱。常用以安置閑退、衰老的官員。

[4]始安：郡名。治所在今廣西桂林市。

[5]領軍將軍：官名。禁軍統帥，掌管禁衛軍和京都諸軍。三品。 荀勗忌阮咸，斥爲始平郡：事見《晉書》卷四九《阮咸傳》。荀勗，人名。魏末晉初人，以擁晉建國功，官至中書監加侍中。曾與阮咸論音律，自以爲不及，遂忌咸，使咸出補始平太守。《晉書》卷三九有傳。阮咸，人名。竹林七賢之一，晉時歷官散騎侍郎，行爲放達，不理政事。始平郡，晉時治所槐里，在今陝西興平市東南。

[6]黃門郎：官名。黃門侍郎的簡稱，屬中朝官。侍從皇帝，顧問應對，出行陪乘。多以重臣、外戚子弟、公主婿充任。 殷景仁：人名。陳郡長平（今河南西華縣）人。本書卷六三有傳。惡：厭惡，憎恨。 疵：誹謗。

延之之郡，道經汨潭，[1]爲湘州刺史張邵《祭屈原文》，[2]以致其意，曰：

[1]汨潭：地名。即汨羅。也稱羅潭、汨渚。屈原投江處。在今湖南湘陰縣、汨羅市邊境。

[2]張邵：人名。字茂宗，吳郡人。本書卷四六有傳。各本原作“張紀”，中華本據《南史》及《文選》顏延年《祭屈原文》改。

恭承帝命，建旗舊楚。[1]訪懷沙之淵，[2]得捐佩之浦。[3]弭節羅潭，[4]艤舟汨渚，[5]敬祭楚三閭大夫屈君之靈：[6]

[1]旟（yù）：古軍旗的一種。上畫鳥隼，進軍時用。

[2]懷沙之淵：典出《楚辭·七諫》：“懷沙礫而自沈兮，不忍見君之蔽壅。”

[3]捐佩之浦：典出《楚辭·九歌》：“捐余玦兮江中，遺余褋兮澧浦。”以上兩句均指顏延之訪問屈原投江之處。

[4]弭節：按節。《楚辭》王逸注：“弭，按也，按節徐步也。”此指漫步羅潭。

[5]艤舟：整船靠岸。《文選》李善注引如淳曰：“南方人謂整舡向岸曰艤。”

[6]三閭大夫：官名。楚設此官管屈、景、昭三姓貴族。　屈君：人名。即屈原。楚懷王的賢臣，因憤疾楚國政治腐敗，招致秦軍入侵、國破家亡，投汨羅江而死。《史記》卷八四有傳。

蘭薰而摧，玉貞則折。[1]物忌堅芳，人諱明潔。[2]曰若先生，逢辰之缺。[3]溫風迨時，飛霜急節。[4]嬴、芊遘紛，[5]昭、懷不端。[6]謀折儀、尚，貞蔑椒、蘭。[7]身絕郢闕，迹遍湘干。[8]比物荃蓀，連類龍鸞。[9]聲溢金石，[10]志華日月。[11]如彼樹芬，實穎實發。[12]望汨心欷，瞻羅思越。[13]藉用可塵，昭忠難闕。[14]

[1]蘭薰而摧，玉貞則折：蘭草芳香，玉質堅貞。中華本曰：“貞”，《文選》六〇作“縝”。縝，密緻，在此與貞義同。此句以蘭薰、玉貞比喻賢人易受迫害。

[2]堅芳：代指蘭和玉。《文選》李善注：“堅芳即蘭及玉。”芳，各本原作“方”，中華本據《文選》改作“芳”。　明潔：賢明廉潔。

[3]先生：指屈原。 逢辰之缺：生不逢時，遇此亂世。

[4]迨時：不按時。迨，同"怠"。 急節：節氣提前到來。

[5]嬴、芊遘紛：指秦楚矛盾，秦欲滅楚。嬴，秦姓，代指秦國。芊，楚姓，代指楚國。按：楚實姓芈，芈又形誤爲芊。

[6]昭、懷不端：秦昭王、楚懷王處位不正。此指秦昭王派張儀去楚，拆散齊楚聯盟，又誘使懷王入秦，拘而不返，使懷王客死於秦。不端，不正。

[7]儀：人名。即張儀。縱橫家。時任秦相。《史記》卷七〇有傳。 尚：人名。即上官靳尚。楚大夫。 椒：人名。即子椒。楚大夫。 蘭：人名。即司馬子蘭。楚懷王少弟。

[8]郢：楚都。遺址在今湖北荆州市紀南城。 湘干：湘江沿岸。干，涯岸，水邊。

[9]比物荃蓀，連類龍鸞：以香草喻忠貞，就是比物；以龍鳳托君子，就是連類。王逸《楚辭》序："善鳥、香草以配忠貞"；"虯龍、鸞鳳以託君子"。荃蓀，香草。龍鸞，虯龍鸞鳳。

[10]聲溢金石：聲名載於史册。聲，聲音，此處借喻聲名、聲譽。金，指鐘鼎。石，指碑碣。此處代指歷史。

[11]志華日月：其志與日月争光。《史記》卷八四《屈原賈生列傳》云："推此志也，雖與日月争光可也。"

[12]如彼樹芬，實穎實發：他建立的盛德，像果實一樣繁盛，像新芽一樣萌生、發展。此語出自《詩·大雅·生民》："實發實秀""實穎實栗"。芬，香氣，喻盛德。穎，果實繁盛。

[13]望汨心欷，瞻羅思越：望見汨水内心悲痛，看到羅潭浮想聯翩。

[14]藉用可塵，昭忠難闕：塵土雖輕，借之可以重用，以屈原的精神表彰忠信，是不可缺少的。藉，同"借"。闕，同"缺"。

元嘉三年，[1]羡之等誅，徵爲中書侍郎，[2]尋轉太子中庶子，[3]頃之，領步兵校尉，[4]賞遇甚厚。延之好酒疏誕，不能斟酌當世，[5]見劉湛、殷景仁專當要任，[6]意有不平，常云：“天下之務，當與天下共之，豈一人之智所能獨了！”辭甚激揚，每犯權要。謂湛曰：“吾名器不升，當由作卿家史。”[7]湛深恨焉，言於彭城王義康，[8]出爲永嘉太守。[9]延之甚怨憤，乃作《五君詠》以述竹林七賢，[10]山濤、王戎以貴顯被黜。[11]詠嵇康曰：“鸞翮有時鎩，龍性誰能馴。”詠阮籍曰：“物故可不論，[12]塗窮能無慟。”詠阮咸曰：“屢薦不入官，一麾乃出守。”[13]詠劉伶曰：“韜精日沉飲，[14]誰知非荒宴。”此四句，蓋自序也。湛及義康以其辭旨不遜，大怒。時延之已拜，欲黜爲遠郡，太祖與義康詔曰：[15]“降延之爲小邦不政，[16]有謂其在都邑，豈動物情，罪過彰著，亦士庶共悉，直欲選代，令思愆里閭。猶復不悛，當驅往東土。乃志難恕，[17]自可隨事録治。殷、劉意咸無異也。”乃以光禄勳車仲遠代之。[18]延之與仲遠世素不協，屏居里巷，不豫人間者七載。中書令王球名公子，[19]遺務事外，延之慕焉，球亦愛其材，[20]情好甚款。延之居常罄匱，球輒贍之。晋恭思皇后葬，[21]應須百官，湛之取義熙元年除身，[22]以延之兼侍中。[23]邑吏送札，延之醉，投札於地曰：“顔延之未能事生，焉能事死。”[24]

[1]元嘉：宋文帝劉義隆年號（424—453）。

[2]中書侍郎：官名。中書省次官，自擬詔、出令之權歸中書舍人後，侍郎遂成爲職閑官清之職，成爲諸王起家官。如中書監、令缺，可主持中書省工作。五品。

［3］太子中庶子：官名。太子屬官，掌侍從、奏事、諫議等職。五品。

［4］步兵校尉：官名。皇帝侍從武官，隸屬中領軍，不領兵，用以安置勳舊武臣。四品。

［5］斟酌：考慮某種情況以定取舍。

［6］劉湛：人名。字弘仁，南陽涅陽（今河南鄧州市東北）人，時任領軍將軍詹事。本書卷六九有傳。

［7］作卿家吏：顏延之曾任劉湛父劉柳主簿，故有此説。

［8］彭城王：王爵名。王國在今江蘇徐州市。 義康：人名。即劉義康。劉裕四子，時任大將軍領司徒。本書卷六八有傳。

［9］永嘉：郡名。治所在今浙江温州市。

［10］竹林七賢：《三國志》卷二一《魏書·嵇康傳》注引《魏氏春秋》：“（嵇康）與陳留阮籍、河內山濤、河南向秀、籍兄子咸、琅邪王戎、沛人劉伶相與友善，遊於竹林，號爲七賢。”

［11］被黜：被黜退、被排除。《五君詠》中山濤、王戎被排除，咏向秀而本傳没有收録，所引“四君詠”也不是全文。

［12］物故：《漢書》卷五四《蘇武傳》顏師古注：“物故，謂死也。”

［13］一麾乃出守：貶義辭。麾，揮斥、排擠。周一良引胡紹煐《文選箋證》卷二二云：“據此則一麾出守非佳話。柳宗元表‘入命作牧，一麾出守’，遂用爲守郡故事，恐誤。”按：唐以後用此典故，均無貶義。

［14］韜精：即韜光。意爲把自己的才華掩蓋起來。

［15］太祖：宋文帝劉義隆廟號。

［16］不政：不適，不合適。

［17］乃志難恕：《南史》卷三四《顏延之傳》作“乃至難恕”。從上下文義判斷，《南史》是也。

［18］光禄勳：官名。漢時位列九卿，掌宮殿門户宿衛，兼皇帝侍從，位列九卿。魏晉以後，位重權輕，職任閑散。宋僅掌宮殿門

戶名籍。三品。　車仲遠：人名。本書僅此一見，其事不詳。

［19］中書令：官名。中書省長官之一，自納奏、擬詔、出令之權歸中書舍人後，官高職閑，多爲重臣之加官。三品。　王球：人名。字倩玉，琅邪臨沂人。本書卷五八有傳。　名公子：名公之子。王球父王謐官至司徒，故有此稱。

［20］材：同"才"。

［21］晉恭思皇后：即晉恭帝褚皇后。名靈媛。《晉書》卷三二有傳。

［22］除身：即告身，任命書。

［23］兼侍中：各本原作"兼侍"，中華本據《建康實錄》改。時晉已亡，晉恭后葬時欲備百官，虛應故事，故取義熙元年告身除延之兼侍中，延之不受。

［24］未能事生，焉能事死：此語原出《論語·先進》："子曰：未能事人，焉能事鬼。""事生"即"事人"，"事死"即"事鬼"，義同。

閑居無事，爲《庭誥》之文，今删其繁辭，存其正，著于篇。曰：

《庭誥》者，施於閨庭之内，謂不遠也。吾年居秋方，[1]慮先草木，故遽以未聞，誥爾在庭。若立履之方，[2]規鑒之明，[3]已列通人之規，[4]不復續論。今所載咸其素蓄，[5]本乎性靈，而致之心用。夫選言務一，不尚煩密，而至於備議者，蓋以網諸情非。[6]古語曰：得鳥者羅之一目，而一目之羅，無時得鳥矣。[7]此其積意之方。

［1］秋方：語出《淮南子·時則訓》："孟秋之月……其位西

方。"此處指人到晚年。

[2]立履之方：立身行事的準則。

[3]規鑒之明：規勸戒鑒的明察。

[4]通人之規：學識淵博之人的規戒。《論衡·超奇》："博覽古今者爲通人。"

[5]素蓄：各本原作"素畜"，中華本據《元龜》卷八一六改。其實"素畜"與"素蓄"義同，皆爲平時志願之意。曾鞏《自福州召判太常寺上殿劄子》中，即作"素畜"。

[6]網諸情非：限制一些不得已的情況。網，法律、法網。此處引申爲限制。情非，即情非得已。

[7]得鳥者羅之一目，而一目之羅，無時得鳥矣：此語出自《淮南子·説山訓》。羅之一目，網的一個眼兒。一目之羅，一個眼兒的網。羅，捕鳥、捕魚的網。

　　道者識之公，情者德之私。公通，可以使神明加嚮；[1]私塞，不能令妻子移心。是以昔之善爲士者，必捐情反道，合公屏私。[2]

[1]加嚮：施加影響。嚮，趨嚮，引申爲影響。
[2]屏私：擯棄私情、私欲。屏，擯棄。

　　尋尺之身，[1]而以天地爲心；數紀之壽，[2]常以金石爲量。[3]觀夫古先垂戒，長老餘論，雖用細制，[4]每以不朽見銘；繕築末迹，[5]咸以可久承志。況樹德立義，收族長家，[6]而不思經遠乎。

[1]尋尺：八尺。尋，古長度單位，八尺爲尋。
[2]數紀：幾歲，幾十歲。紀，《後漢書》卷二九《郅惲傳》

引李賢注："紀，年也。"又紀爲紀年單位，古代以十二年爲一紀。

[3]金石爲量：《吕氏春秋·慎行論·求人》："功績銘乎金石。"高誘注："金，鐘鼎也；石，豐碑也。"即把功績刻在金石上，讓後世評量。

[4]細制：細小的規章制度。

[5]末迹：次要的小事。

[6]收族：以尊卑上下、親疏遠近的禮儀來團結族人，使不離散。《儀禮·喪服》鄭玄注："收族者，謂別親疏，序昭穆。" 長家：管理家族。

曰身行不足遺之後人。欲求子孝必先慈，將責弟悌務爲友。雖孝不待慈，而慈固植孝；[1]悌非期友，[2]而友亦立悌。

[1]植孝：培植孝心。

[2]期友：期待友愛。

夫和之不備，或應以不和；猶信不足焉，必有不信。儻知恩意相生，情理相出，可使家有參、柴，人皆由、損。[1]

[1]參：人名。即曾參。字子輿，《孝經》的作者。 柴：人名。即高柴。字子羔，曾任費郈宰。 由：人名。即仲由。字子路，好勇力，性格直爽，穿破衣與穿華服者在一起，毫無愧色。損：人名。即閔損。字子騫，以孝順父母聞名。以上四人都是孔子弟子，其事迹均見《史記》卷六七《仲尼弟子列傳》。

夫内居德本，外夷民譽，言高一世，處之逾

默，器重一時，體之滋沖，[1]不以所能干衆，不以所長議物，淵泰入道，[2]與天爲人者，士之上也。若不能遺聲，[3]欲人出己，知柄在虛求，[4]不可校得，敬慕謙通，畏避矜踞，[5]思廣監擇，[6]從其遠猷，[7]文理精出，而言稱未達，論問宣茂，而不以居身，此其亞也。[8]若乃聞實之爲貴，以辯畫所克，[9]見聲之取榮，謂爭奪可獲，言不出於戶牖，自以爲道義久立，才未信於僕妾，而曰我有以過人，於是感苟銳之志，[10]馳傾觖之望，[11]豈悟已掛有識之裁，入修家之誡乎。記所云“千人所指，無病自死”者也。[12]行近於此者，吾不願聞之矣。

[1]滋沖：更加謙虛。

[2]淵泰：沉静冲和。

[3]遺聲：留下好的名聲。

[4]知柄：智慧的根本。知，同“智”。柄，根本。《國語·齊語六》：“治國家不失其柄。”韋昭注：“柄，本也。” 虛求：以謙虛的態度求得。

[5]矜踞：也作矜倨，矜夸倨傲。

[6]監擇：審查選擇。

[7]遠猷：長遠打算。

[8]此其亞也：這是第二等人。亞，次一等的。《左傳》襄公十九年杜預注：“亞，次也。”

[9]辯畫：擘劃，謀劃。

[10]苟銳之志：不合實際而又堅決的意志。

[11]馳傾觖之望：馳騁無限的希望。觖望，企求，希望。

[12]千人所指，無病自死：此語出自《漢書》卷八六《王嘉

傳》：“里諺曰：‘千人所指，無病而死。’”指，指責，斥責。

　　凡有知能，[1]預有文論，若不練之庶士，[2]校之群言，通才所歸，[3]前流所與，[4]焉得以成名乎。若呻吟於牆室之內，喧囂於黨輩之間，竊議以迷寡聞，[5]姐語以敵要説，[6]是短算所出，而非長見所上。適值尊朋臨座，稠覽博論，而言不入於高聽，人見棄於衆視，則慌若迷塗失偶，[7]黶如深夜撤燭，[8]銜聲茹氣，[9]腆默而歸，[10]豈識向之夸慢，祇足以成今之沮喪邪。此固少壯之廢，[11]爾其戒之。

[1]知能：智能。

[2]若不練之庶士：各本均脱“若”字，中華本據《元龜》卷八一六補。不練之庶士，不精通書史的一般士人。練，詳熟，熟悉。《漢書》卷八三《薛宣傳》：“明習文法，練國制度。”顏師古注：“練猶熟也。言其詳熟。”

[3]通才：學識廣博具有多種才能的人。《六韜·五翼》：“通才三人，主拾遺補過。”

[4]前流：前代名流（賢人）。

[5]竊議：私下評議、評論。從本文上下文意來看，似有竊取他人意見之義。　寡聞：孤陋寡聞。此指見聞不廣的人。語出《晏子春秋》。

[6]姐語：荒誕不經的言論。姐，同“誕”。

[7]迷塗失偶：迷失方向，失去伴侶，形容處於孤立無援的境地。塗，同“途”。

[8]黶（yǎn）如深夜撤燭：黑得有如深夜撤去燭光。黶，形容陰森黑暗恐怖的樣子。

[9]銜聲茹氣：忍氣吞聲。形容不敢放聲出氣的難堪樣子。

[10]腆默：羞愧不語。《全宋文》收顏延之《庭誥》作“腆嘿”，義同。

[11]少壯之廢：少年人自甘暴棄。廢，衰敗曠廢。

夫以怨誹爲心者，未有達無心救得喪，[1]多見誚耳。此蓋臧獲之爲，[2]豈識量之爲事哉。是以德聲令氣，愈上每高，忿言懟議，[3]每下愈發。[4]有尚於君子者，寧可不務勉邪。雖曰恒人，[5]情不能素盡，故當以遠理勝之，么算除之，[6]豈可不務自異，而取陷庸品乎。

[1]未有達無心救得喪：沒有解脫邪念以挽救損失。無心，佛家語，指解脫邪念的真心。得喪，即得失。偏義詞，損失。

[2]臧獲：有四種解釋。其一，《初學記》引《風俗通》解爲因犯罪而罰爲官奴的人謂之臧獲。其二，揚雄《方言》認爲山東人罵奴曰臧，罵婢曰獲。是男女奴婢的賤稱。其三，《方言》又稱“燕之北郊，民而壻婢謂之臧，女而婦奴謂之獲”。其四，戰敗被虜爲奴隸曰臧獲。總之屬於社會賤民階層的下等庸人。

[3]忿言懟（duì）議：怨恨的言論。懟，怨恨。

[4]每下愈發：越從下面推求就越壞。與上文“愈上每高”相對。發，當釋爲低，實爲壞。

[5]恒人：常人，一般人。

[6]么（yāo）算：細小的謀算。么，同“幺”，微小。

富厚貧薄，事之懸也。以富厚之身，親貧薄之人，非可一時同處。[1]然昔有守之無怨、安之不悶者，[2] 蓋有理存焉。夫既有富厚，必有貧薄，豈其證然，時乃天道。若人皆厚富，是理無貧薄。然乎？必不然也。若謂富厚在我，則宜貧薄在人。可乎？又不可矣。道在不然，義在不可，而橫意去就，[3] 謬生希幸，以爲未達至分。

[1]非可一時同處：各本並脱“同”字，中華本據《元龜》卷八一六補。又《全宋文》收録《庭誥》作“非可以一時處”，義同。

[2]不悶：不煩悶。

[3]横意去就：任意而爲。横意，肆意、隨心所欲。

蠶温農飽，民生之本，躬稼難就，止以僕役爲資，當施其情願，庀其衣食，[1] 定其當治，[2] 遞其優劇，[3] 出之休饗，[4] 後之捶責，雖有勸恤之勤，而無霜曝之苦。

[1]庀（pǐ）其衣食：供應他們衣食。庀，備辦，供應。

[2]當治：應該做的。治，做，爲。

[3]遞其優劇：排列出優閑和繁難的順序。遞，順序，依次。劇，繁難，繁重。

[4]出之休饗：供給好的食物。出，進，供給。休饗，美食。休，美。饗，熟食。

務前公税，[1] 以遠吏讓，[2] 無急傍費，[3] 以息流議，量時發斂，視歲穰儉，[4] 省贍以奉己，損散以及人，此用天之善，御生之得也。

［1］務前公稅：公稅務必提前交。

［2］讓：責備。

［3］傍（páng）費：不正當的花費。傍，通“旁”。

［4］穰儉：年景的豐收與歉收。

　　率下多方，見情爲上；立長多術，[1]晦明爲懿，[2]雖及僕妾，情見則事通；雖在畎畝，明晦則功博。若奪其常然，役其煩務，使威烈雷霆，猶不禁其欲；雖棄其大用，窮其細瑕，[3]或明灼日月，將不勝其邪。[4]故曰：“孱焉則差，的焉則闇。”[5]是以禮道尚優，法意從刻。優則人自爲厚，刻則物相爲薄，[6]耕收誠鄙，[7]此用不忒，[8]所謂野陋而不以居心也。[9]

［1］立長多術：成熟的管理人有很多方法和手段。

［2］晦明爲懿：以明察晦暗爲上。明，明察。晦，隱晦，陰暗。懿，美。《易·小畜卦》孔穎達疏：“懿，美也。”

［3］窮其細瑕：窮究他的細微瑕疵。

［4］邪：奸邪，不正派。

［5］孱焉則差，的焉則闇（yīn）：懦弱、不認真則失當，認真究查，則下面沒有人敢說話。孱，懦弱。差，失當，差錯。的，究竟，到底。闇，通“瘖”，緘默不語。

［6］刻則物相爲薄：苛刻則人互相鄙薄。物，人，衆人。《左傳》昭公十一年：“物以無親。”楊伯峻注引顧炎武曰：“物，人也。”

［7］耕收誠鄙：種地收割實在是卑賤的事。

[8]不忒（tè）：沒有差錯。《孫子·形》：“不忒者，其所措必勝。”杜牧注：“忒，差忒也。”

[9]所謂野陋而不以居心：所謂粗野的人不注意這個問題。野陋，粗野鄙陋。居心，存心，留意。

　　含生之氓，同祖一氣，等級相傾，遂成差品，遂使業習移其天識，世服沒其性靈。[1]至夫願欲情嗜，宜無間殊，[2]或役人而養給，然是非大意，不可侮也。隈奧有竈，齊侯蔑寒，[3]犬馬有秩，管、燕輕饉。[4]若能服溫厚而知穿弊之苦，[5]明周之德，厭滋旨而識寡嗛之急，[6]仁恕之功。豈與夫比肌膚於草石、方手足於飛走者，[7]同其意用哉。罰慎其濫，惠戒其偏。罰濫則無以爲罰，惠偏則不如無惠。雖爾眇末，[8]猶扁庸保之上，[9]事思反己，動類念物，則其情得，而人心塞矣。[10]

[1]世服：時俗，習俗。　性靈：純潔的性情。

[2]宜無間殊：應該沒有差別。間殊，差別。

[3]隈奧有竈，齊侯蔑寒：屋裏有爐竈，齊侯不怕寒冷。典故待考。

[4]犬馬有秩，管、燕輕饉：狗馬有糧食吃，管仲、晏嬰不怕饉荒。管，即管仲。字夷吾，齊桓公之相。燕，即晏嬰。字平仲，齊景公之相。二人均是春秋時期的政治家。其事迹見《史記》卷六二《管晏列傳》。秩，祿米，此處代指飼料。燕，通“晏”。

[5]穿弊：也作穿敝。洞穿破舊。

[6]滋旨：美好的滋味，美好的食物。　寡嗛（qiān）：缺少食物。《管子·子弟職》尹知章注：“食盡曰嗛。”

[7]飛走：飛禽走獸。此處指飛禽的翅膀，走獸的四條腿。

[8]眇末：微末。

[9]庸保：受雇傭的勞動者。

[10]心塞：心滿意足。

　　抃博蒲塞，[1]會眾之事，諧調哂謔，[2]適坐之方，[3]然失敬致侮，皆此之由。方其剋瞻，[4]彌喪端儼，[5]況遭非鄙，慮將醜折。[6]豈若拒其容而簡其事，靜其氣而遠其意，使言必諍厭，[7]賓友清耳，笑不傾撫，[8]左右悅目。非鄙無因而生，[9]侵侮何從而入，此亦持德之管籥，[10]爾其謹哉。

[1]抃（pīn）博蒲塞：泛指古代競勝負的博戲。抃博，即拼博。抃，同“拚”。博，同“搏”。蒲塞，亦作“蒲牲”。蒲，即樗蒲。牲（shēn），古代博戲中的一種。

[2]諧調哂謔：詼諧調笑戲謔。

[3]適坐：《元龜》卷八一六作“適生”。據上下文義，以“適坐”爲宜。

[4]剋瞻：約束自己裝成令人敬仰的樣子。剋，約束、克制。瞻，尊仰，敬視。

[5]端儼：正直莊重。

[6]慮將醜折：顧慮被人羞辱。醜，羞辱。折，折辱。

[7]諍厭：亦作諍懕，正言規勸使人心服。

[8]傾撫：傾身撫掌。形容有失常態。

[9]非鄙：非議鄙薄。

[10]管籥（yuè）：關鍵。管，鑰匙。《左傳》僖公三十二年杜預注：“管，籥也。”籥，同“鑰”。

嫌惑疑心，誠亦難分，[1]豈唯厚貌蔽智之明，[2]深情怯剛之斷而已哉。[3]必使猜怨愚賢，則嚬笑入戾，[4]期變犬馬，[5]則步顧成妖。[6]況動容竊斧，[7]束裝盜金，[8]又何足論。是以前王作典，明慎議獄，而僭濫易意。[9]朱公論璧，光澤相如，[10]而倍薄異價。[11]此言雖大，可以戒小。

[1]嫌惑疑心，誠亦難分：實涉其嫌而困惑還是無端懷疑別人，實在難以區分。

[2]厚貌：外表憨厚。

[3]怯剛之斷：不敢剛强決斷。

[4]嚬笑入戾：皺眉嗤笑而轉爲暴戾。

[5]期變：中華本考證，《元龜》卷八一六作“耽愛”。

[6]步顧成妖：舉步回顧之間就成了妖怪。步顧，回顧舉步，形容時間短促。

[7]動容竊斧：典出《列子·説符》：“有人亡鈇（斧）者，意其鄰人之子。視其行步竊鈇也，顏色竊鈇也，語言竊鈇也，動作態度無爲不竊鈇也。俄而抇其谷而得鈇。他日復見其鄰人之子，動作態度無似竊鈇者。”

[8]束裝盜金：典出《漢書》卷四六《直不疑傳》：“其同舍有告歸，誤持其同舍郎金去。已而同舍郎覺，亡意不疑。不疑謝有之，買金償。後告歸者至而歸金，亡金郎大慙。”此後遂以此語爲無端見疑的典故。束裝，收拾行裝。“盜”各本均作“濫”，《元龜》卷八一六、《類聚》卷二三皆作“盜”，據改。

[9]僭濫：賞罰失當。《詩·商頌·殷武》：“不僭不濫。”毛《傳》：“賞不僭，刑不濫也。” 易意：改變心意。

[10]朱公論璧，光澤相如：典故待考。

[11]倍薄異價：價格相差近一倍。薄，近。

　　遊道雖廣，交義爲長。得在可久，失在輕絕。久由相敬，絕由相狎。愛之勿勞，當扶其正性，忠而勿誨，必藏其枉情。[1]輔以藝業，會以文辭，使親不可褻，[2]疏不可間，[3]每存大德，無挾小怨。率此往也，足以相終。

[1]枉情：邪念。
[2]褻：輕慢，侮弄。
[3]間：離間，挑撥是非。

　　酒酌之設，可樂而不可嗜，[1]嗜而非病者希，病而遂眚者幾。[2]既眚既病，將蔑其正。[3]若存其正性，紓其妄發，[4]其唯善戒乎？聲樂之會，可簡而不可違，違而不背者鮮矣，[5]背而非弊者反矣。[6]既弊既背，將受其毀。必能通其礙而節其流，意可爲和中矣。[7]

[1]嗜：貪，貪而不厭，特殊的喜好。
[2]眚：眼病。引申爲灾禍，疾苦。　幾：若干，多少。
[3]蔑：削滅，抛棄。
[4]紓：解除，排除。
[5]不背：即不悖。不衝突。
[6]弊：弊病，害處，厭惡，討厭。　反：報復。
[7]和中：即中和。儒家思想的最理想境界。《禮記·中庸》：“喜怒哀樂之未發謂之中，發而皆中節謂之和。中也者，天下之大本也。和也者，天下之達道也。致中和，天地位焉，方物育焉。”

即萬物各得其所、處處和諧美滿的狀況。

　　　善施者豈唯發自人心,[1]乃出天則。[2]與不待積,[3]取無謀實,[4]並散千金,誠不可能。贍人之急,雖乏必先。使施如王丹,[5]受如杜林,[6]亦可與言交矣。

　　[1]豈唯發自人心:各本並脱"豈"字,中華本據《御覽》卷四七七引補。

　　[2]天則:天道,自然法則。

　　[3]與不待積:給與不能等待有豐厚的積蓄後再行。

　　[4]取無謀實:不是僅爲謀得更多財富而收取。實,財,財貨,財富。

　　[5]施如王丹:像王丹一樣施捨。王丹,人名。字仲回,京兆下邽人,"家累千金,隱居養志,好施周急"。《後漢書》卷二七有傳。

　　[6]受如杜林:像杜林一樣接受别人東西。杜林,人名。字伯山,扶風茂陵人。杜林馬死,好友馬援贈馬一匹,杜林受之。過幾個月又令兒子拿五萬錢給馬援。事見《後漢書》卷二四《馬援傳》注引《東觀漢記》。"受"各本皆作"愛"。中華本據《元龜》卷八一六改。

　　　浮華怪飾,滅質之具;[1]奇服麗食,棄素之方。[2]動人勸慕,[3]傾人顧眄,[4]可以遠識奪,[5]難用近欲從。[6]若覩其淫怪,知生之無心,爲見奇麗,能致諸非務,則不抑自貴,不禁自止。[7]

[1]滅質：損害形體。質，形體外貌。

[2]棄素：拋棄樸素。

[3]動人勸慕：引人企慕。動人，打動人心，引人注意。勸慕，受某種影響而有所企慕。

[4]傾人顧盻：讓所有人用欽慕的眼光看來看去。傾，盡，竭盡。顧，愛慕。

[5]可以遠識奪：可以奪去深遠的識見。

[6]難用近欲從：難以實現淺近的欲望。

[7]自止：《元龜》卷八一六作"自失"。

　　夫數相者，必有之徵，既聞之術人，[1]又驗之吾身，理可得而論也。人者兆氣二德，[2]禀體五常。[3]二德有奇偶，[4]五常有勝殺，[5]及其爲人，[6]寧無叶沴。[7]亦猶生有好醜，死有夭壽，人皆知其懸天；[8]至於丁年乖遇，[9]中身迁合者，[10]豈可易地哉。是以君子道命愈難，[11]識道愈堅。

[1]術人：以占卜、觀察星相爲職業的人。

[2]兆氣二德：人得氣發端於陰陽。兆，開始。兆氣，即氣兆。陰陽二氣有生養化育萬物的感化能力。

[3]禀體五常：人體禀承金木水火土五常。五常有三種解釋，一指父義、母慈、兄友、弟恭、子孝五種倫常；二指仁、義、禮、智、信。此處指五行即萬物構造的最基本元素。

[4]奇（jī）偶：亦作奇耦。奇，單數。偶，雙數。《易·繫辭下》："陽卦奇，陰卦偶。"

[5]勝殺：相生相克。

[6]及其爲人：《元龜》卷八一六作"其及爲人"，誤。

[7]寧無叶（xié）沴（lì）：難道沒有和洽與傷害。叶，和洽。

沴，傷害。《莊子·大宗師》：“陰陽之氣有沴。”

[8]懸天：繫於天。

[9]丁年乖遇：成年人有不好的遭遇。丁年，成丁之年。乖遇，處於逆境。

[10]中身迁合者：中年遇到它。中身，中年。迁合，《元龜》卷八一六作“连合”，均可作遇合解。

[11]道命：《元龜》卷八一六作“邁命”，義同，均指遭遇、命運。

　　古人耻以身爲溪壑者，屏欲之謂也。欲者，性之煩濁，[1]氣之蒿蒸，[2]故其爲害，則燻心智，耗真情，[3]傷人和，犯天性。[4]雖生必有之，而生之德，猶火含煙而煙妨火，桂懷蠹而蠹殘桂，[5]然則火勝則煙滅，蠹壯則桂折。故性明者欲簡，嗜繁者氣惛，去明即惛，難以生矣。[6]是以中外群聖，[7]建言所黜，儒道衆智，發論是除。然有之者不患誤深，[8]故藥之者恒苦術淺，所以毀道多而於義寡。[9]頓盡誠難，[10]每指可易，[11]能易每指，亦明之末。[12]

[1]煩濁：雜亂污濁。

[2]蒿蒸：蒸騰上升的氣象。

[3]耗真情：《元龜》卷八一六作“耗真精”。

[4]犯天性：《元龜》卷八一六作“犯天情”。

[5]猶火含煙而煙妨火，桂懷蠹而蠹殘桂：各本並作“猶火含煙而妨火，桂懷蠹而殘桂”，中華本據《元龜》卷八一六及《類聚》卷二三所引訂正。

[6]難以生矣："生矣"各本並作"主言",下一字不成字,中華本據《元龜》卷八一六改正。

[7]是以中外群聖："是"各本均作"其",中華本據《元龜》卷八一六改。

[8]不患誤深:百衲本無"誤"字,中華本據北監本、毛本、殿本、局本補。又《元龜》卷八一六"誤"作"不"。

[9]而於義寡:各本脫"於"字,中華本據《元龜》卷八一六補。

[10]頓盡誠難:把私欲立刻除盡實在很難。

[11]每指可易:每個意向是可以改變的。指,旨意,意向。

[12]之末:《元龜》卷八一六作"之矣"。

　　廉嗜之性不同,[1]故畏慕之情或異。從事於人者,無一人我之心,[2]不以己之所善謀人,[3]爲有明矣。[4]不以人之所務失我,[5]能有守矣。己所謂然,而彼定不然,弈棋之蔽。[6]悦彼之可,而忘我不可,學嘽之蔽。[7]將求去蔽者,念通怍介而已。[8]

[1]廉嗜之性不同:人的性情有廉潔與貪婪之不同。"廉"字前《元龜》卷八一六有一"夫"字。

[2]無一人我之心:《元龜》卷八一六作"無執人我之心",較爲易懂。

[3]不以己之所善謀人:不向別人謀取自己所喜歡的東西。

[4]爲有明矣:《元龜》卷八一六作"爲有兆矣",不通,應以"明"爲是。

[5]不以人之所務失我:不因爲別人所致力追求的東西而放棄自己的目標。

[6]弈棋之蔽:下棋的壅蔽。意爲受眼前利益的蒙蔽,看不到

以後的危害。

[7]學嚬：弄巧成拙，胡亂模仿。

[8]念通作介而已："作介"《元龜》卷八一六作"作介"。

流言謗議，有道所不免，況在闕薄，難用算防。接應之方，言必出己。或信不素積，嫌間所襲，或性不和物，尤怨所聚，有一于此，何處逃毀。[1]苟能反悔在我，而無責於人，必有達鑒，昭其情遠，識迹其事。日省吾躬，月料吾志，[2]寬默以居，[3]潔静以期，神道必在，[4]何恤人言。[5]

[1]逃毀：逃脱毀謗。毀，毀謗，詆毀。

[2]月料：每月清理。料，清理，審理。

[3]寬默以居：處之以寬厚沉默。

[4]神道：神明之道。《易·觀卦》："觀天之神道，而四時不忒，聖人以神道設教，而天下服矣。"

[5]何恤人言：何必顧慮別人的議論。

嗟曰：富則盛，[1]貧則病矣。[2]貧之病也，不唯形色粗黶，[3]或亦神心沮廢，[4]豈但交友疏棄，必有家人誚讓。[5]非廉深識遠者，[6]何能不移其植。[7]故欲蠲憂患，[8]莫若懷古。懷古之志，當自同古人，見通則憂淺，[9]意遠則怨浮，[10]昔有琴歌於編蓬之中者，[11]用此道也。

[1]盛：興盛，旺盛，興旺。

[2]病：艱難困苦。

[3]粗黶（yǎn）：粗糙暗淡。黶，黑，黑痕。

[4]沮廢：《元龜》卷八一六作"沮喪"。

[5]誚讓：責問。

[6]廉深識遠：洞察透徹，見識遠大。《初學記》卷一八作"廉潔深識"，誤。廉，察。

[7]植：正直，剛強。

[8]蠲（juān）：除去，清除。

[9]見通則憂淺：《初學記》卷一八、《元龜》卷八一六均作"見深則憂淺"。

[10]意遠則怨浮：胸懷曠達、意趣悠遠，怨氣就少一些。此句《初學記》卷一八作"識遠則患浮"。

[11]昔有琴歌於編蓬之中：古時有人彈琴唱歌於草廬之中。此典出自東方朔《非有先生論》："居深山之間，積土爲室，編蓬爲戶，彈琴其中，以咏先風，亦可以樂而忘死。"各本並脫"昔"下之"有"字，中華本據《初學記》卷一八、《類聚》卷三五補。

夫信不逆彰，[1]義必幽隱，[2]交賴相盡，[3]明有相照。[4]一面見旨，[5]則情固丘岳，一言中志，則意入淵泉。以此事上，水火可蹈，以此託友，金石可弊，[6]豈待充其榮實，乃將議報，厚之筐篚，[7]然後圖終。如或與立，茂思無忽。[8]

[1]信不逆彰：信義不事先彰揚。

[2]義必幽隱：深義一定幽隱而不顯豁。幽，各本並作"出"，中華本據《元龜》卷八一六改。

[3]交賴相盡：友誼交情達到非常信賴的程度。

[4]明有相照：心地光明，兩心相照。

[5]旨：意圖，宗旨。

[6]金石可弊：金石可以破損，即金石爲開之意。形容心誠志堅，無所不摧。

[7]筐筥：盛物的竹器，古時專用盛送禮、入貢之物的器物。《尚書·禹貢》："厥筐織文。"孔傳："織文，錦綺之屬，盛之筐筥而貢焉。"

[8]茂思無忽：不要忽視卓越的思想。

　　禄利者受之易，易則人之所榮；蠱稽者就之艱，艱則物之所鄙。艱易既有勤倦之情，[1]榮鄙又間向背之意，[2]此二塗所爲反也。[3]以勞定國，以功施人，則役徒屬而擅豐麗；[4]自埋於民，[5]自事其生，則督妻子而趨耕織。必使陵侮不作，[6]懸企不萌，[7]所謂賢鄙處宜，[8]華野同泰。[9]

[1]勤倦：勤勉和懈怠。

[2]向背：正面和反面。

[3]塗：同"途"。

[4]役徒屬：役使家奴。徒屬，門徒，部屬。在魏晉南北朝時期徒屬形同家奴，聽從主人役使，但比奴隸地位稍高，得到主人賞識的可以入仕爲官。　擅豐麗：享受豐衣美食。

[5]自埋於民：自己甘願當農民，埋藏於土地之中，此處指幹農活。《元龜》卷八一六"埋"作"理"，誤。

[6]必使陵侮不作：一定不使他們幹欺凌侮辱人的事。意爲讓農民安居守法。

[7]懸企不萌：不萌生不切合實際的企圖。

[8]賢鄙處宜：賢者（統治者）和鄙賤者（被統治者）處境都很適宜。

[9]華野同泰：華貴者和農民共同康泰。

人以有惜爲質,[1]非假嚴刑;有恒爲德,[2]不慕厚貴。有惜者,以理葬;有恒者,與物終。世有位去則情盡,斯無惜矣。又有務謝則心移,[3]斯不恒矣。又非徒若此而已,或見人休事,[4]則懃懃結納,[5]及聞否論,則處彰離貳,附會以從風,隱竊以成釁,朝吐面譽,暮行背毀,昔同稽款,今猶叛戾,斯爲甚矣。又非唯若此而已,或憑人惠訓,藉人成立,與人餘論,依人揚聲,曲存禀仰,甘赴塵軌。[6]衰没畏遠,忌聞影迹,又蒙蔽其善,[7]毀之無度,心短彼能,私樹己拙,自崇恒輩,罔顧高識,有人至此,實蠹大倫。[8]每思防避,無通閭伍。

[1]人以有惜爲質:人以能珍惜自己爲禀性。質,禀性,素質。
[2]有恒爲德:有恒心就是有德。恒,恒心,善心。《孟子·梁惠王上》:“苟無恒心,放辟邪侈,無不爲已。”趙岐注:“恒心,人所常有善心也。”
[3]務謝則心移:從事的事業一結束,就改變了心志。
[4]休事:美好的事業。
[5]懃懃:懇求。
[6]塵軌:塵世的軌轍,世俗途徑。
[7]蒙蔽其善:各本並作“又蒙之”,中華本據《元龜》卷八一六訂正。
[8]大倫:古代社會的基本倫理道德。

覩驚異之事,或涉流傳;[1]遭卒迫之變,反思安順。若異從己發,將尸謗人,[2]迫而又迕,愈使

失度。能夷異如裴楷，[3] 處逼如裴遐，[4] 可稱深
士乎。[5]

[1]或涉流傳：各本並作“或無涉傳”，中華本據《元龜》卷
八一六訂正。

[2]將尸謗人：遵奉一個偶像來誹謗人。尸，祭祀時代替受祭
死者的活人偶像。

[3]能夷異如裴楷：能像裴楷那樣平息異説。典出《晉書》卷
三五《裴楷傳》：“武帝初登阼，探策以卜世數多少，而得一。帝不
悦，群臣失色，莫有言者。楷正容儀，和其聲氣，從容進曰：‘臣
聞天得一以清，地得一以寧，王侯得一以爲天下貞。’武帝大悦，
群臣皆稱萬歲。”裴楷，人名。字叔則，河東聞喜（今山西聞喜
縣）人。《晉書》卷三五有附傳。

[4]處逼如裴遐：在脅迫的情況下能像裴遐那樣有雅量。典出
《世説新語·雅量》：“裴遐在周馥所，馥設主人。遐與人圍棋，馥
司馬行酒，遐正戲，不時爲飲。司馬恚，因曳遐墜地。遐還坐，舉
止如常，顏色不變，復戲如故。王夷甫問遐：‘當時何得顏色不
異？’答曰：‘直是闇當故耳。’”裴遐，人名。字叔道，裴楷之侄。
事見《晉書》卷三五《裴楷傳》。

[5]深士：見識深遠的名士。

喜怒者有性所不能無，常起於褊量，而止於弘
識。然喜過則不重，怒過則不威，能以恬漠爲體，
寬愉爲器，則爲美矣。[1] 大喜蕩心，微抑則定，甚
怒煩性，小忍即歇，故動無恚容，[2] 舉無失度，則
物將自懸，人將自止。

[1]則爲美矣：各本並無此四字，有“者”字一字，中華本據

《御覽》卷五九三引訂正。

　　[2]故動無怨容：各本並脱"故"字，中華本據《御覽》卷五九三補。

　　　習之所變亦大矣，豈唯蒸性染身，[1]乃將移智易慮。故曰："與善人居，如入芷蘭之室，久而不知其芬。"與之化矣。"與不善人居，如入鮑魚之肆，久而不知其臭。"[2]與之變矣。是以古人慎所與處，唯夫金真玉粹者，乃能盡而不汙爾。故曰："丹可滅而不能使無赤，石可毀而不可使無堅。"[3]苟無丹石之性，必慎浸染之由。能以懷道爲念，[4]必存從理之心。道可懷而理可從，則不議貧，議所樂爾。或云："貧何由樂？"此未求道意。道者，瞻富貴同貧賤，理固得而齊。[5]自我喪之，未爲通議，苟議不喪，夫何不樂？

　　[1]蒸性：受惡劣環境污染的人性。蒸，因潮濕而污染。

　　[2]"芷蘭之室"與"鮑魚之肆"：語出《大戴禮記・曾子疾病》："與君子游，苾乎如入蘭芷之室，久而不聞，則與之化矣；與小人游，貸乎如入鮑魚之次，久而不聞，則與之化矣。"

　　[3]丹可滅而不能使無赤，石可毀而不可使無堅：此兩句比喻赤誠和堅定。丹，即丹砂、朱砂。

　　[4]能以懷道爲念："念"各本並作"人"，中華本據《元龜》卷八一六改。

　　[5]理固得而齊：各本並脱"齊"字，中華本據《元龜》卷八一六補。

　　或曰，溫飽之貴，所以榮生，飢寒在躬，空曰從道，取諸其身，將非篤論，此又通理所用。凡養生之具，[1]豈間定實，[2]或以膏腴夭性，[3]有以菽藿登年。[4]中散云：[5]所足在內，不由於外。[6]是以稱體而食，貧歲愈嗛；量腹而炊，豐家餘飧。非粒實息耗，意有盈虛爾。況心得優劣，[7]身獲仁富，明白入素，氣志如神，雖十旬九飯，不能令饑，業席三屬，[8]不能爲寒，豈不信然。

[1]凡養生之具：各本並脫“養”字，中華本據《元龜》卷八一六補。

[2]豈間定實：中華本考證，“間”本集作“簡”。

[3]膏腴：肥美的食物。　夭性：使短命。性，通“生”。

[4]菽藿：豆和豆葉，泛指粗劣的雜糧。　登年：長壽，延年。

[5]中散：中散大夫簡稱。嵇康曾任此職，故代指嵇康。

[6]所足在內，不由於外：各本並作“所足與不由外”，中華本據《元龜》卷八一六改正。此爲顏延之概括嵇康《養生論》《答向子期難養生論》的話。

[7]況心得優劣：“優”各本並作“復”，中華本據《元龜》卷八一六改正。

[8]三屬：指古代戰士所穿上身、髀部、脛部的三件相連的鎧甲。《漢書·刑法志》：“魏氏武卒，衣三屬之甲。”顏師古注引如淳曰：“上身一、髀禈一、脛繳一，凡三屬也。”

　　且以己爲度者，無以自通彼量。渾四游而斡五緯，[1]天道弘也。振河海而載山川，地道厚也。一情紀而合流貫，[2]人靈茂也。昔之通乎此數者，不

爲剖判之行，[3] 必廣其風度，無挾私殊，博其交道，
靡懷曲異。[4] 故望塵請友，則義士輕身，[5] 一遇拜
親，則仁人投分。[6] 此倫序通允，禮俗平一，上獲
其用，下得其和。

［1］渾四游而斡五緯：混同四極而旋轉五星。四游，即四極，
指日月周行四方所達到的最遠點。五緯，指金、木、水、火、土五
星。《周禮·春官·大宗伯》：“以實柴祀日月星辰。”鄭玄注：“辰
謂日月。”賈公彥疏：“五緯，即五星。東方歲星，南方熒惑，西方
大白，北方辰星，中央鎮星。言緯者，二十八宿隨天左轉爲經，五
星左旋爲緯。”
［2］一情紀而合流貫：統一情理法紀而使之合乎等級次序。
［3］剖判：開辟，分開。
［4］靡懷曲異：“靡”，三朝本、毛本作“唯”，北監本、殿本、
局本作“無”，中華本據《元龜》卷八一六改。
［5］望塵請友，則義士輕身：望見車馬揚起的塵土而拜謁友人，
則義士爲之舍身。
［6］一遇拜親，則仁人投分：典出《東觀漢記》卷一四《王丹
傳》：“司徒侯霸欲與王丹定交。丹被徵，霸遣子昱往。昱道遇丹，
拜於車下，丹答之。昱曰：‘家公欲與君投分，何以拜子孫耶？’丹
曰：‘君房有是言，王丹未之許。’”投分，定交，意氣相投。

世務雖移，前休未遠，[1] 人之適主，吾將反本。
夫人之生，[2] 暫有心識，[3] 幼壯驟過，衰耗鶩及，其
間夭鬱，既難勝言，假獲存遂，又云無幾。柔麗之
身，亟委土木，[4] 剛清之才，遽爲丘壤，[5] 回邅顧
慕，雖數紀之中爾。以此持榮，曾不可留，以此服

道，亦何能平。進退我生，遊觀所達，得貴爲人，將在含理。[6]含理之貴，惟神與交，幸有心靈，義無自惡，偶信天德，逝不上慚。欲使人沈來化，志符往哲，勿謂是睽，日鑿斯密。著通此意，吾將忘老，[7]如曰不然，[8]其誰與歸。偶懷所撰，[9]略布衆條，[10]若備舉情見，顧未書一。贍身之經，別在《田家節政》；[11]奉終之紀，自著《燕居畢義》。[12]

[1]前休：前人的美言善行。

[2]夫人之生：各本並作“三人至生”，中華本據《元龜》卷八一六改正。

[3]暫有心識：“心”各本並作“之”，中華本據《元龜》卷八一六改正。

[4]土木：墳墓和棺材。

[5]丘壤：墳丘，墳土。

[6]含理：懷有正理，持有正確主張。

[7]吾將忘老：此句是從《論語·述而》“其爲人也，發憤忘食，樂以忘憂，不知老之將至”句衍化而來。

[8]如曰不然：“曰”各本並作“固”，中華本據《元龜》卷八一六改正。

[9]偶懷所撰：“偶”各本並作“值”，中華本據《元龜》卷八一六改正。

[10]略布衆條：“條”各本並作“脩”，中華本據《元龜》卷八一六改正。

[11]《田家節政》：文章名。顏延之所撰。今佚。

[12]《燕居畢義》：文章名。顏延之所撰。今佚。

劉湛誅，起延之爲始興王濬後軍諮議參軍，[1]御史中丞。[2]在任縱容，無所舉奏。遷國子祭酒、司徒左長史，[3]坐啓買人田，不肯還直，尚書左丞荀赤松奏之曰：[4]“求田問舍，前賢所鄙。延之唯利是視，輕冒陳聞，依傍詔恩，拒捍餘直，垂及周年，猶不畢了，昧利苟得，無所顧忌。延之昔坐事屏斥，復蒙抽進，而曾不悛革，怨誹無已。交遊闒茸，[5]沈迷麴蘖，[6]橫興譏謗，詆毀朝士。仰竊過榮，增憤薄之性，[7]私恃顧眄，[8]成强梁之心。[9]外示寡求，內懷奔競，干祿祈遷，不知極已，預議班觸，肆罵上席。山海含容，[10]每存遵養，愛兼彫蟲，[11]未忍遐棄，而驕放不節，日月彌著。臣聞聲問過情，孟軻所恥，[12]況聲非外來，問由己出，雖心智薄劣，而高自比擬，客氣虛張，[13]曾無愧畏，豈可復弼亮五教，[14]增曜台階。請以延之訟田不實、妄干天聽、以强凌弱，免所居官。”詔可。

[1]始興王：王爵名。王國在今廣東韶關市東南蓮花嶺下。濬：人名。即劉濬。字休明，宋文帝第二子。本書卷九九有傳。後軍諮議參軍：官名。後將軍府僚屬，職掌不定，其位甚重，在列曹參軍上。

[2]御史中丞：官名。掌監察、執法，領治書侍御史、侍御史，常受命領兵，出督軍旅。四品。

[3]國子祭酒：官名。國子學長官，掌教授生徒儒學，主管國子學。　司徒左長史：官名。司徒府僚屬之長，總管府內各曹，也參預政務。六品。

[4]尚書左丞：官名。尚書省佐官，位次尚書，與右丞共掌尚書省庶務，率諸都令史監督稽核尚書諸曹、郎政務，督錄近道文書

奏章，監督糾彈尚書令、僕及文武百官，號稱監司，職權甚重。六品。　荀赤松：人名。元嘉末任尚書左丞，是徐湛之黨羽，爲元凶劉劭所殺。

[5]闒茸：庸碌低劣的人。

[6]麴糵：酒麴。此處指酒。

[7]憤薄：怒氣充溢、奔涌。

[8]顧眄：左右環視，形容自得的神態。

[9]強梁：強橫凶暴。

[10]山海含容：有山海一樣高深容量。意指皇帝對顏延之的高度寬容。

[11]彫蟲：指寫作詩文辭賦的技巧。彫，通“雕”。

[12]聲問過情，孟軻所恥：語出《孟子·離婁下》：“故聲聞過情，君子恥之。”聲問，即聲聞。聞與問通。指名聲、聲譽。此處荀赤松把“聲”和“問”分開來解釋，聲爲聲譽，問爲譽論。

[13]客氣：言行虛浮，不够真誠。《左傳》定公八年：“盡客氣也。”楊伯峻注：“客氣者，言非出於衷心。”

[14]五教：五常之教，即以父義、母慈、兄友、弟恭、子孝五種倫理道德進行教育。

　　復爲秘書監，[1]光禄勳，太常。[2]時沙門釋慧琳，[3]以才學爲太祖所賞愛，每召見，常升獨榻，延之甚疾焉。因醉白上曰：“昔同子參乘，袁絲正色。[4]此三台之坐，[5]豈可使刑餘居之。”[6]上變色。延之性既褊激，兼有酒過，肆意直言，曾無遏隱，故論者多不知云。居身清約，不營財利，布衣蔬食，獨酌郊野，當其爲適，傍若無人。

[1]秘書監：官名。秘書省長官，掌圖書經籍，領著作省。

三品。

　[2]太常：官名。漢時掌禮儀、祭祀、文化、教育等職，位列九卿之首，職務繁重。宋時，禮儀郊廟制度由尚書八座及儀曹裁定，太常位尊職閑。三品。

　[3]沙門：又稱桑門、婆門，原爲古印度婆羅門各派思潮出家者的通稱，佛教興起後，遂成爲佛教僧侶的專稱。《後漢紀》卷一〇《明帝紀下》："沙門者，漢言息心，蓋息意去欲而歸於無爲也。"

　釋慧琳：人名。本姓劉。秦郡秦（今江蘇南京市六合區）人，出家於冶城寺，元嘉中，參預朝廷大事。著有《孝經注》一卷、《莊子·逍遥遊篇注》一卷、《集》九卷，皆佚。釋，爲佛教僧侶的通姓。

　[4]同子參乘，袁絲正色：同子陪皇帝坐車，袁絲見之態度非常嚴肅。意爲同子没資格參乘，故袁絲正色相對。典出《漢書》卷四九《爰盎傳》："宦者趙談，以數幸，常害盎，盎患之。盎兄子種爲常侍騎，諫盎曰：'君衆辱之，後雖惡君，上（文帝）不復信。'於是上朝東宫，趙談參乘。盎伏車前曰：'臣聞天子所與共六尺輿者，皆天下豪英。今漢雖乏人，陛下獨奈何與刀鋸之餘共載？'於是上笑，下趙談，談泣下車。"按：爰盎，字絲。爰，通"袁"，袁絲即爰盎。同子即趙談。

　[5]三台之坐：三公的座位。三台，星名。《晋書·天文志上》："三台六星兩兩而居……在人曰三公，在天曰三台。"故以三台星喻三公。

　[6]豈可使刑餘居之：怎能讓和尚坐呢。刑餘，受過刑的人，此指和尚。按中國的倫理道德，身體髮膚受之父母，不可損傷，衹有被判髡鉗刑的罪人纔剃髮，而和尚剃光頭，故蔑稱之爲刑餘。

　　二十九年，上表自陳曰："臣聞行百里者半於九十，言其末路之難也。愚心常謂爲虚，方今乃知其信。臣延之人薄寵厚，宿塵國言，[1]而雪效無從，[2]榮牒增廣，[3]曆盡身彫，[4]日叨官次，[5]雖容載有塗，而妨穢滋積。[6]早欲啓請餘算，[7]屏蔽醜老。但時制行及，歸慕無賒，[8]是以腆冒愆非，簡息干黷。[9]耗歇難支，質用有限，自去夏侵暑，入此秋變，頭齒眩疼，根痼漸劇，手足冷痺，左胛尤甚。素不能食，頃向減半。本猶賴服食，[10]比倦悸遠晚，[11]年疾所催，顧景引日。臣班叨首卿，位尸封典，肅祇朝校，尚惡匪任，而陵廟眾事，有以疾息，宮府覲慰，轉闕躬親。息臭庸微，過宰近邑，回澤爰降，實加將監，乞解所職，隨就藥養。伏願聖慈，特垂矜許。稟恩明世，負報冥暮，仰企端闈，上戀罔極。”不許。明年致事。

[1]宿塵國言：久蒙國人的謗言。國言，國人謗言。

[2]雪效無從：找不到洗冤昭雪的途徑。

[3]榮牒：授官的簿牒。

[4]曆盡身彫：曆數（年壽）已盡，身心凋敝。

[5]日叨官次：日居官位。官次，職守，官位。

[6]妨穢滋積：污濁傷害的語言越積越多。

[7]餘算：剩餘的壽命。

[8]歸慕無賒：傾心仰慕的心情沒有減退。歸慕，傾心仰慕。無賒，沒有衰減、消失。

[9]簡息干黷：苟且冒犯。

[10]服食：服用丹藥。時人多信奉五斗米道，認爲服食丹藥可以養生。各本並脫“食”字，中華本據《元龜》卷八九九補。

[11]倦悸：厭倦恐懼。　遠晚：日暮途遠。各本並脫“遠”字，中華本據《元龜》卷八九九補。

元凶弒立，[1]以爲光禄大夫。先是，子竣爲世祖南中郎諮議參軍。[2]及義師入討，竣參定密謀，兼造書檄。劭召延之，示以檄文，問曰："此筆誰所造？"延之曰："竣之筆也。"又問："何以知之？"延之曰："竣筆體，臣不容不識。"劭又曰："言辭何至乃爾？"延之曰："竣尚不顧老父，何能爲陛下。"劭意乃釋，由是得免。

[1]元凶：宋文帝劉義隆太子劉劭，因弒父奪位故得此惡稱。本書卷九九有傳。

[2]世祖：宋孝武帝劉駿廟號。　南中郎諮議參軍：官名。即南中郎將府的諮議參軍。劉駿即皇帝位前曾任南中郎將。

世祖登祚，以爲金紫光禄大夫，[1]領湘東王師。[2]子竣既貴重，權傾一朝，凡所資供，延之一無所受，器服不改，宅宇如舊。常乘羸牛笨車，逢竣鹵簿，[3]即屏往道側。又好騎馬，遨游里巷，遇知舊輒據鞍索酒，得酒必頹然自得。常語竣曰："平生不喜見要人，今不幸見汝。"竣起宅，謂曰："善爲之，無令後人笑汝拙也。"表解師職。加給親信三十人。[4]

[1]金紫光禄大夫：官名。光禄大夫爲銀章青綬，如加賜金章紫綬則爲金紫光禄大夫。禄賜、班位、冠幘、佩玉，置吏卒羽林及卒，諸所賜給與特進同。以爲加官者，唯假章綬、禄賜、班位，不別給車服、吏卒。二品。

[2]領：官制用語。暫攝之意，常以卑官領高職，或以白衣領職。　湘東王師：官名。王國官，掌輔導國王。六品。此湘東王爲

劉彧，亦即後之宋明帝。

　　[3]鹵薄：帝王或高級官吏的護從、儀仗隊。

　　[4]親信三十人：丁福林《校議》引《南史》本傳“三十人”作“二十人”。親信，政府賜給官員的服役人員，是官員占有的可合法役使的勞動力。

　　孝建三年，[1]卒，時年七十三。追贈散騎常侍、特進，[2]金紫光禄大夫如故。謚曰憲子。[3]延之與陳郡謝靈運俱以詞彩齊名，[4]自潘岳、陸機之後，[5]文士莫及也，江左稱顔、謝焉。所著並傳於世。

　　[1]孝建：宋孝武帝劉駿年號（454—456）。

　　[2]散騎常侍：官名。散騎省（集書省）長官，侍從皇帝，諫諍拾遺，主掌圖書文翰、文章、撰述。三品。　　特進：官名。正式加官名號，用以安置閑退大臣及用作卒後贈官。二品。

　　[3]憲：謚號。按《謚法》：“博聞多能曰憲。”

　　[4]謝靈運：人名。陳郡陽夏（今河南太康縣）人。本書卷六七有傳。

　　[5]潘岳：人名。字安仁，榮陽中牟（今河南中牟縣）人，晋代文學家。《晋書》卷五五有傳。　　陸機：人名。字士衡，吳郡（今江蘇蘇州市）人。晋代文學家。《晋書》卷五四有傳。

　　竣別有傳。竣弟測，[1]亦以文章見知，官至江夏王義恭大司徒録事參軍，[2]蚤卒。[3]太宗即位，[4]詔曰：“延之昔師訓朕躬，情契兼款。前記室參軍、濟陽太守奐伏勤蕃朝，[5]綢繆恩舊，可擢爲中書侍郎。”奐，延之第三子也。

[1]竣弟測："測"各本並作"惻"，中華本據《南史》及本書
卷七五《顏竣傳》改。

[2]官至江夏王義恭大司徒録事參軍："江夏王"下各本並衍
"傅"字，中華本删。江夏王，王爵名。王國在今湖北武漢市武昌
區。義恭，人名。即劉義恭。武帝劉裕第五子。本書卷六一有傳。
大司徒録事參軍，官名。大司徒府録事曹長官，掌録衆曹文簿，舉
彈善惡，位在列曹參軍上。七品。丁福林《校議》據本書卷六一
《江夏文獻王義恭傳》、《南史》卷三四《顏延之傳》考證，"大司
徒録事參軍"乃"大司馬録事參軍"之誤。

[3]蚤：同"早"。

[4]太宗：宋明帝劉彧廟號。

[5]記室參軍：官名。記室曹長官，掌文疏表奏。　濟陽：郡
名。治所在今河南蘭考縣。　蕃朝：指宋明帝劉彧即皇帝位前的湘
東王國。據此可知顏臬曾在湘東王國任過官。

史臣曰：出身事主，雖義在忘私，至於君親兩事，
既無同濟，爲子爲臣，各隨其時可也。若夫馳文道路，
軍政恒儀，成敗所因，非繫乎此。而據筆數罪，陵讎犯
逆，餘彼慈親，垂之虎吻，[1]以此爲忠，無聞前誥。夫
自忍其親，必將忍人之親，自忘其孝，期以申人之孝，
食子放麑，斷可識矣。《記》云："八十者一子不從政，
九十者家不從政。"[2]豈不以年薄桑榆，[3]憂患將及，雖
有職王朝，許以辭事，況顛沛之道，慮在未測者乎。自
非延年之辭允而義愜，[4]夫豈或免。

[1]垂之虎吻：放在虎口上。比喻極其危險的境地。

[2]《記》云：指《禮記》所云。下引文見《禮記·王制》。

　　[3]年薄桑榆：近垂老之年。桑榆，比喻人之年老。曹植《贈白馬王彪詩》：“年在桑榆間，影響不能追。”李善注：“日在桑榆，以喻人之將老。”

　　[4]辭允而義愜：辭句信然而意義正確。

宋書　卷七四

列傳第三十四

臧質　魯爽　沈攸之

　　臧質字含文，東莞莒人。[1]父熹字義和，武敬皇后弟也。[2]與兄熹並好經籍。隆安初，[3]兵革屢起，熹乃習騎射，志在立功。嘗至溧陽，[4]溧陽令阮崇與熹共獵，值虎突圍，獵徒並奔散，熹直前射之，應弦而倒。

　　[1]東莞：郡名。治所在今山東莒縣。　莒：縣名。治所在今山東莒縣。
　　[2]武敬皇后：即宋武帝劉裕的妻子臧愛親。東晉義熙四年（408）去世，被追謚爲武敬皇后。本書卷四一有傳。
　　[3]隆安：晉安帝司馬德宗年號（397—401）。
　　[4]溧陽：縣名。治所在今江蘇高淳縣。

　　高祖入京城，[1]熹族子穆斬桓脩。[2]進至京邑，[3]桓玄奔走，高祖使熹入宮收圖書器物，封閉府庫。有金飾樂器，高祖問熹：“卿得無欲此乎？”熹正色曰：“皇上幽逼，播越非所。^[4]將軍首建大義，劬勞王家。^[5]雖復不肖，無情於樂。"高祖笑曰："聊以戲卿爾。"行參高祖鎮軍事，^[6]員外散騎侍郎，^[7]重參鎮軍軍事、領東海太守。^[8]以建義功封始興縣五等侯。^[9]又參高祖車騎、中軍軍事。^[10]

[1]京城：城名。又稱京口、北府，在今江蘇鎮江市京口區。

[2]穆：人名。即臧穆。中華本校勘記云：本書卷一《武帝紀上》作"穆生"。　桓脩：人名。桓玄從兄弟，東晉將領。桓玄稱帝後，他被重任爲撫軍大將軍，封安成王，駐京口。《晉書》卷七四有附傳。

[3]進至京邑：京邑即京師建康。上文已言"高祖入京城"，此言"進至京邑"，下文又言"高祖使（臧）熹入宮收圖書器物"，顯然劉裕大軍已自東進入京師建康。又《南史》卷一八《臧熹傳》書作"從宋武入京城，進至建鄴，桓玄走，武帝便使熹入宮收圖書器物"。"進至建鄴"就是進至京師建康。

[4]播越：離散，流亡。指晉安帝司馬德宗爲桓玄所逼失位流亡於尋陽（今江西九江市西南）。

[5]劬（qú）勞：辛勤，勞苦。

[6]行參高祖鎮軍事：官名。指劉裕（時任行鎮軍將軍、徐州刺史）軍府中參軍事，掌參謀軍務。晉朝制度，中央除拜者爲參軍，諸府自辟者爲行參軍，後者品階低於前者。

[7]員外散騎侍郎：官名。三國魏時始置散騎侍郎，員四人。五品。侍從皇帝左右，顧問應對。晉時於正員之外添差之散騎侍郎，無員數，初多以公族、功臣子充任，爲閑散之職。

[8]東海：郡名。東晉僑置，治所京口，在今江蘇鎮江市京口區。

[9]以建義功：原脱"建"字，中華本據《南史》補，從之。

始興：縣名。治所在今廣東始興縣。一說在今廣東韶關市曲江區。　縣侯：侯爵名。又稱"開國縣侯"，宋有五等開國封，公、侯、伯、子、男皆封以縣，食邑戶數不等。

[10]參高祖車騎、中軍軍事：時劉裕先後以車騎將軍、中軍將軍身份開府，臧熹爲府中參軍事。

　　高祖將征廣固，[1]議者多不同。熹從容言曰："公若凌威北境，拯其塗炭，寧一六合，[2]未爲無期。"[3]高祖曰："卿言是也。"及行，熹求從，不許，以爲建威將軍，[4]臨海太守。[5]郡經兵寇，百不存一，熹綏緝綱紀，[6]招聚流散，[7]歸之者千餘家。孫季高海道襲廣州，[8]路由臨海，熹資給發遣，得以無乏。徵拜散騎常侍，[9]母憂去職。[10]

[1]廣固：地名。在今山東青州市西北，時爲南燕政權都城。此代指南燕。

[2]六合：指天地四方。

[3]未爲無期：不是沒有希望。

[4]建威將軍：官名。西漢末新莽時設，爲領兵之官，後歷代沿置。魏晉和宋時爲四品。

[5]臨海：郡名。治所在今浙江臨海市。

[6]綏緝：又作"綏集"，安撫之。　綱紀：官名。公府及州郡主簿。此處泛指郡吏僚佐。

[7]流散：流轉離散的逃亡民衆。

[8]孫季高：人名。即孫處。時任振武將軍。本書卷四九有傳。廣州：治所在今廣東廣州市。

[9]散騎常侍：官名。三國魏初置，晉沿置。東晉奪中書出令之權，參掌機密，職望甚重，位比侍中，員四人。三品。

［10］憂：居父母之喪。按當時規定父母喪必須辭官回家守喪三年。

　　頃之討劉毅，[1]起爲寧朔將軍，[2]從征。事平，高祖遣朱齡石統大衆伐蜀，[3]命熹奇兵出中水，[4]以本號領建平、巴東二郡太守。[5]蜀主譙縱遣大將譙撫之萬餘人屯牛脾，[6]又遣譙小苟重兵塞打鼻。[7]熹至牛脾，撫之戰敗退走，追斬之。小苟聞撫之死，即便奔散。成都既平，[8]熹遇疾。義熙九年，[9]卒於蜀郡牛脾縣，時年三十九。追贈光禄勳。

　　［1］劉毅：人名。東晉將領，曾隨劉裕討平桓玄，以功任荆州刺史，鎮守長江中游。後與劉裕對抗，兵敗自殺。《晋書》卷八五有傳。
　　［2］寧朔將軍：官名。三國魏設，兩晉沿置，爲駐幽州地區軍政長官，兼管烏桓事務。宋也設此官。四品。
　　［3］朱齡石：人名。時任建威將軍、益州刺史，爲伐蜀軍元帥。本書卷四八有傳。
　　［4］中水：河流名。又名中江，即今四川沱江。
　　［5］本號：官制用語。指原來的官職稱號，此指寧朔將軍。建平：郡名。治所在今重慶巫山縣。　巴東：郡名。治所在今重慶奉節縣。
　　［6］譙縱：人名。十六國時期後蜀國君，據蜀稱成都王。《晋書》卷一〇〇有傳。　牛脾：縣名。一名牛鞞，在今四川簡陽市。
　　［7］打鼻：山名。在今四川彭山縣南岷江西岸。
　　［8］成都：縣名。治所在今四川成都市。
　　［9］義熙：晋安帝司馬德宗年號（405—418）。

質少好鷹犬，善蒲博意錢之戲。[1]長六尺七寸，出面露口，禿頂拳髮。[2]年未二十，高祖以爲世子中軍行參軍。[3]永初元年，[4]爲員外散騎侍郎，從班例也。[5]母憂去職。服闋，[6]爲江夏王義恭撫軍參軍，[7]以輕薄無檢，爲太祖所知，[8]徙爲給事中。[9]會稽宣長公主每爲之言，[10]乃出爲建平太守，甚得蠻楚心。南蠻校尉劉湛還朝，[11]稱爲良守。遷寧遠將軍、歷陽太守。[12]仍遷竟陵、江夏内史，[13]復爲建武將軍、巴東建平二郡太守，[14]吏民便之。

[1]蒲博意錢：古代的賭博游戲。蒲，即摴（chū）蒱。以擲骰決勝負。博，即局戲。行棋以決勝負。意錢，博戲的一種，有兩解：或認爲是猜拳賭錢（郝懿行《宋瑣語·言詮》）；或認爲是攤錢押寶（李匡乂《資暇集·錢戲》）。

[2]出面：面部前突。　拳髮：頭髮卷曲。拳，通“蜷”。

[3]世子：諸侯的嫡長子。此指劉裕長子少帝劉義符。　中軍行參軍：《南史》卷一八《臧質傳》作“中軍參軍”。

[4]永初：宋武帝劉裕年號（420—422）。

[5]班例：官制用語。又作“班列”。如潘岳《夏侯常侍誄序》“天子以爲散騎常侍，從班列也”，意同。班，位次，規定等級。例，仿照的準則，類比。

[6]服闋（què）：古喪禮規定，父母死後，服喪三年，期滿除服，稱服闋。服，居喪。闋，終止。

[7]爲江夏王義恭撫軍參軍：各本皆脱“參軍”二字，中華本據《南史》卷一八補，從之。義恭，人名。即劉義恭。宋武帝劉裕第五子。本書卷六一有傳。

[8]以輕薄無檢，爲太祖所知：“知”，《南史》卷一八作“嫌”。

中華本校勘記認爲，古人言“知”，猶言賞識，疑此處爲“嫌”，文義較長。

[9]給事中：官名。隸集書省，掌侍從皇帝左右，獻納得失，收發文書，亦管文翰、修史等事。五品。

[10]會稽宣長公主：公主名號。即宋武帝長女劉興弟。臧皇后所生，與臧質爲姑表姐弟。

[11]南蠻校尉：官名。立府於江陵，統兵，掌荆州及江州少數民族事務。　劉湛：人名。宋初重要軍政官員。本書卷六九有傳。

[12]寧遠將軍：官名。武官名號。五品。　歷陽：郡名。治所在今安徽和縣歷陽鎮。

[13]竟陵：王國名。時宋武帝第六子劉義宣爲竟陵王，王國在今湖北鍾祥市西北。　江夏：王國名。時宋武帝第五子劉義恭爲江夏王，王國在夏口，即今湖北武漢市武昌區。　内史：官名。諸侯王國掌行政的官員，如郡太守。五品。

[14]建武將軍：官名。宋爲五武將軍之一。四品。

　　質年始出三十，屢居名郡，涉獵史籍，尺牘便敏。既有氣幹，好言兵權。太祖謂可大任，欲以爲益州事。[1]未行，徵爲使持節、都督徐兗二州諸軍事、寧遠將軍、徐兗二州刺史。[2]在鎮奢費，爵命無章，[3]爲有司所糾，遇赦。與范曄、徐湛之等厚善，[4]曄謀反，量質必與之同。會事發，復爲建威將軍、義興太守。[5]元嘉二十六年，[6]太祖謁京陵，[7]質朝丹徒，[8]與何勗、檀和之並功臣子，[9]時共上禮，太祖設燕盡歡，[10]賜布千匹。

[1]益州：治所在今四川成都市。

[2]使持節：官名。魏晋以後，凡重要軍事長官出鎮或出征時，

使持皇帝授予的節杖，以提高其威權，稱“使持節”。 都督：官名。地方軍政長官。三國魏初置，稱都督諸州軍事，領駐在州刺史，兼理民政，無固定品級，多帶將軍名號。晉、南朝沿置，分使持節、持節、假節三種，職權各有不同。 徐兗：二州名。均爲僑州，又稱爲南徐州（治所在今江蘇鎮江市）和南兗州（治所在今江蘇揚州市）。

［3］無章：雜亂而不按法規。章，法規。

［4］范曄：人名。字蔚宗，順陽（今河南淅川縣）人，士族出身。本書卷六九有傳。 徐湛之：人名。字孝源，東海郯（今山東郯城縣）人。本書卷七一有傳。

［5］義興：郡名。治所在今江蘇宜興市。

［6］元嘉：宋文帝劉義隆年號（424—453）。

［7］京陵：宋朝皇帝的祖塋。劉裕的父母死後葬於京口，故稱京陵，後又名之興寧陵。

［8］丹徒：縣名。治所在今江蘇鎮江市丹徒區。

［9］何勗（xù）：人名。何無忌之子。 檀和之：人名。檀憑（又作憑之）之子。事見《晉書》卷八五《檀憑之傳》。

［10］燕：宴飲。燕，同“宴”。

二十七年春，遷南譙王義宣司空司馬、寧朔將軍、南平内史。[1]未之職，會索虜大帥拓跋燾圍汝南，[2]汝南戍主陳憲固守告急。[3]太祖遣質輕往壽陽，[4]即統彼軍，與安蠻司馬劉康祖等救憲。[5]虜退走，因使質伐汝南西境刀壁等山蠻，[6]大破之，獲萬餘口。遷太子左衛率。[7]坐前伐蠻，枉殺隊主嚴祖，[8]又納面首生口，[9]不以送臺，[10]免官。是時上大舉北討，質白衣與驃騎司馬王方回等率軍出許、洛。[11]安北司馬王玄謨攻滑臺不拔，[12]

質請乘驛代將，^[13]太祖不許。

[1]南譙王義宣司空司馬：各本並脱“司空”二字，中華本據《南史》卷一八補。義宣，人名。即劉義宣。宋武帝第六子。本書卷六八有傳。司馬，官名。此指公府高級幕僚，管理府內武職，與長史共參府務。　南平：郡名。西晉武帝分南郡江南地置，治所在今湖北公安縣。

[2]索虜：宋人對北魏政權的蔑稱。又稱索頭、索頭虜。北方鮮卑族編髮爲辮，故以索稱。　拓跋燾：人名。即北魏太武帝，公元424年至452年在位。《魏書》卷四有紀。　汝南：郡名。治所在今河南汝南縣。

[3]戍主：官名。爲戍的主將，掌守防捍禦之事，另干預民政財政，多以郡守、縣令、州參軍及雜號將軍兼領。　陳憲：人名。時以弱兵固守四十二日，對宋在懸瓠（今河南汝南縣）之戰中取勝起了很大作用。事見本書卷九五《索虜傳》。據周一良《札記》考證：“蓋（陳）憲以左軍行參軍行汝南太守，兼懸瓠戍主。《臧質傳》之徑稱汝南戍主，汝南實非戍名，乃省文也。”

[4]壽陽：地名。在今安徽壽縣。

[5]安蠻司馬：官名。時南平王劉鑠以豫州刺史領安蠻校尉，掌南北交界地區的少數民族事務，立府。安蠻司馬爲其府中僚佐，掌府內武職。　劉康祖：人名。宋初功臣劉虔之之子。本書卷五〇有傳。

[6]刀壁：人名。本書僅此一見，其事不詳。

[7]太子左衛率：官名。西晉分太子衛率而置，領精兵萬人，宿衛東宮，亦任征伐。東晉、南朝沿置，宋時員七人。五品。

[8]隊主：官名。東晉、南北朝時隊一級軍事編制的主將，所領兵力自數十人至數百人不等，品階不高。　嚴祖：人名。其事不詳。

[9]面首生口：將被俘獲的人作爲供玩弄的男寵。面，貌之美；首，髮之美。面首由美男子引申爲男妾、男寵。生口，指俘虜、奴隸或被販賣的人。

[10]臺：晋宋謂朝廷禁省爲臺。

[11]白衣：初指無官職士人。宋時是對官員的一種處罰方式，削除官職，以白衣守、領原職。　驃騎司馬：官名。驃騎將軍府的司馬。　王方回：人名。張忱石《南朝五史人名索引》注云：本書卷五作王方俳。其父王睿佐劉裕克桓玄，遇害，追封安復縣侯。王方回襲爵，曾迭任兗州刺史、青冀二州刺史等職。事見本書《索虜傳》。　許、洛：皆地區名。分別指今河南許昌市和洛陽市一帶。

[12]安北司馬：官名。安北大將軍府幕僚，掌府内武職，也常單獨領兵作戰。　王玄謨：人名。字彥德，太原祁（今山西祁縣）人。本書卷七六有傳。　滑臺：地名。在今河南滑縣東舊滑縣城。北臨古黃河，時爲軍事要地，王玄謨圍攻二百餘日不能下。

[13]乘驛：古代官設驛站，爲公使提供食宿和車馬。魏晋南北朝時多爲騎置，乘驛者沿途更換驛騎。

　　虜侵徐、豫，[1]拓跋燾率大衆數十萬遂向彭城。[2]以質爲輔國將軍、假節、置佐，[3]率萬人北救。始至盱眙，[4]燾已過淮，冗從僕射胡崇之領質府司馬，[5]崇之副太子積弩〔將軍臧澄之、建威〕將軍毛熙祚亦受統於質。[6]盱眙城東有高山，質慮虜據之，使崇之、澄之二軍營於山上，質營城南。虜攻崇之、澄之二營，崇之等力戰不敵，衆散，並爲虜所殺。虜又攻熙祚。熙祚所領悉北府精兵，[7]幢主李灌率屬將士，[8]殺賊甚多。隊主周胤之、外監楊方生又率射賊，[9]賊垂退，會熙祚被創死，軍遂散亂。其日質案兵不敢救，[10]故三營一時覆没。[11]

　　[1]徐：州名。治所在今江蘇徐州市。　　豫：州名。治所不定，曾在今河南汝南縣。又移安徽壽縣。

　　[2]彭城：郡名。治所在今江蘇徐州市。

　　[3]輔國將軍：官名。將軍名號。三品。　　假節：假以節杖。南北朝軍事長官的職權按使持節、持節、假節分爲三等。　　置佐：指開設府署，辟置僚屬。

　　[4]盱（xū）眙（yí）：郡名。治所在今江蘇盱眙縣東北盱眙山側。

　　[5]冗從僕射：官名。東漢有宦官任中黃門冗從僕射，掌皇宮禁衛。魏以後改用士人，仍負責宮禁侍衛。南朝屬領軍將軍（中領軍）。五品。

　　[6]崇之副太子積弩〔將軍臧澄之、建威〕將軍毛熙祚亦受統於質：各本並無“將軍臧澄之建威”七字，中華本據本書卷五《文帝紀》時臧澄之爲太子積弩將軍、毛熙祚爲建威將軍事補，今從之。太子積弩將軍，官名。爲東宮侍從武官，分左右。

　　[7]北府精兵：北府，東晉初指北中郎將府，後成爲駐在京口（今江蘇鎮江市）、廣陵（今江蘇揚州市）的軍府的習稱。謝玄駐廣陵時，召募北方僑民爲兵，號北府兵，成爲淝水之戰中戰勝前秦的主力軍。

　　[8]幢主：官名。爲幢的主將，所領人數約爲百人，與隊主相近。主要用於宮禁儀衛，有時也參加作戰。品秩不高。

　　[9]外監：官名。即外殿中監。掌殿中張設監護之事，領禁兵，掌宿衛，管理皇帝生活，亦代宣詔旨。資品甚低，但因親近皇帝而易弄權。

　　[10]案兵：也作“按兵”。止兵，屯兵不動。

　　[11]三營：各本並作“二營”，中華本據《元龜》卷四二二改。按：由上文，胡崇之、臧澄之二營，加毛熙祚一營，合三營，且下文又言“三營既敗”，當以“三營”爲是。

初，仇池之平也，[1]以崇之爲龍驤將軍、北秦州刺史，[2]鎮百頃。[3]行至濁水，[4]爲索虜所克，舉軍敗散，崇之及將佐以下，皆爲虜所執。後得叛還。至是又爲虜所敗焉。熙祚，司州刺史脩之兄子也。[5]崇之、熙祚並贈正員郎，[6]澄之事在祖父勳傳。

[1]仇池：郡名。治所在今甘肅西和縣西南。元嘉十九年（442），宋軍進攻據仇池自立的氐王楊難當，占仇池。北魏宣稱爲楊難當報仇，擊敗宋軍，次年得仇池。事見本書卷九八《略陽清水氐楊氏傳》。

[2]龍驤將軍：官名。將軍名號。三品。　北秦州：按：宋二十二州版圖之內，僅有秦州的建制。此因仇池之得而權置。

[3]鎮：各本並作“宋”，中華本據本書卷四七《劉懷肅傳》改，從之。　百頃：山名。又名仇池山、翟堆。山上有仇池，又有平地百頃，因以得名。在今甘肅西和縣西南。山形如覆壺，四面陡絕，爲氐族楊氏累世所居。

[4]濁水：古水名。一名白水，源出今甘肅成縣西北，東流經徽縣南入嘉陵江。

[5]司州：宋元嘉時僑置，治所在今河南汝南縣。　脩之：人名。即毛脩之。字敬文，滎陽陽武（今河南原陽縣）人。本書卷四八有傳。

[6]正員郎：官名。即編制以內的散騎侍郎。與員外散騎侍郎相對而言。五品。

三營既敗，其夕質軍亦奔散，棄輜重器甲，單士百人投盱眙。[1]盱眙太守沈璞完爲守戰之備，[2]城內有實力三千，質大喜，因共守。虜初南出，後無資糧，唯以百姓爲命。及過淮，食平越、石鼈二屯穀，^[3]至是抄掠無所，人馬饑困，聞盱眙有積粟，欲以爲歸路之資。既破崇之等，一攻城不拔，便引衆南向。城內增修守備，莫不完嚴。^[4]

[1]單士百人投盱眙：弘治本、北監本、毛本、殿本、局本作"單七百人"，中華本以百衲本爲據作"單士百人"。按：上言"棄輜重器甲"，單士猶言持輕兵器軍士，故從之。

[2]沈璞：人名。即本書作者沈約的父親。其事見本書卷一〇〇《自序》。

[3]平越：地名。時有國家倉屯，今地不詳。　石鼈：縣名。在今江蘇寶應縣西南。東晉永和五年（349）荀羨"北鎮淮陰，屯田於東陽之石鼈"，即此城。南朝時升爲縣。亦爲倉屯名。

[4]完嚴：堅固嚴整。完，堅固。嚴，整肅。

二十八年正月初，燾自廣陵北返，便悉力攻盱眙。就質求酒，質封溲便與之。^[1]燾怒甚，築長圍，^[2]一夜便合，開攻道，^[3]趣城東北，運東山土石填之。虜又恐城內水路遁走，乃引大船，欲於君山作浮橋，^[4]以絕淮道。城內乘艦逆戰，大破之。明旦，賊更方舫爲桁，^[5]桁上各嚴兵自衛。城內更擊不能禁，遂於君山立桁，水陸路並斷。

[1]溲便：小便。

[2]長圍：以塹柵之屬合圍，以防敵逃逸。

[3]攻道：進攻的道路。此特指取土填平護城的溝塹。

[4]君山：山名。又作軍山，在今江蘇盱眙縣東北。

[5]桁（háng）：通“航”。浮橋。

燾與質書曰：“吾今所遣鬥兵，盡非我國人。城東北是丁零與胡，[1]南是三秦氐、羌。[2]設使丁零死者，正可減常山、趙郡賊；[3]胡死，正減并州賊；[4]氐、羌死，正減關中賊。卿若殺丁零、胡，無不利。”[5]

[1]丁零：古族名。漢代丁零主要分布於今貝加爾湖以南地區，漢初爲匈奴所破，東漢時部分南遷，兩晋南北朝時，在今山西、河北境内有定州丁零、中山丁零、北地丁零等，漸與其他民族融合。留在漠北的丁零被稱爲敕勒或鐵勒。　胡：古族名。本泛指中原北方和西方的各少數民族，此特指匈奴。秦及漢初時勢力强盛，西漢中期後漸衰弱，分裂爲南、北二部。東漢時北匈奴部分西遷，南匈奴屯居朔方、五原、雲中等郡，後又南移今山西北部，十六國時建立了前趙、夏、北凉等政權。

[2]三秦：地區泛稱。秦滅，項羽三分關中，立三王，合稱三秦。其地相當於今陝西秦嶺以北及甘肅東部地區。　氐：古族名。從殷周到南北朝分布在今陝西、甘肅、四川等地。漢魏以後，長期與漢人雜居，十六國時曾建立仇池、前秦、後凉等政權。　羌：古族名。從殷周時即分布於今甘肅、青海、四川一帶。秦漢時部落衆多，東漢後部分東遷，十六國時在長安建立後秦政權，漸與漢族融合。

[3]常山：郡名。治所在今河北正定縣。　趙郡：治所在今河北高邑縣。

[4]并州：治所在今山西太原市。

[5]無不利：言於北魏無所不利。

質答書曰：“省示，具悉姦懷。[1]爾自恃四脚，[2]屢犯國疆，諸如此事，不可具説。王玄謨退於東，梁坦散於西，^[3]爾謂何以不聞童謠言邪：^[4]‘虜馬飲江水，佛狸死卯年。’^[5]此期未至，以二軍開飲江之徑，爾冥期使然，^[6]非復人事。寡人受命相滅，期之白登，師行未遠，爾自送死，豈容復令生全，饗有桑乾哉！^[7]但爾住攻此城，^[8]假令寡人不能殺爾，爾由我而死。爾若有幸，得為亂兵所殺。爾若不幸，則生相鏁縛，^[9]載以一驢，直送都市。^[10]我本不圖全，若天地無靈，力屈於爾，齏之粉之，屠之裂之，如此未足謝本朝。爾識智及眾力，豈能勝苻堅邪！^[11]頃年展爾陸梁者，^[12]是爾未飲江，太歲未卯年故爾。^[13]斛蘭昔深入彭城，^[14]值少日雨，隻馬不返，爾豈憶邪？即時春雨已降，四方大眾始就雲集，爾但安意攻城莫走。糧食闕乏者告之，^[15]當出廩相餉。^[16]得所送劍刀，欲令我揮之爾身邪！甚苦，人附反，^[17]各自努力，無煩多云。”是時虜中童謠曰：“軺車北來如穿雉，^[18]不意虜馬飲江水。虜主北歸石濟死，^[19]虜欲渡江天不徙。”故質答引之。^[20]

〔1〕省（xǐng）示：察看來信所示。　姦懷：奸心邪意。

〔2〕四脚：喻戎馬。北朝騎兵強盛，故説。

〔3〕梁坦：人名。時為右軍參軍事。事見本書卷九五《索虜傳》。《通鑑》卷一二六作“申坦”。按：梁坦和申坦皆為當時武將，北魏大軍南下，申坦據清口（今山東梁山縣），並不在滑臺以西。而梁坦出上蔡之師，至虎牢（今河南滎陽市西北）潰散。考諸史實，應為梁坦。

〔4〕爾謂何以不聞童謠言邪：此句《南史》作“爾不聞童謠言邪”，語意較順。

[5]佛狸：人名。拓拔燾的小字。又作狸伐、狸佛、佛理伐，皆音譯。

[6]以二軍開飲江之徑，爾冥期使然：中華本斷句於"爾冥"之間，誤；應斷於"徑爾"之間。

[7]"寡人受命相滅"至"饗有桑乾哉"：全句意思是，本期直指平城，師行至淮而遇魏軍，要當剿滅，不令魏主生歸，犒軍宴饗於桑乾之域。白登，山名。在今山西大同市東北，喻指北魏都城平城。意指宋軍直指平城，欲滅北魏。桑乾，水名。源出今山西朔州市桑乾山，東入河北流入永定河。

[8]但爾住攻此城：宋本、《元龜》卷三九九作"住"，弘治本、北監本、毛本、殿本、局本作"往"。今從中華本，據宋本殘葉作"住"。

[9]鏁（suǒ）：同"鎖"。

[10]都市：國都建康之市。古代對囚犯行刑於市。

[11]苻堅：人名。十六國時前秦皇帝，曾武力統一北方大部分地區。於公元383年徵調大軍南下伐晉，淝水一戰被南方打敗，前秦瓦解，本人被殺。《晉書》卷一一三、一一四有載記。

[12]頃年：近年。 陸梁：囂張，猖獗。

[13]太歲：木星的古名。古代人根據它移動的周期（實際是圍繞太陽公轉的周期）紀年，約十二年是一周，與十二地支（歲陰）相應。

[14]斛蘭：人名。又作斛斯蘭。北魏大將軍，曾於東晉義熙元年（405）引兵攻彭城，與劉道憐、孟龍符等展開徐州之戰，幾乎全軍覆没。事見本書卷五一《長沙景王道憐傳》。

[15]闕：同"缺"。

[16]廩：糧倉。 飴（yí）：贈與。

[17]甚苦，人附反：《南史》無此句，《元龜》卷三九九作"甚苦，今付反"。

[18]軺（yáo）車：一馬駕之輕便車。《晉書·輿服志》："古

之時軍車也，一馬曰軺車，二馬曰軺傳。漢世貴輜軿而賤軺車，魏晉重軺車而賤輜軿。"此處引申爲軍車。　　穿雉：如鳥之穿行。

[19]石濟：古渡口名。又名棘津、南津。在今河南滑縣西南古黃河上。一説水名。或稱濟水、沛水，即今河北贊皇、柏鄉縣境内沛河。

[20]故質答引之：各本並脱"之"字，中華本據《元龜》卷三九九補，從之。

　　燾大怒，乃作鐵床，於其上施鐵鑱，[1]云破城得質，當坐之此上。質又與虜衆書曰："示語虜中諸士庶：[2]狸伐見與書如別，爾等正朔之民，[3]何爲力自取如此。大丈夫豈可不知轉禍爲福邪！今寫臺格如別書，[4]自思之。"時購斬燾封開國縣侯，[5]食邑一萬户，賜布絹各萬匹。

[1]鐵鑱（chán）：鐵製的錐刺。

[2]示語虜中諸士庶：各本並作"語"爲"詔"，中華本據《元龜》卷三九九、《通鑑》卷一二六改，從之。

[3]爾等正朔之民：各本並脱"爾"字，中華本據《通鑑》補，從之。正朔，一年的第一天。正，一年的開始。朔，一月的開始。《史記·曆書》："王者易姓受命，必慎始初，改正朔。"新王朝爲表示"應天承運"，須頒布曆法，重定正朔。此處説中原之民本禀受漢、晉正朔，故謂之正朔之民。

[4]臺格：朝廷所訂立的賞格。

[5]購：懸賞。

　　虜以鉤車鉤垣樓，[1]城内繫以彄絙，[2]數百人叫喚引之，車不能退。既夜，以木桶盛人，懸出城外，截其鉤獲之。[3]明日，又以衝車攻城，[4]城土堅密，每至，頹落不過數升。虜乃肉薄登城，分番相代，墜而復升，莫有退者，殺傷萬計，虜死者與城平。又射殺高梁王。[5]如此三旬，死者過半。燾聞彭城斷其歸路，京邑遣水軍自海入淮，[6]且疾疫死者甚衆。二月二日，乃解圍遁走。

[1]鉤車：攻城器械。又名"鉤援"，春秋戰國時已有。用轉軸把兩個各長二丈以上的雲梯連接在一起，並固定在車架上。車架上有一木棚，外面蒙以生牛皮，兵員在棚內推車接近城牆，然後將雲梯頂端的鐵鉤鉤住城牆，攻城者爬梯而上。 垣樓：城樓。

[2]彄（kōu）絙（gēng）：帶環的粗繩索。彄，弓弩兩端鉤弦處。絙，大繩，粗索。

[3]截其鉤獲之：各本並作"截鉤能獲之"，中華本據《通鑑》卷一二六改，從之。鉤，鉤梯，雲梯。

[4]衝車：攻城器械。車上配有撞木，將車推至城腳，用撞木猛力衝擊城牆，打開缺口。

[5]又射殺高梁王：此記不確。據孫彪《考論》："《魏書》，高梁王（拓拔）那，是年有罪賜死，不云死戰陣。"

[6]自海入淮：此時淮河尚由今江蘇北部獨流入海。金以後下游爲黃河所奪，纔入長江匯合入海。

上嘉質功，以爲使持節、監雍梁南北秦四州諸軍事、冠軍將軍、寧蠻校尉、雍州刺史，[1]封開國子，[2]食邑五百戶。明年，太祖又北伐，使質率所統見力向潼關，[3]質頓兵近郊，不肯時發，獨遣司馬柳元景屯兵境上，[4]不時進軍。質又顧戀嬖妾，棄營單馬還城，散用臺庫見錢六七百萬，[5]爲有司所糾，[6]上不問也。

[1]監雍梁南北秦四州諸軍事：官名。地方軍政長官。魏晋南北朝時，諸州或缺都督，則置監諸軍事，簡稱監軍，爲該地區軍政長官，位在都督諸軍事下、督諸軍事上，職掌略同。也有監數州諸軍事者，其權任因所加使持節、持節、假節之號而有所不同。雍梁南北秦，爲四州名。雍，州名。治所在今湖北襄陽市。梁，州名。治所在今陝西漢中市東。南秦，州名。僑置，寄治南鄭（今陝西漢中市）。北秦，州名。寄治襄陽。治所在今湖北襄陽市襄城區。冠軍將軍：官名。三品。　寧蠻校尉：官名。掌管雍州的少數民族事務，領兵，多由刺史兼任。

[2]開國子：子爵名。晋朝始置，初指子爵中開國置官食封者，後僅爲爵位名，食邑爲縣，位在開國伯下。南朝沿置，二品。

[3]潼關：地名。在今陝西潼關縣東北黄河南岸。

[4]柳元景：人名。字孝仁，河東解（今山西臨猗縣）人。本書卷七七有傳。

[5]散用：又作“放散”，揮霍浪費。　臺庫：國家府庫。

[6]有司：官吏。古代設官分職，事各有專司，故稱有司。

　　元凶弑立，[1]以質爲丹陽尹，[2]加征虜將軍。[3]質家遣門生師顗報質，[4]具太祖崩問。[5]質疏顗所言，馳告司空義宣，又遣州祭酒從事田穎起銜命報世祖，[6]率衆五千，馳下討逆，自陽口進江陵見義宣。[7]質諸子在都邑，聞質舉義，並逃亡。劭欲相慰悦，乃下書曰：“臧敦等無因自駭，[8]急便竄逸，迷昧過甚，良可怪嘆。質國戚勳臣，忠誠篤亮，方當顯位，贊翼京輦，[9]而子弟波进，傷其乃懷。可遣宣譬令還，咸復本位。”劭尋録得敦，使大將軍義恭行訓杖三十，厚給賜之。

[1]元凶：指宋文帝長子劉劭。六歲被立爲皇太子。元嘉三十年（453）得知文帝有廢立之意，便先發制人，率東宮兵入宮，弒父自立。但僅坐三月皇位，被其弟劉駿（宋孝武帝）所殺。本書卷九九有傳。

[2]丹陽尹：官名。東晉始置，爲京城所在郡府長官，掌京城行政諸務並詔獄，地位頗重要。宋沿置，三品。丹陽，一作“丹楊”。

[3]征虜將軍：官名。常作爲高級官員的加官。三品。

[4]門生：私家門下使役之人。六朝時仕宦者允許各募部曲，謂之義從，其在門下親侍者，謂之門生。　師顗（yǐ）：人名。本書僅此一見，其事不詳。

[5]崩問：皇帝去世的信息。問，音訊。

[6]祭酒從事：官名。亦稱祭酒從事史。州府主要僚屬之一，掌州所置諸曹事，無定員。　世祖：宋孝武帝劉駿廟號。時被封爲武陵王，任江州刺史。

[7]自陽口進江陵見義宣：各本並脱“見”字，中華本據《南史》卷一八補，從之。江陵，地名。在今湖北荆州市荆州區。時劉義宣爲荆州刺史，治所在江陵。

[8]臧敦：人名。臧質之子，時在京城任黃門郎。

[9]贊翼京輦：輔佐皇帝。贊，輔佐，幫助。翼，輔助。京輦，皇帝所乘的車子叫輦，皇帝又居京兆之中，故以京輦借指皇帝。

　　義宣得質報，即日舉兵，馳信報世祖，板進質號征北將軍。[1]質徑赴尋陽，[2]與世祖同下。世祖至新亭即位，[3]以質爲都督江州諸軍事、車騎將軍、開府儀同三司、江州刺史，[4]加散騎常侍，持節如故。使質率所領自白下步上，[5]直至廣莫門。[6]門者不守。薛安都、程天祚等亦自南掖門入，[7]與質同會太極殿，[8]生禽元凶。仍使質留守朝堂，甲仗百人自防。[9]封始興郡公，[10]食邑三千戶。之鎮，舫千餘乘，部伍前後百餘里，六平乘並施龍子幡。[11]

[1]板進：又作"板職""板授"，指未經吏部正式任命，而由地方軍政長官自行選用的官員，由州、府戶曹行板文委派。　征北將軍：官名。四征將軍之一。三品。如爲持節都督則進爲二品。

[2]尋陽：郡名。治所在今江西九江市西南。

[3]新亭：地名。在今江蘇南京市南。地近江濱，依山築城壘，爲軍事和交通重地。

[4]江州：治所在今湖北黃梅縣。　車騎將軍：官名。西漢始置，出掌征伐，入參朝政，位顯權重。東漢後沿置，南朝多作爲軍府名號以加授大臣或重要州郡長官。二品。開府者位從公，一品。

開府儀同三司：官名。爲大臣加號，意謂與三司即太尉、司徒、司空禮制、待遇相同，許開設府署，自辟僚屬。三國魏始置，兩晉南北朝因之。

[5]白下：地名。在今江蘇南京市北金川門外、幕府山南麓。北臨大江，爲建康北郊的軍事要地，常置鎮戍於此。

[6]廣莫門：建康城北門名。

[7]薛安都：人名。河東汾陰（今山西萬榮縣）人。本書卷八八有傳。　程天祚：人名。廣平（今河北永年縣）人，宋文帝時爲殿中將軍，於汝陽督戰被北魏俘虜，拓拔燾封爲南安公。後逃歸，參加討伐劉劭之役，時爲龍驤將軍、行參軍。宋明帝初，以山陽太守舉兵反叛，戰敗投降。事另見本書卷八八《薛安都傳》。　南掖門：宋宮城南門名。

[8]太極殿：宋皇宮主殿名。

[9]甲仗：披衣甲執兵器的衛士。仗，也作"杖"。

[10]始興郡公：公爵名。公國在今廣東韶關市東南蓮花嶺下。

[11]龍子幡：繪有蛟龍圖形的旗幟。南方俗謂可避蛟龍之害。龍子，或説蜥蝪，似蛇而小。

時世祖自攬威柄，而質以少主遇之，是事專行，多所求欲。及到尋陽，刑政慶賞，不復諮稟朝廷。盆口、鈎圻米，[1]輒散用之。臺符屢加檢詰，[2]質漸猜懼。自謂人才足爲一世英傑，始聞國禍，[3]便有異圖，以義宣凡闇，[4]易可制勒，欲外相推奉，以成其志。及至江陵，便致拜稱名。[5]質於義宣雖爲兄弟，而年大近十歲，義宣驚曰：“君何意拜弟？”質曰：“事中宜然。”時義宣已推崇世祖，故其計不行。質每慮事泄，及至新亭，又拜江夏王義恭。義恭愕然，問質所以，質曰：“天下屯危，[6]禮異常日，前在荆州，亦拜司空。”[7]會義宣有憾於世祖，[8]事在《義宣傳》，[9]質因此密信説誘，陳朝廷得失。又謂：“震主之威，不可持久。主相勢均，事不兩立。今專據閫外，[10]地勝兵强，持疑不决，則後機致禍。”[11]

[1]盆口、鈎圻（qí）：時國家兩個米糧倉屯名。盆口，又作湓口，故址在今江西九江市，以地當湓水（今龍開河）入長江口得名。鈎圻，位於今南昌市和九江市之間。

[2]臺符：代指朝廷御史。符，朝廷授權的憑信之物。　檢詰：檢核倉米數量，查問擅用原由。

[3]國禍：此指劉劭弑父宋文帝而自立之事。

[4]凡闇：平庸昏昧。本書卷六八《南郡王義宣傳》云其“生而舌短，澀於言論”“人才素短”，可參考。

[5]致拜稱名：古代用於臣子對君父的禮儀。時臧質爲三品將

[6]屯（zhūn）危：艱難危殆。屯，《易》六十四卦之一，《象》："屯，剛柔始交而難生。"後因謂時運艱難爲屯難。

[7]司空：官名。三公之一，名譽宰相，多爲大臣加官，位一品，無實際職掌。時劉義宣任荆州刺史，進位司空。

[8]憾：怨恨，不滿意。指劉義宣不遵奉朝廷制度，不禮敬天子，引起宋孝武帝不滿。

[9]《義宣傳》：見本書卷六八《南郡王義宣傳》。

[10]閫（kǔn）外：統兵在外。閫，國門。

[11]後機：失去機會，被別人搶占先手。

質女爲義宣子採妻，[1]謂質無復異同，[2]納其説。且義宣腹心將佐蔡超、竺超民之徒，[3]咸有富貴之情，願義宣得，[4]欲倚質威名，以成其業，又勸獎義宣。[5]義宣時未受丞相，質子敦爲黄門侍郎，[6]奉詔敦勸。道經尋陽，質令敦具更譬説，[7]并言世祖短長。義宣乃意定。馳報豫州刺史魯爽，[8]期孝建元年秋同舉。[9]爽失旨，[10]即便起兵。遣人至京邑報弟瑜，[11]瑜席卷奔叛。瑜弟弘爲質府佐，[12]世祖遣報質，質於是執臺使，[13]狼狽舉兵。上表曰：

[1]質女爲義宣子採妻：中華本按諸史籍，義宣子無名"採"者，《通鑑》作"採之"，亦非是。《通志》作"悰"，疑是。

[2]異同：不一樣。謂臧質與義宣應同利一心。

[3]義宣腹心將佐蔡超、竺超民之徒：各本並脱"竺超"二字，中華本據《南史》、《通鑑》宋孝武帝孝建元年訂正，今從之。

蔡超，人名。濟陽考城（今河南民權縣）人，時任丞相諮議參軍、南郡内史，因隨劉駿起兵，封汝南縣侯。事見本書卷六八《南郡王義宣傳》。竺超民，人名。時任丞相司馬、南平内史。事見本書《南郡王義宣傳》。

[4]得：貪得，得到。

[5]勸獎：規勸懲恿。勸，勸説。獎，勸勉。

[6]黄門侍郎：官名。又稱給事黄門侍郎，侍從皇帝，顧問應對，爲侍中省或門下省次官，位頗重要，多以重臣、外戚子弟爲之。五品。

[7]具更譬説：以譬喻之辭易换説法。具，陳述。更，替代。譬説，以比喻勸説。

[8]魯爽：人名。時爲督豫司雍秦并五州諸軍事、左將軍、豫州刺史，駐壽陽，與臧質、劉義宣關係密切。本卷有傳。

[9]孝建：宋孝武帝劉駿年號（454—456）。

[10]失旨：錯誤領會意圖。

[11]瑜：人名。即魯瑜。魯爽之弟。事見本卷。

[12]府佐：魏晉南北朝時諸公、軍府幕僚佐吏的通稱。

[13]臺使：朝廷的使節。

臣聞執藥隨親，[1]非情謬於甘苦；揮斤斬毒，豈忘痛於肌膚。蓋以先疑後順，忠焉必往，忍小存大，雖愛必從。丞相臣義宣，育惢台鉉，[2]拊聲聯服，[3]定主勤王之業，勳越乎齊、晋；[4]宗戚懿親之寄，望崇於魯、衛。[5]而惡直醜正，[6]實繁有黨，[7]或染凶作僞，[8]疾害元功，[9]或藉勞挾寵，乘威縱戾。自知愆深釁重，必貽剿戮，乃成紫毀朱，交間忠輔。[10]崇樹私徒，招聚群惡，念舊愛老，[11]無一而存，豈不由凶醜相扇，志肆讒惑。陛下垂慈狘達，[12]不稍惟疑，遂令負扆席圖，[13]蔽於流議，投杼市虎，成於十夫。[14]鑒古揆今，實懷危逼，故投袂樊、葉，[15]立節於本朝；揮戈晉陽，務清于君側。[16]臣誠庸懦，奉教前朝，雖惡《緇衣》好賢之美，[17]敢希《巷伯》惡惡之情，[18]固已藉風聽而宵憤，[19]撫短策而馳念，[20]況乃宏命爰格，[21]誠係宗社，[22]今奉旨前邁，星言啟行。[23]

[1]執藥隨親：手持藥物讓父母服食。

[2]育悊（zhé）台鉉（xuàn）：天降我智慧之人，榮膺三公之重任。育，生育。悊，同“哲”。明智，智慧。台鉉，又作台鼎。台，三台，星名。鉉，鼎耳。星有三台，鼎有三足，喻三公重臣。

[3]拊（fǔ）聲聯服：一聲召喚，衆諸侯群起響應。拊，輕擊，拍。聯，聯結，聯合。服，古代王畿以外的地方。

[4]齊、晉：春秋時代的齊桓公和晉文公。他們打著“尊王”的旗號，討伐不臣。

[5]宗戚懿親：皇室宗族至親。　魯、衞：西周分封諸侯。魯爲周公旦兒子伯禽的封國，衞爲武王弟康叔的封國，與周王室血緣最近，聲望地位最隆。

[6]惡（wù）直醜正：誹謗詆毀正直，醜化正人君子。

[7]實繁有黨：這樣的人黨徒衆多。

[8]染凶作僞：沾染凶惡，虛詞欺詐。

[9]元功：佐興帝業的大功績（之人）。

[10]貽：遺留，招致。　成紫毀朱：助成邪惡，詆毀正直。語出《論語·陽貨》：“惡紫之奪朱也。”《集解》：“朱，正色；紫，間色之好者。惡其以邪好而亂正色。”後用朱紫比喻正邪、優劣、是

非之分。

[11]念舊愛老：令人思念愛戴的故舊老臣。

[12]垂：自上俯下。　慈：慈愛惠和。　狎：親昵。　達：挑達，輕信。

[13]負扆（yǐ）：背靠屏風。指皇帝臨朝聽政。負，背也；扆，户牖間畫有斧紋的屏風。　席圖：三公宰相之職。席，古時布席治事，故稱職務爲席。圖，地圖。《周禮·夏官·職方氏》：“職方氏掌天下之圖。”注：“如今司空輿地圖也。”

[14]投杼市虎，成於十夫：比喻謡言衆多，動搖了對最親近者的信心，流言聳動視聽，改變了事物的本來面目。投杼，典出《戰國策·秦策二》：曾參居費，有與同姓名者殺人，人告曾母曰：“曾參殺人！”母不信，織如故。其第三人來告，母懼，投杼逾墙而走。杼，織具。市虎，又作三人成虎，典出《戰國策·魏策二》：市内本無虎，由於傳説的人多，令人信以爲真。十夫，又作十夫楺椎，謂十個人的力量能使椎彎曲。《戰國策·秦策三》：“聞三人成虎，十夫楺椎，衆口所移，毋翼而飛。”

[15]投袂（mèi）：揮袖，甩袖。形容激動奮發，立即行動。典出《左傳》宣公十四年：楚使假道宋被殺，楚莊王“聞之，投袂而起”，率軍攻圍宋都。　樊：地名。在今湖北襄陽市樊城區，爲西周仲山甫所封樊國，春秋時爲楚地。　葉：地名。在今河南葉縣，春秋時爲楚地。

[16]揮戈晋陽：喻舉兵王都。典出《公羊傳》定公十三年：晋趙鞅興晋陽之甲，以清君側爲名，逐荀寅、士吉射。後因稱地方長吏不滿朝廷而舉兵内向爲興“晋陽之甲”。晋陽，地名。在今山西太原市西南。　清于君側：謂清除君主身邊的親信。歷史上常爲地方反對朝廷的政治手段或借口。

[17]恧（nǜ）：慚愧。　《緇衣》：《詩·鄭風》篇名，爲贊美鄭武公好賢之詩。《禮記·緇衣》：“子曰：‘好賢如《緇衣》，惡惡如《巷伯》。’”

［18］希：仰慕，企求。　《巷伯》：《詩·小雅》篇名，表達了作者遭人讒毀而産生的怨憤心情。

［19］藉：借。　風聽：議論。風，通“諷”，微言曉告。聽，耳目。　宵憤：夜思而憤。宵，夜晚。

［20］撫：摸，按。　短策：短書，短書札。

［21］宏命：大命，天命。　爰格：被阻遏。

［22］宗社：宗廟和社稷。

［23］奉旨前邁，星言啓行：奉天人意旨。星言，星焉，謂披著星星。《詩·鄘風·定之方中》：“命彼倌人，星言夙駕。”泛言及早和急速。

　　臣本凡瑣，少無遠概，因緣際會，遂班槐鼎。[1]素望既盈，愜心實足，豈應徼功非冀，更希異寵。直以蔓草難除，去惡宜速，是以無顧夷險，慮不及身。仰恃天眷，察亮丹款，[2]苟血誠不照，甘心罪戮。伏願陛下先鑒元輔匡躬茂節，[3]末録庸瑣奉國微誠，[4]不遂渰涩之情，[5]以失四海之望，昭戮馬劍，顯肆市朝，[6]則結旌向國，全鋒凱歸，[7]九流凝序，三光並耀，斯則仰説宗廟，俯愜兆民。[8]裁表感慨，涕言無已。

［1］凡瑣：謙詞。平庸淺薄的人。瑣，細小微賤。　遠概：遠大的氣度、風度、節操。　因緣際會：遇有機會。因緣，依據。際會，遇合，時機。　槐鼎：泛指宰輔等執政大臣。槐，相傳周代宮廷外種有三棵槐樹，朝見天子時，三公面向三槐而立。後世即以三槐比喻三公一類高級官位。鼎，有三足，也用以比喻三公之位。

［2］丹款：赤誠的心。丹，赤色。款，真誠。

[3]元輔：宰相。此處指劉義宣。　匪躬：盡忠而不顧身。《易·蹇卦》："王臣蹇蹇，匪躬之故。"疏："盡忠於君，匪（非也）以私身之故而不往濟君。"

[4]庸瑣：謙詞。平庸不識大體。此處臧質指自己。

[5]湠（tiǎn）涊（niǎn）：污濁。

[6]昭戮馬劍，顯肆市朝：公開將邪惡之臣斬殺示衆。昭，彰明，顯示。馬劍，又作"斬馬劍"，漢少府屬官尚方藏斬馬劍，鋒利可斬馬，故名。漢成帝時直臣朱雲上書曰："請賜尚方斬馬劍，斷佞臣一人，以厲其餘。"肆，執行死刑後陳尸示衆。市朝，市集，古代常於此行刑。

[7]結旌向國，全鋒凱歸：軍隊全部撤回，停止戰鬥。結旌，軍旗聚合。國，諸侯王食封地爲國。全鋒，軍隊未受損失。鋒，兵器的尖端。此處借指軍隊。

[8]九流凝序：九品人物上下有等，秩序井然。九流，魏晉南北朝實行"九品官人法"，州郡士人分爲"九品"。　三光：日、月、星。此處喻指"三尊"。《白虎通·封公侯》："天有三光：日、月、星；地有三形：高、下、平；人有三尊：君、父、師。"　説（yuè）：通"悦"。喜歡。　愜：快心，滿意。

加魯弘輔國將軍，下戍大雷。[1]馳報義宣，義宣遣諮議參軍劉諶之萬人就弘。[2]

[1]大雷：鎮戍名。東晉置，因戍東雷水得名。在今安徽望江縣，當江防要地，爲東晉、南朝軍事重鎮。

[2]諮議參軍：官名。王府、丞相府、公府、州軍府皆置爲僚屬，無定員，職掌不定。其位甚尊，在列曹參軍上。　劉諶（chén）之：人名。爲劉義宣心腹將領，率軍協同臧質作戰，不久死於敗軍中。事見本卷。　就：趨向，歸於。

世祖遣撫軍將軍柳元景統豫州刺史王玄謨等水軍，[1]屯梁山洲內，[2]兩岸築偃月壘，[3]水陸待之。殿中將軍沈靈賜領百舸，[4]破其前軍於南陵，[5]生禽軍主徐慶安、軍副王僧。[6]質至梁山，亦夾陣兩岸。[7]元景檄書宣告曰：[8]

[1]撫軍將軍：官名。與中軍、鎮軍將軍三職號位比四鎮將軍。三品。

[2]梁山：山名。又名博望山、天門山，在今安徽和縣、當塗縣之間。在和縣者爲西梁山，在當塗者爲東梁山，隔江對峙，形勢險要，爲六朝時兵家必爭之地。

[3]偃月壘：古代作戰所用一種貌似半月形的防禦工事。偃月，半弦月。後凡物形狀爲半月的，多稱爲偃月。壘，軍營的牆壁或防守工事。一般偃月營壘背山崗，面水澤，前後險阻，地段狹窄。

[4]殿中將軍：官名。掌典禁兵督守殿廷。南北朝爲侍衛武職，員額漸多，品秩漸低。宋初員二十人。六品。　沈靈賜：人名。爲王玄謨部將，後以軍功封南平縣男。事見本卷。

[5]南陵：縣名。治所在今安徽池州市貴池區西南。

[6]軍主：官名。爲軍的主將，其下設有軍副。所統兵力無定員，自數百人至萬人以上不等。　徐慶安、王僧：皆人名。二人並爲臧質部將。

[7]夾陣兩岸：夾長江兩岸布陣。

[8]檄書：古代用於徵召、申討、曉喻等的官方文書。

夫革道應運，基命之洪符；[1]嗣業興邦，紹曆之明算。[2]自非瑞積神衷，德充民極，孰能升臨寶位，景屬天居。[3]大宋啓期，[4]理高中世，[5]皇根帝葉，永流無疆。夷陂遞來，遘茲凶難，國禍冤深，人綱鬱滅。[6]主上聖略聰武，[7]孝感通神，義變草木，哀動精緯，[8]躬幸南郢，[9]親掃大逆，道援橫流，德模靈造，三光重照，七廟載興。[10]

[1]革道應運：改朝換代以順應天的氣數。革，革命。古代認爲帝王受命於天，因稱朝代更替爲變革以應天命。　基命之洪符：根基在於天命的符應。洪，大。符，符命，天賜人君的祥瑞徵兆。

[2]紹曆之明算：承繼天道所規設的曆數。紹，承繼。曆，曆數，天道所定的朝代更替次序。算，計數。

[3]瑞積神衷：祥瑞表達出來神意所向。神衷，指帝王的意志。

德充民極：品德足爲萬民的法則楷模。　景屬天居：上天囑托居於皇位。景，景命，上天授予王者之命。屬，通“囑”。托付。天居，天位，帝位。

[4]啓期：開國。啓，開。

[5]中世：中古，次於上古的時代。

[6]夷陂（bì）遞來：太平和凶險的年代交替而來。夷，平坦，平易。陂，傾斜。　遘（gòu）茲凶難：遭遇到如此的凶險大難。指劉劭弑父自立之事。遘，遭遇。茲，這。　人綱鬱滅：人倫綱常被滯塞埋没。綱，三綱，古代君爲臣綱、父爲子綱、夫爲妻綱的倫理教條。鬱，阻滯。

[7]主上：指宋孝武帝劉駿。

[8]精緯：明亮的天星。精，明亮。《漢書》卷七五《李尋傳》：“日月光精，時雨氣應。”顏師古注：“精謂光明也。”緯，行星的古稱。《史記·天官書》：“水、火、金、木、填星，此五星者，天之五佐，爲緯。”

[9]躬幸：皇帝親臨。　南郢：地名。本指今湖北荆州市古紀南城，但查考史籍，劉駿時任江州刺史，駐五洲（今湖北浠水縣西

南），並未到此。此應指郢州，宋孝武帝孝建元年（454）置，治所在夏口，即今湖北武漢市武昌區。

[10]道援横流：以大道挽救動蕩的局勢。　德模靈造：以品德規範（王朝）威靈再造。　七廟：歷代帝王爲進行宗法統治，設七廟供奉七代祖先。後以七廟代指王朝。　載：通"再"。

　　臧質少負疵纇，衣冠不齒，[1]昧利誣天，著於觸事。[2]受任述職，不以宣效爲心；[3]專方蒞民，惟以侵剝爲務。[4]官自賄至，族以貨傾。[5]是以康周陁覆命屠宗，冤達蒼昊；[6]郭伯、西門遺出自皂隸，寵越州朝。[7]往蒞東守，鬻爵三千。[8]率卒西討，竊俘取黜。[9]荷恩彭、泗，貪虐以逞，[10]阬戮邊氓，忽若草芥，[11]傾竭倉庾，割没軍糧。[12]作牧漢南，[13]公盜府蓄，矯易文簿，[14]專行欺妄。及受命北伐，憚役緩期，師出有辰，顧懷私愛，匹馬棄衆，宵行獨返。遂復攜嬪擁姬，淫宴軍幕。[15]孔、范之變，顯於逆辭。[16]凡此諸纇，皆彰著於憲簡，振曝於觀聽。[17]

[1]少負疵纇，衣冠不齒：少年多有過失，遭士大夫鄙視。疵纇，過失，毛病。衣冠，士大夫，官紳。不齒，不與同列，表示極端鄙視。

[2]昧利誣天，著於觸事：貪冒於利而欺天，以冒犯生事而著稱。昧，貪冒。誣，欺騙。

[3]述職：到職。　宣效：致力效勞。

[4]專方蒞民：單獨治理一方人民。蒞，臨，統管。　侵剝：欺凌，掠奪。

[5]官自賄至：得賄賂即任人爲官。　族以貨傾：爲錢財而使人族滅。傾，倒塌，覆滅。

[6]康周陁（tuó）：人名。本書僅一見，其事不詳。　覆命屠宗：人死族滅。　蒼昊：蒼天。

[7]郭伯、西門遺：皆人名。本書均一見，事皆不詳。　皂隸：原指奴隸，後稱衙門中的差役。　州朝：漢稱郡治爲郡朝，藩王爲藩朝，此指一州的統治機構。

[8]東守：指臧質曾任義興郡守。　鬻（yù）爵：出賣官爵。

[9]竊俘取黜：指臧質前“納面首生口”事。

[10]荷恩：承受（皇帝）恩遇。　彭、泗：地區名。即彭城、泗水一帶。　逞：快意。

[11]邊氓：邊境人民。氓，流亡之民。　忽若草芥：忽略如輕賤之物。

[12]倉庾：儲藏米穀的倉庫。庾，露天的穀倉。　割没：奪取入己。

[13]作牧漢南：指臧質任雍州刺史，駐襄陽。漢南，漢水之南。

[14]矯易：曲改變易。　文簿：賬簿。

[15]軍幕：將帥在外，以帳幕爲府署，即軍府。

[16]孔、范：孔熙先和范曄。文帝元嘉二十二年（445），二人策劃謀反，迎立彭城王劉義康，失敗被殺。事見本書卷六九《范曄傳》。　顯於逆辭：指臧質與范曄關係親密，孔熙先預擬檄文中有派臧質持皇帝璽綬星馳奉迎等語。

[17]憲簡：官方法令文書。　觀聽：義同於視聽、見聞，引申爲耳目、輿論。

　　去歲義舉，[1]雖豫誠款，[2]而淹留西楚，私相崇戴，奉書致命，形於心迹。[3]新亭之捷，[4]大難已夷，凶命假存，懸在晷刻；[5] 廣莫之軍，[6] 曾無遺矢，[7] 重關自開，僞衆已潰；質猶復盤桓衢巷，後騎陳師。[8] 勞不足甄，定於朝議，而虛張功伐，扇動怨辭，自謂斯舉，勳莫己若。[9] 初踐殿守，忘犬馬之情，奔趣帑藏，頓傾天府。[10] 山海弘量，[11] 苞荒藏疾，[12] 録其一介之心，掩其不逞之釁。[13] 遂爵首元等，[14] 職班盛級，[15] 優榮溢寵，莫與爲疇。

[1]去歲義舉：指元嘉三十年（453）劉駿聯兵討伐弑父自立的元凶劉劭。

[2]豫：通“與”。參與。　誠款：懇摯，忠誠。

[3]淹留：滯留，停留。　私相崇戴：指臧質越禮推奉劉義宣、劉義恭二王。　心迹：存心與行事，偏指内心的真實情況。

[4]新亭之捷：劉駿與劉劭争位的關鍵戰役。劉駿派柳元景率十二軍順江而下，至新亭依山爲壘，大敗劉劭軍。劉劭衆大潰，隻身還宫。

[5]晷（guǐ）刻：片刻，頃刻。晷，古代測日影以定時刻的儀器。

[6]廣莫之軍：臧質所率由廣莫門進入建康之軍。

[7]曾無遺矢：未發一箭。遺，墮，落下。矢，箭頭。

[8]盤桓：逗留不進。　衢巷：街巷。衢，四通八達的道路。陳師：布列軍隊。

[9]勞不足甄：功績不足以彰明。勞，功績。甄，彰明。　功伐：功業勞績。伐，夸耀自己的功勞、才能。如《論語·雍也》：“孟之反不伐。”　勳莫己若：功勳無人能比。若，如此，這樣。

[10]初踐殿守：指臧質受命留守朝堂，以待孝武帝劉駿入宫。趣：趨向，趨附。　帑（tǎng）藏：國庫。　天府：朝廷的倉庫。

［11］山海：借指皇帝。

［12］苞：通“包”。包裹。

［13］一介：形容小量。也作“一芥”。　不逞：不滿意，不得志。後多稱爲非作歹的人爲不逞之徒。

［14］爵首元等：封爵位爲頭等。爵首，爵位，古代以首級多少論定軍功爵。元，首，頭。又引申爲第一。如科舉狀元。

［15］職班盛級：任命職位品級爲極點。職班，職位等級。盛，極點。

　　自恣醜薄，罔知涯涘，干謁陳聞，曾無紀極。[1]請樂窮大予之英，[2]求器盡官府之選。徐司空匪躬王室，[3]遭罹凶禍，質與之少長，親交兼常，[4]曾無撫孤之仁，惟聞陵侮之酷，尺田寸寶，靡有孑遺。[5]及受命南徂，[6]臨路滋甚，逼奪妻嬪，略市金帛，[7]怨動京邑，醜聞都鄙。棄逐舊故，委蔑忠勤，[8]魯尚期、尹周之徒，心腹所倚，泣訴於御筵；[9]袁同、連子敬之疇，爪牙所仗，一逝而不反。[10]雖上旨頻煩，屢求勞牒，[11]質但稱伐在己，不逮僚隸，託咎朝廷，歸罪有司，國士解心，有識莫附。何文敬趨走廝養，[12]天性愚狡，[13]質迷其姦諂，實懷委仗，[14]遂外擅威刑，内遊房室。質生與釁俱，不可詳究，擢髮數罪，曾何足言。

［1］自恣醜薄：放縱自己凶惡刻薄的意行。恣，放縱，聽任。罔知涯涘（sì）：不知道還有界限。涯涘，水邊，引申爲界限，邊際。　干謁：對人有所求而請見。干，求取。謁，禀告，晉見。陳聞：上言述説。　紀極：終極，限度。

〔2〕請樂窮大予之英："大予"各本並作"太子"，中華本改正，今從。按：《後漢書》卷二《明帝紀》永平三年，"改大樂爲大予樂"，當是。大予，樂名。原名大樂，東漢改爲大予樂，主要是沿襲周代的雅樂，用於郊廟祭祀、朝享射儀。同時也是樂官署名，管理朝廷的樂工舞人。

〔3〕徐司空：即徐湛之。遇害後追贈司空，見前注。

〔4〕兼常：加倍於常人。兼，加倍。

〔5〕靡有孑遺：没有存餘。靡，無。孑遺，殘存，剩餘。

〔6〕南徂（cú）：往南行進。指臧質離京赴任江州刺史。徂，往，到。

〔7〕略市：强行賤買。略，通"掠"。掠奪。市，購買。

〔8〕委蔑：抛棄。委，放棄。蔑，輕視，抛棄。

〔9〕魯尚期：人名。曾任安西參軍、司空參軍等職，參加過元嘉十九年（442）的宋與北魏仇池之戰，立有戰功。事見本書卷九八《略陽清水氐楊氏傳》。　尹周：人名。時任劉義宣府中參軍。被派率軍往臧質處接受調度。　御筵：宮廷宴會。

〔10〕袁同、連子敬：皆人名。事皆不詳。　爪牙：親信，得力的助手。　反：同"返"。

〔11〕勞牒：記録功勞的簿册，以爲授官依據。牒，授官簿録。

〔12〕何文敬：人名。時爲臧質心腹。　趨走厮養：供人驅使的僕役奴隸。此處形容出身低賤。

〔13〕愚狡：愚弄狡猾。愚，欺騙。

〔14〕寘懷：放在心上，念念不忘。寘，放置。　委仗：憑借，依靠。

　　　丞相威重位尊，[1]任居分陝，[2]宗國倚賴，實兼恒情，[3]而不及謙沖之塗，弗見逆順之訓，蔽同郤至，理乖范燮。[4]遂乃遠忽世祀，近受欺構，杖納姦疏，還謀社稷。[5]日者宴安上流，坐觀成敗，示遣疲卒，裒裁三千，戎馬不供，軍糧靡獻。[6]皇朝直以親秩之重，酬寵兼極，[7]近漸別子，[8]禮越常均，[9]苟識無所守，功弗由己，必爲義不全，終於敗德。今茲放命，恨心於本，推諸昔歲，迹是誠非矣。且家國夷險，情事異常，豫是臣子，孰不星赴，[10]而玩寇忘哀，曾無奔拽。[11]面蕃十稔，[12]惠政蔑聞，[13]重贓深掠，縱慾已甚，姬妾百房，尼僧千計，[14]敗道傷俗，悖亂人神，民怨盈塗，國謗彌歲。又賊劬未禽，凶威猶強，將毀其私墳，戮其諸子，圖成駭機。[15]垂賴義舉，[16]捷期云速，[17]不日告平，釋怨毒之心，解倒懸之急，論恩叙德，造育爲重。[18]援人自助，棄人快讒，怙亂疑功，未聞其比。[19]

[1]丞相：即南郡王劉義宣。時爲丞相、録尚書六條事，揚州刺史。

[2]分陝：相傳周初周公、召公分陝而治，周公治陝以東，召公治陝以西。陝即今河南陝縣。後代中央官員出任地方長官，也稱分陝。

[3]實兼恒情：實際加倍於平常之情。恒，平常，普通。

[4]謙沖：謙虛。　逆順：順從、順應。逆，自下而上。　蔽：蒙蔽。　郤（xì）至：人名。春秋時晉國大夫，侈而多怨，中了大夫欒書的陰謀，被晉厲公所殺。後欒書又殺厲公。　乖：背離。范燮：人名。一名士燮，即范文子。春秋時晉國大夫，晉景公時佐助郤克伐齊（鞍之戰），勝而歸，不居功，不肯先入都邑而代帥受名，敬慎以免虛名實禍。

[5]世祀：世代的祭祀。指祖先基業。　杖：倚仗，憑倚。
社稷：本爲土、穀之神，後成爲國家政權的標志。

[6]日者：往日。　宴安：安逸。　衆裁三千：指劉駿討伐劉
劭時，劉義宣僅派參軍徐遺寶率軍三千助戰。裁，同"纔"。

[7]酬寵：報謝恩寵。

[8]別子：古代帝王嫡長子以外的兒子都稱別子。

[9]常均：平常。

[10]星赴：迅速赴敵，戴星而行。一説如流星飛奔。

[11]玩寇：輕慢寇情。　奔拽（yè）：奔趨拉拖。拽，拖帶。

[12]面蕃十稔（rěn）：擔任藩王十年。蕃，通"藩"。原爲屏
障，後指王朝的藩國或藩鎮。稔，年。

[13]蔑聞：不聞。

[14]尼僧：尼姑。時上層人物生活奢靡，女僧亦爲玩物。

[15]駭機：突然觸發的弩機。比喻猝發的禍難。

[16]垂賴：完全倚仗。垂，垂衣拱手，形容無所事事，不費
力氣。

[17]捷期云速：很快取得勝利。

[18]造育：創造化育。指社會越險平亂，再創新局。

[19]快讒：喜悦讒言。讒，説別人的壞話。　怙（hù）亂：
乘亂取利。怙，依靠，倚仗。　疑功：猜測疑忌有功之人。　比：
相近。

　　僕以不肖，過蒙榮私，荷佩升越，[1]光絶倫伍。
家本北邊，志存慷慨。常甘投生，以殉艱棘，惟恩
思難，激氣衝襟。[2]故以眺三湘而永慨，望九江而
遄憤。[3]若使身死國康，誓在殞命。況仰禀聖略，[4]
俯鞠義徒，[5]萬全之形，愚夫所照。夫薛竟陵控率
突騎，[6]陸道步馳。檀右衛、申右率、垣游擊整勒

銳師，飛輪構路。[7]王豫州方舟繕甲，[8]久已前驅。
僕訓卒利兵，凌波電進。沈鎮軍、蕭安南接舳連
旌，[9]首尾風合。驃騎竟陵王懿親令譽，問望攸
歸；[10]大司馬江夏王道略明遠，徽猷茂世；[11]並旄
鉞臨塗，雲驅齊引。[12]群兵競邁，秘駕徐啓。[13]八
鑾搖響，五牛舒旆。[14]千乘雷動，萬舳雲回，騰威
發號，星流漢轉，[15]以上臨下，易於轉圓。[16]加以
三謀協從，[17]七緯告慶，[18]幽顯同心，昭然易覩。

[1]荷佩升越：佩帶飾物（佩刀和玉綬）於細絲衣服上。升
越，布名。左思《吳都賦》："蕉葛升越，弱於羅紈。"李善注："蕉
葛，葛之細者。升越，越之細者。"

[2]家本北邊：柳元景祖籍河東解縣。　艱棘：艱難危急。棘，
通"急"。　惟恩：一心祇求報恩。惟，唯獨，祇有。　衝襟：衝
出心懷。襟，心懷，胸懷。

[3]眺三湘而永慨，望九江而遐憤：此句以屈原竭忠憂國的精
神以自況。三湘，泛指今洞庭湖南北和湘、沅流域一帶。永慨，長
久感慨。九江，指流入洞庭湖的九條江。遐憤，久遠憤恨。

[4]仰稟聖略：上承皇帝英明之略。

[5]俯鞠義徒：下率義勇軍士。鞠，撫養，訓育。

[6]夫薛竟陵控率突騎：孫彪《考論》云："夫當爲今。"薛竟
陵，即薛安都。時任竟陵內史。突騎，突擊敵軍的精銳騎兵。

[7]檀右衛：張忱石《南朝五史人名索引》認爲即檀祇。但祇死
於宋文帝元嘉十四年（437），不可能參加十八年後的這場戰爭。可能
另有其人或史載有誤。　申右率：即申坦。時任太子右衛率。本書卷
六五有附傳。　垣游擊：即垣護之。時任游擊將軍。本書卷五○有
傳。　飛輪構路：戎車飛速連結道路。輪，車。構，交合，連結。

[8]王豫州：即王玄謨。時任豫州刺史。 方舟繕甲：兩船相並，整治衣甲器具。

[9]沈鎮軍：即沈慶之。時任鎮軍將軍。本書卷七七有傳。蕭安南：即蕭思話。時爲安南將軍。本書卷七八有傳。 接舳（zhú）：前後船相連結。舳，船尾。

[10]驃騎竟陵王：即劉誕。時任驃騎大將軍，封竟陵王。本書卷七九有傳。 懿親：至親。指皇室宗親。按：劉誕爲宋文帝的兒子，宋孝武帝的弟弟。 令譽：美好的名譽。 問望攸歸：很受人們敬仰。問，通“聞”。聲譽。望，敬仰。攸，所。

[11]大司馬江夏王：即劉義恭。時任大司馬，封江夏王。本書卷六一有傳。 道略明遠：思慮規劃深明遠大。 徽猷（yóu）茂世：高明的謀略美於當世。徽，善，美。猷，謀劃。

[12]旄鉞：旄和鉞。借指專命率軍。旄，竿頂用旄牛尾爲飾的旗；鉞，狀如大斧的古兵器。都是古代軍權象徵物。 雲驅：車馬驅進，盛多如雲。

[13]秘駕徐啓：皇帝的車乘穩緩啓動。

[14]八鑾：也作“八鸞”。結在馬銜上的鈴鐺叫鸞，一馬二鈴，四馬八鈴，稱八鸞。皇帝車馬有鑾鈴，也稱鑾駕。 五牛舒旆（pèi）：皇帝乘輿旗幟伸展。五牛，五牛旗輿的代稱。車設五牛，豎旗於牛背。《隋書·禮儀志五》：“五牛旗，左青赤，右白黑，黃居其中，蓋古之五時副車也……後但以五色木牛象車，豎旗於牛背，使人輿之。旗常纏不舒，唯天子親戎，乃舒其旆。”旆，旗幟的通稱。

[15]星流漢轉：喻接到命令後軍隊馳行迅速，有條不紊。星漢，天河，銀河。

[16]轉圓：一作“轉圜”。轉動圓體的器物。喻便易迅速。

[17]三謀：古時出征，“卿大夫與謀，參以蓍、龜，不吉不行”，謂之三謀。蓍，蓍草占卦；龜，龜甲卜兆。

[18]七緯：日、月和金、木、水、火、土五星。古時流行以時

日星占預測戰爭勝負。

　　諸君或世荷恩幸，或身聞教義，當知君臣大
節，誓不可犯，冠屨至誨，難用倒設。[1]履安奉順，
聲泰事全，孰與附逆居危，身害名醜，慈親垂白受
戮，弱子嬰孩就誅。所以有詔遲回、未震雷霆者，
正爲諸君身拘寇手，或懷乃心。[2]吉凶由人，無謂
爲遠，今而不變，後悔何及。授檄之日，心馳
賊庭。[3]

　[1]冠屨（jù）至誨，難用倒設：頭戴帽，脚穿鞋，上下不能
顛倒。用以比喻社會上下等級關係，不能倒置淆亂。
　[2]乃心：即乃心王室，忠於朝廷之心。
　[3]心馳賊庭：急切赴敵衝殺。

　　義宣亦相次係至。[1]江夏王與義宣書曰："昔桓玄借
兵於仲堪，[2]有似今日。"義宣由此與質相疑。質進計
曰："今以萬人取南州，[3]則梁山中絶，萬人綴玄謨，必
不敢動。[4]質浮舟外江，直向石頭，[5]此上略也。"義宣
將從之，腹心劉諶之曰："質求前馳，此志難測。不如
盡銳攻梁山，事剋然後長驅，萬安之計也。"

　[1]相次係至：相繼而來到（梁山）。係，一個接一個。
　[2]桓玄借兵於仲堪：東晉孝武帝時，司馬道子擅權朝中，桓
玄棄官歸國，鬱鬱不得志。荊州刺史殷仲堪兵强一方，桓
玄假其兵勢，誘而悦之。隆安二年（398），桓玄、殷仲堪、楊佺期結盟，會
攻建康，推玄爲盟主。次年底，桓玄併吞殷、楊勢力，殷仲堪被逼

自殺。此處以桓玄比之臧質，喻其有野心。仲堪，人名。即殷仲堪。《晉書》卷八四有傳。

[3]南州：地名。東晉南朝時以姑孰（今安徽當塗縣）爲南州。

[4]中絶：前後被隔絶。梁山在南州西，奪取南州則使柳元景、王玄謨軍腹背受敵。　綴（chuò）：通"輟"。牽制。

[5]石頭：城名。在今江蘇南京市西清凉山。本楚金陵城，東漢末孫權重築改名，東晉再加固。六朝時江流緊迫山麓，城負山面江，南臨秦淮河口，形勢險固，當交通要衝，爲建康軍事重鎮。

　　質遣將尹周之攻胡子反、柳叔政於西壘，[1]時子反渡東岸就玄謨計事，聞賊至，馳歸。周之攻壘甚急，劉季之水軍殊死戰，[2]賊勢盛，求救於玄謨，玄謨不遣，崔勳之固爭，[3]乃遣勳之救之。比至，城已陷，勳之戰死，季之收衆而退。子反、叔政奔還東岸，玄謨斬子反軍副李文仲。[4]

[1]尹周之：人名。前文作"尹周"，當爲同一人。　胡子反：人名。本書卷六八《南郡王義宣傳》作"胡子友"，時爲薛安都部將，職任冗從僕射。事見本書卷八八《薛安都傳》。　柳叔政：人名。事僅此見，餘事不詳。　西壘：梁山有二，隔江對峙，此指築於西梁山之軍壘。

[2]劉季之：人名。爲竟陵王劉誕親信將佐，後因功封零陵縣侯，任寧朔將軍、司州刺史等職。最終隨劉誕反叛被斬。事見本書卷七九《竟陵王誕傳》。

[3]崔勳之：人名。原爲冀州刺史張永軍府司馬，宋文帝時參加過北伐之戰，任宣威將軍、樂安渤海二郡太守。事見本書卷五三《張茂度傳》、卷七八《蕭思話傳》。

[4]李文仲：人名。其事不詳。

　　質欲仍攻東城，義宣黨顔樂之説義宣曰：[1]　“質若
復拔東城，則大功盡歸之矣。宜遣麾下自行。”義宣遣
劉諶之就質，陳軍城南。玄謨留羸弱守城，悉精兵出
戰，薛安都騎軍前出，垣護之督諸將繼之。戰良久，賊
陣小拔，騎得入。劉季之、宗越又陷其西北，[2]衆軍乘
之，乃大潰。因風放火，船艦悉見焚燒，延及西岸。質
求義宣欲一計事，密已出走矣。[3]質不知所爲，亦走，
衆悉降散。

　　[1]顔樂之：人名。時任劉義宣府諮議參軍，後被誅斬。事見
本書卷六八《南郡王義宣傳》。
　　[2]宗越：人名。南陽葉（今河南葉縣）人。時任劉義恭大司
馬行參軍、濟陽太守、龍驤將軍。本書卷八三有傳。
　　[3]密已出走矣：時臧質攻東岸失敗，劉義宣原屯西岸，已偷
偷先行撤走。

　　質至尋陽，焚燒府舍，載妓妾西奔。使所寵何文敬
領兵居前，至西陽。[1]西陽太守魯方平，[2]質之黨也，至
是懷貳，誆文敬曰：“傳詔宣敕，唯捕元惡一人，餘並
無所問。”文敬棄衆而走。

　　[1]西陽：郡名。治所在今湖北黄岡市黄州區東南。
　　[2]魯方平：人名。宋文帝時爲奮武將軍，隨柳元景參加西路
北討，一路攻占函谷。事見本書卷七七《柳元景傳》。

質先以妹夫羊沖爲武昌郡，[1]質往投之，既至，沖已爲郡丞胡庇之所殺。[2] 無所歸，乃入南湖逃竄，[3] 無食，摘蓮噉之。追兵至，窘急，以荷覆頭，自沈於水，出鼻。軍主鄭俱兒望見，[4] 射之中心，兵刃亂至，腸胃纏縈水草。隊主裴應斬質首，[5] 傳京都，時年五十五。

[1]羊沖：人名。本書僅此一見，其事不詳。　爲武昌郡：任武昌郡守。武昌郡，治所在今湖北鄂州市鄂城區。

[2]郡丞：官名。爲郡守副貳，佐掌衆事。八品。　胡庇之：人名。本書僅此一見，其事不詳。

[3]南湖：湖名。在今湖北鄂州市鄂城區，也叫五丈湖。

[4]鄭俱兒：人名。本書僅此一見，其事不詳。

[5]裴應：人名。本書僅此一見，其事不詳。

録尚書江夏王臣義恭、左僕射臣宏等奏曰：[1]“臧質底棄下才，而藉遇深重，窮愚悖常，構煽凶逆，變至滔天，志圖泯夏，違恩叛德，罪過恒科。[2] 梟首之憲，有國通典，懲戾思永，去惡宜深。臣等參議，須辜日限意，[3] 使依漢王莽事例，漆其頭首，藏于武庫。[4] 庶爲鑑戒，昭示將來。”詔可。

[1]宏：人名。即建平王劉宏。字休度，宋文帝第七子。本書卷七二有傳。

[2]泯夏：滅絕諸夏。古代漢族自稱爲夏，以與四邊少數民族相區別。　恒科：平常的法律規定。恒，普通。科，法令，律條。

[3]辜日限意：加罪懲處，在正常律條上延伸。古刑律，毆人者在限期內爲傷者治療，其限期稱辜限。在辜限內傷者死亡，毆人

者爲殺人罪，依律嚴懲。

　[4]王莽：人名。西漢末年以外戚掌握政權，繼而廢漢稱帝，國號新。當政後實行一系列社會改革措施，失敗，農民軍攻入長安，被殺。《漢書》卷九九有傳。據《晋書》卷三六《張華傳》，西晋武庫中所藏有王莽頭。　武庫：儲藏武器的倉庫。西漢未央宮中有武庫，後代宮禁中也仿設。

　質初下，義宣以質子敦爲征虜將軍、雍州刺史。質留子敞爲監軍，[1]將敦自隨，至是並爲武昌郡所執送。敦官至黃門郎，敦弟敷，司徒屬，[2]敷弟敞，太子洗馬，[3]敞弟斅，敦子仲璋，質之二子二孫未有名，同誅。

　[1]監軍：官名。爲臨時差遣之職，置於軍中，監督將帥。

　[2]司徒屬：官名。司徒府僚屬，掌左西曹。六品。

　[3]太子洗馬：官名。"洗"亦作"先"，先馬，即前驅。太子出行爲前導，在東宮中掌賓贊受事。

　質之起兵也，豫章太守任薈之、臨川內史劉懷之、鄱陽太守杜仲儒並爲盡力，[1]發遣郡丁，并送糧運，伏誅。任薈之字處茂，樂安人也。[2]歷世祖、南平王鑠撫軍右軍司馬、長史行事。[3]太祖稱之曰："望雖不足，才能有餘。"[4]杜仲儒，杜驥兄子也。[5]

　[1]豫章：郡名。治所在今江西南昌市。　任薈之：人名。曾任振武將軍劉道濟軍府司馬，蜀郡太守，餘事不詳。　臨川：王國名。在今江西撫州市臨川區。　劉懷之：人名。爲宋初功臣劉粹庶長子，累任山陽太守、廣陵南沛二郡太守等職。　鄱陽：郡名。治

所在今江西鄱陽縣。　　杜仲儒：人名。本書僅此一見，其事不詳。

　　[2]樂安：郡名。治所在今山東廣饒縣北。

　　[3]南平王：王爵名。王國在今湖南郴州市。　　鑠：人名。即劉鑠。文帝第四子。本書卷七二有傳。　　撫軍右軍司馬：官名。劉駿、劉鑠都曾任撫軍將軍，任薈之分別在其軍府擔任右軍司馬。長史行事：長史代行軍府事。南朝官職制度，如以年幼皇子爲將軍出鎮，以其長史爲行事，實際負責軍府事務，權力很大。長史，官名。爲幕僚長，位在司馬上。

　　[4]太祖：宋文帝劉義隆廟號。　　望：門族，郡望。

　　[5]杜驥：人名。字度世，京兆杜陵（今陝西西安市長安區）人，文帝時屢任要職。本書卷六五有傳。

　　豫章望蔡子相孫沖之起義拒質，[1]質遣將郭會膚、史山夫討之，[2]爲沖之所破。世祖發詔以爲尚書都官曹郎中。[3]沖之，太原中都人，[4]晋秘書監盛曾孫也。[5]官至右軍將軍，[6]巴東太守。後事在《鄧琬傳》。[7]沈靈賜以破質前軍於南陵功，封南平縣男，[8]食邑三百户。贈崔勳之通直郎。[9]大司馬參軍劉天賜亦梁山戰亡，[10]追贈給事中。

　　[1]望蔡子：子爵名。對功臣的五等贈封。係宋武帝永初三年（422）虞丘進參與討伐司馬休之功，由望蔡縣男進望蔡縣子，增邑三百户。見本書卷四九《虞丘進傳》。望蔡，縣名。治所在今江西上高縣。　　相：官名。南朝置公、侯、伯、子、男爵，各有封邑，皆設相，實爲國家委派的行政長官，與郡守、縣令無異。伯、子、男之相職如縣令、長，品秩隨民户多少而定。　　拒：各本並作“招”，今據中華本改正。

　　[2]郭會膚、史山夫：皆人名。本書均一見，事皆不詳。

[3]尚書都官曹郎中：官名。尚書省下設諸曹，都官尚書爲其一，下領都官、水部、庫部、功論四郎曹，都官郎中爲都官曹長官，掌刑獄徒隸，劾治違法案件。

[4]太原：郡名。治所在今山西太原市。　中都：縣名。治所在今山西平遥縣。

[5]盛：人名。即孫盛。曾在東晉佐桓溫平蜀和入關取洛，以功封吳昌縣侯，官至秘書監。《晉書》卷八二有傳。

[6]右軍將軍：官名。與前軍、左軍、後軍將軍合稱四軍將軍，各領營兵千人，掌宿衛，是護衛皇帝宮廷的主要禁軍將領之一。四品。後多以軍功得官，無員限，爲侍衛武職。

[7]後事在《鄧琬傳》："鄧琬"各本並作"劉琬"，按孫沖之事在本書卷八四《鄧琬傳》中，此據中華本改正。

[8]南平縣男：男爵名。封邑在今湖南藍山縣東北。

[9]通直郎：官名。爲通直散騎侍郎的簡稱。與散騎侍郎通員當值，故名。東晉參平尚書奏事，地位較高。南朝入集書省，地位漸低，多爲加官。

[10]劉天賜：人名。按：此云劉天賜爲大司馬參軍，梁山戰亡，是年爲孝建元年（454）。但本卷《沈攸之傳》又有劉天賜，爲荆州西曹，於昇明二年（478）被沈攸之所斬。疑爲同姓名者二人。

魯爽小名女生，扶風郿人也。[1]祖宗之字彦仁，晉孝武太元末，[2]自鄉里出襄陽，[3]歷官至南郡太守。[4]義熙元年起義，襲僞雍州刺史桓蔚，[5]進向江陵。以功爲輔國將軍、雍州刺史，封霄城縣侯，[6]食邑千五百户。桓謙、荀林逼江陵，[7]宗之率衆馳赴，事在《臨川烈武王道規傳》。進號平北將軍。[8]高祖討劉毅，與宗之同會江陵，進號鎮北將軍，[9]封南陽郡公，[10]食邑二千五百戶。子軌一名象齒，爽之父也。便弓馬，筋力絕人，爲竟陵太守。宗之自以非高祖舊隸，屢建大功，有自疑之心。會司馬休之見討，[11] 猜懼，遂與休之北奔。善於撫御，士民皆爲盡力，衛送出境，盡室入羌，[12] 頃之病卒。高祖定長安，軌爲寧南將軍、荊州刺史、襄陽公，[13] 鎮長社。[14] 世祖鎮襄陽，軌遣親人程整奉書，[15] 規欲歸順，[16] 自拔致誠，[17] 以昔殺劉康祖、徐湛之父，[18] 故不歸。太祖累遣招納，許以爲司州刺史。

[1] 扶風：郡名。治所在今陝西涇陽縣西北。　郿：縣名。治所在今陝西眉縣。

[2] 太元：晋孝武帝司馬曜年號（376—396）。

[3] 襄陽：地名。在今湖北襄陽市襄城區。

[4] 南郡：治所在江陵（今湖北荊州市荊州區）。但《晋書》卷八五《劉毅傳》説魯宗之時爲南陽太守。丁福林《校議》據《南史》卷四〇《魯爽傳》、《建康實録》卷一〇、《通鑑》卷一一四認定應以南陽太守爲是。

[5] 桓蔚：人名。東晋桓氏家族重要人物，祖桓彝，父桓秘，與桓玄爲堂兄弟。桓玄篡晋自立，封他爲醴陵縣王，任爲雍州刺史，軍敗後亡入後秦。

[6] 霄城縣侯：侯爵名。侯國在今湖北京山、天門、應城三地中間的皂市鎮。縣侯，即開國縣侯。位在開國縣公下。三品。

[7] 桓謙：人名。桓玄的堂兄弟。桓玄篡晋自立，封他爲新安王，領揚州刺史。桓玄失敗後，投往後秦，又從長安入蜀，被譙縱任爲荊州刺史，率軍直逼江陵。被劉道規斬殺。《晋書》卷七四有附傳。　荀林：人名。東晋末反晋軍盧循部將，於尋陽擊敗檀道濟、到彦之等軍，乘勝進逼江陵。後被劉道規部將劉遵斬殺於巴

陵。《晉書》作“苟林”。

[8]平北將軍：官名。四平將軍之一，多兼鎮守地區的刺史，統管軍政。三品。

[9]鎮北將軍：官名。四鎮將軍之一，多爲出鎮方面的持節都督。二品。如不帶持節則都督銜爲三品。

[10]南陽郡公：公爵名。公國在今河南南陽市。

[11]司馬休之：人名。東晉宗室，曾任荊州刺史，與魯宗之聯結，謀誅劉裕。失敗奔魏，道死。《晉書》卷三七有附傳，《魏書》卷三七、《北史》卷二九有傳。

[12]入羌：投奔後秦姚興。因後秦爲羌族所建政權，故云。

[13]寧南將軍：北魏官名。爲領兵武職。相當於南朝的鎮南將軍，三品。若爲持節都督則爲二品。

[14]長社：縣名。治所在今河南長葛市。

[15]親人：親信之人。　程整：人名。本書僅一見，其事不詳。

[16]規欲：謀劃，希望。

[17]自拔致誠：自我脱身於僞逆，表達誠意。

[18]劉康祖、徐湛之父：即劉康祖父劉虔之、徐湛之父徐逵之。劉虔之曾隨劉裕征司馬休之、魯宗之，戰敗被魯軌襲殺。徐逵之娶劉裕長女。討司馬休之時，統軍爲前鋒，被魯軌擊敗見殺。劉康祖時爲著名武將，徐湛之執掌文帝朝政，故魯軌懼不歸返。

　　爽少有武藝，虜主拓跋燾知之，常置左右。元嘉二十六年，軌死，爽爲寧南將軍、荊州刺史、襄陽公，鎮長社。幼染殊俗，無復華風。[1]粗中使酒，數有過失，燾將誅之。爽有七弟秀，[2]小字天念，頗有意略，才力過爽。燾以充宿衞，甚知待之。僞高梁王阿叔泥爲芮芮所圍甚急，[3]使秀往救，燾自率大衆繼其後。燾未及至，秀已擊破之，拔阿叔泥而反。[4]燾壯其功，以爲中書郎，封廣陵侯。[5]或告燾，鄴民欲據城反，[6]復遣檢察，并燒石虎殘宮殿。[7]秀常乘驛往反，是時病還遲，爲燾所詰讓，秀復恐懼。燾尋南寇，因從渡河。先是，程天祚爲虜所没，燾引置左右，與秀相見，[8]勸令歸降，秀納之。天祚，廣平人，[9]爲殿中將軍，有武力。元嘉二十七年，助戍彭城，會世祖遣將劉泰之輕軍襲虜於汝陽，[10]天祚督戰，戰敗被創，[11]爲虜所獲。天祚妙善針術，燾深加愛賞，或與同輿，[12]常不離於側，封爲南安公。[13]燾北還蕃，[14]天祚因其沈醉，僞若受使督切後軍者，所至輕罰。天祚爲燾所愛，群虜並畏之，莫敢問，因得逃歸，後爲山陽太守。[15]太宗初，與四方同反，[16]事在《薛安都傳》。

[1]殊俗：異方的習俗。此與下“華風”相對，指不同於中原漢族的少數民族風俗習慣。

[2]爽有七弟秀：丁福林《校議》云，《南史》卷四〇《魯爽傳》、《建康實録》卷一四皆云魯秀爲魯爽次弟。

[3]高梁王：北魏王爵名。王國在今山西臨汾市。　阿叔泥：人名。即拓跋那。北魏太武帝拓跋燾從弟，魏軍統帥，曾隨燾南侵，後因罪被賜死。事見本書卷九五《索虜傳》。《索虜傳》作“阿斗泥”，《魏書》作“高凉王那”，實指一人。　芮芮：古民族名。即柔然族。爲古東胡族的支屬，南北朝時北人稱爲蠕蠕，南人稱爲芮芮。此時遷居漠北，勢漸强大。

[4]拔：使脱身。　反：通“返”。歸還。

[5]中書郎：官名。爲中書侍郎的省稱，三國魏始設，屬中書監、令，職任機要，掌擬詔出令。北魏沿置，四員，定四品上。

廣陵侯：北魏侯爵名。侯國在今河南息縣。北魏孝昌三年（527）東豫州刺史元慶和以廣陵城降梁，即此。

[6]鄴：地名。在今河北臨漳縣鄴鎮。

[7]石虎：人名。十六國時後趙皇帝，石勒之侄。在石勒死後，發動政變，自即帝位，把後趙都城由襄國（今河北邢臺市）遷到鄴。

[8]與秀相見：各本作“與秀□寬”，中華本據《元龜》卷七六一訂正，今從之。

[9]廣平：縣名。東晉置，治所在今河南鄧州市東南。

[10]會世祖遣將劉泰之輕軍襲虜於汝陽：各本“將”並作“府”，中華本據《元龜》卷七六一改，今從之。劉泰之，人名。本爲安北將軍劉駿參軍，受命率輕騎五軍攻襲北魏南下軍，失敗被殺。事見本書《索虜傳》。汝陽，縣名。治所在今河南商水縣西北。

[11]戰敗被創：各本“創”並作“罰”，中華本據《元龜》卷七六一改，今從之。

[12]或與同興：“同”字，據中華本考證，百衲本所據宋本殘葉空白，三朝本、毛本、殿本、局本作“共”字，《元龜》卷七六一作“同”。今從《元龜》。

[13]南安公：北魏公爵名。公國在今山西平陸縣。

[14]燾北還蕃：孫虨《考論》云：“當云燾北還至蕃。蕃，徐州彭城屬縣。”

[15]山陽：郡名。治所在今江蘇淮安市。

[16]太宗初，與四方同反：“與”各本作“興”，孫虨《考論》云：“興當作與。”按：孫說是，今改正。太宗，宋明帝劉彧廟號。

　　燾始南行，遣爽隨永昌王庫仁真向壽陽，[1]與弟瑜共破劉康祖於尉武，[2]仍至瓜步，[3]始得與秀定歸南之謀。燾還至湖陸，[4]爽等請曰：“奴與南有讎，每兵來，常慮禍及墳墓，乞共迎喪，還葬國都。”虜群下於其主稱奴，猶中國稱臣也。燾許之。長社戍虜有六七百人，爽譎之曰：“南更有軍，可遣三百騎往界上參聽。”[5]騎去，爽率腹心夜擊餘虜，盡殺之，馳入虎牢。[6]

[1]永昌王：北魏王爵名。王國在今河南洛寧縣。　庫仁真：人名。即拓跋仁。北魏太武帝拓跋燾從弟，多年鎮守長安。時率關西兵八萬趨汝、潁，斬殺宋左軍將軍劉康祖，是魏軍重要統帥。後在統治集團內亂中被賜死。

[2]尉武：古亭名。在今安徽壽縣西。

[3]瓜步：山名。即今江蘇南京市六合區東南瓜埠山。古時南臨大江，爲軍事爭奪要地。拓跋燾率軍至此，隔江威脅宋都建康。

[4]湖陸：縣名。在今山東魚臺縣東南。

[5]南更有軍：指劉宋方面。　參聽：共同判斷。參，檢驗。

[6]虎牢：關隘名。在今河南滎陽市西北汜水鎮西，據大坯山上，形勢險要，歷代爲兵爭之地。

爽唯第三弟在北，餘家屬悉自隨，率部曲及願從合千餘家奔汝南。遣秀從許昌還壽陽，[1]奉辭於南平王鑠曰：[2]“爽、秀得罪晉朝，[3]負釁三世，生長絕域，遠身胡虜，兄弟闔門，淪點僞授，[4]殞命不可，還國無因。近係南雲，傾屬東日，蓋猶痿人思步、盲者願明。[5]嵩、霍咫尺，江、河匪遠，夷庚壅塞，隔同天地，[6]痛心疾首，晝慨宵悲。虜主猖狂，豺豕其志，虐徧華、戎，怨結幽顯。[7]自盱眙旋軍，亡殪過半，昏酗沈湎，恣性肆身。[8]爽、秀等因民之憤，藉將旅之願，齊契義奮，[9]梟殲醜徒，[10]馮恃皇威，肅清逋穢，牢、洛諸城，指期克定。[11]規以涓塵，微雪夙負，[12]方當束骸北闕，待戮司寇，懦節未申，伏心邊表。[13]明大王殿下以叡茂居蕃，文武兼姿，遠邇欽傾，承風聞德，願垂援拯，以慰虔望。[14]老弱百口，先遣歸庇。逼逼丹心，[15]仰希懷遠。謹遣同義潁川聶元初奉詞陳聞。"[16]

[1]許昌：縣名。治所在今河南許昌市。

[2]鑠：人名。即劉鑠。時任豫州刺史，駐壽陽。

[3]爽、秀得罪晉朝："晉"據中華本考證，百衲本空白，三朝本、北監本、毛本、殿本、局本作"本"，《元龜》卷七六一作"晉"。按：魯宗之、魯軌奔羌事在晉安帝義熙年中，故應稱晉朝。

[4]淪點僞授：被授以僞職，陷於大辱。淪，陷入。點，同"玷"。污，辱。

[5]係：心係。　南雲：喻爲思親和懷念家鄉。　傾屬東日：向往注目於朝廷聖主。傾，向往，欽佩。屬，同"矚"。專注。東日，東升的太陽，引申爲聖明的君主。　痿人：痿痹的人。痿，病名。筋肉痿縮，肢體偏枯。

[6]嵩、霍咫尺，江、河匪遠，夷庚壅塞，隔同天地：嵩山和霍山雖距離很近，長江和黃河也不太遠，但中間的大路被堵塞，就形同天和地一樣隔絕難通。魯氏兄弟借此比喻自己欲投誠而無門。嵩，山名。即嵩山。在今河南登封市。霍，山名。即霍山。有二，一在今山西霍州市，即太岳山；一在今安徽霍山縣，即天柱山。夷庚，平道，大路。《左傳》成公十八年："今將崇諸侯之姦，而披其地，以塞夷庚。"杜預注："夷庚，吳、晉往來之要道。"疏："夷，平也。"

[7]豺豕其志：像豺狼猪狗一樣貪婪殘猛。豺，形似犬而殘猛如狼的野獸。豕，猪，因其貪食，比喻貪婪之心。　華、戎：華夏族和四周少數民族。　幽顯：神和人。幽，迷信所謂陰間。

[8]盱眙旋軍：指拓跋燾久攻盱眙城不下而撤圍回軍。見本卷

《臧質傳》。　亡殪（yì）：死亡。　恣性肆身：放縱無忌。

［9］齊契：同心默契。常用於古代盟文之中。

［10］梟馘（guó）：斬首和截耳。馘，戰爭中割取敵人俘虜左耳以計功。

［11］馮（píng）恃：憑借，依靠。馮，同“憑”。　逋穢：該誅的醜陋之類。逋，拖欠，逃亡。穢，污濁，醜陋。　牢、洛：皆地名。即虎牢和洛陽。　克定：制勝平定。

［12］規以涓塵，微雪夙負：想以微小之舉動，多少洗刷素來的欠咎。規，謀劃。涓塵，滴水與輕塵，喻極微小。雪，洗滌，擦拭。夙，舊，平素。負，虧欠。

［13］束骸北闕：捆綁住自己身體，歸順朝廷。束骸，比喻歸順，投案。骸，身體。北闕，原指古代宮殿北面的門闕，是臣民等候朝見之地，後通稱爲帝王宮禁，也是朝廷的別稱。　待戮司寇：等待接受司法官員的懲罰。戮，殺，懲罰。司寇，官名。《周禮·秋官》有大司寇，主管刑獄。後泛指司法官爲司寇。

［14］叡茂：明達勤勉。　兼姿：才能兼有。姿，資質，才能。欽傾：欽敬傾心。　承風聞德：德聲遠揚，無人不曉。

［15］逼逼丹心：緊迫急切的赤誠之心。

［16］潁川：郡名。治所在今河南禹州市。　矗元初：人名。其事不詳。

鑠馳驛以聞。上大說，下詔曰：“僞寧南將軍魯爽、中書郎魯秀，志榦列到，[1]忠誠久著，撫兹福先，[2]闔門效款，[3]招集義銳，梟剪獷醜，[4]肅定邊城，獻馘象魏。[5]雖宣孟之去翟歸晋，[6]頹當之出胡入漢，[7]方之此日，曾何足云。朕實嘉之，宜即授任，逞其忠略。爽可督司州豫州之陳留東郡濟陰濮陽五郡諸軍事、征虜將軍、司州刺史。[8]秀可輔國將軍、滎陽潁川二郡太守。[9]

其諸子弟及同契士庶，委征虜府以時申言，詳加酬叙。"[10]爽至汝南，加督豫州之義陽、宋安二郡軍事，[11]領義陽内史，將軍、刺史如故。秀參右將軍南平王鑠軍事、汝陰内史，[12]將軍如故。餘弟姪並授官爵，賞賜資給甚厚。爽北鎮義陽。北來部曲凡六千八百八十三人，是歲二十八年也。[13]虜毁其墳墓。

[1]志榦：志向。榦，主幹，引申爲本質。

[2]福先：福的先導，指善。《莊子·刻意》成玄英疏："夫善爲福先，惡爲禍始。"

[3]效款：投誠。

[4]獫醜：對進入中原的少數民族的蔑稱。獫，獫鬻，古代北方少數民族名。夏曰獫鬻，商曰鬼方，周曰獫狁，秦漢曰匈奴。

[5]象魏：宫廷外的闕門。此代指朝廷。

[6]宣孟：春秋晋國大夫趙盾的謚號。晋獻公時，其父趙衰隨公子重耳避亂奔翟，翟女二人，一嫁重耳，一嫁趙衰而生趙盾。十九年後，重耳返國成爲晋文公，趙衰也從翟接回妻子和趙盾。趙衰死後，趙盾以爲嫡嗣而專國政。

[7]頹當：人名。西漢名將。其父韓王信，漢初被分封於太原，亡入匈奴，至頹當城生子，因以爲名。漢文帝時韓頹當率衆降漢，封弓高侯。吳楚叛亂時，他參與平亂，功冠諸將。

[8]爽可督司州豫州之陳留東郡濟陰濮陽五郡諸軍事：各本並脱"豫州之"三字，中華本據孫彭《考論》説補，從之。但此處五郡祇有四郡，應脱去一郡。陳留，郡名。治所在倉垣城（今河南開封市東）。東郡，治所在今河南滑縣。濟陰，郡名。治所在今山東曹縣。濮陽，郡名。治所在今河南濮陽市。

[9]滎陽潁川二郡太守："滎陽"三朝本、北監本、毛本誤爲"管陽"，殿本、局本誤爲"營陽"，今從《南史》、《元龜》卷七六

一及中華本改正。滎陽，郡名。治所在今河南滎陽市。

[10]酬叙：報答以不等次第的官職。酬，報謝。叙，按等級次第以進職或獎功。

[11]義陽：郡名。治所在今河南信陽市。 宋安：郡名。治所在今河南光山縣。

[12]右將軍：官名。漢朝爲重號將軍之一，位上卿，宿衞皇帝左右，參與朝政。東晋南北朝權位漸低，不典禁兵，不與朝政，成爲軍府名號。三品。 汝陰：郡名。治所在今安徽阜陽市。

[13]二十八年：即宋文帝劉義隆元嘉二十八年（451）。

明年四月入朝，時燾已死，上更謀經略。五月，遣爽、秀、程天祚等率步騎并荆州軍甲士四萬，出許、洛。八月，虜長社戍主永平公禿髮幡乃同棄城走。[1]進向大索戍，[2]戍主僞豫州刺史跋僕蘭曰：[3]“爽勇而無防，我今出城，必輕來據之，設伏檀山，[4]必可禽也。”爽果夜進，秀諫不止，馳往繼之。比曉，虜騎夾發，[5]賴秀縱兵力戰，虜乃退還虎牢。爽因進攻之，本期舟師入河，斷其水門。[6]王玄謨攻碻磝不拔，[7]敗退。水軍不至，爽亦收衆南還。轉鬭數百里，至曲强，[8]虜候其饑疲，盡鋭來攻，爽身自奮擊，虜乃退走。

[1]永平公：北魏公爵名。公國在今甘肅張掖市。 禿髮幡乃同：人名。其事不詳。據《晋書》，十六國後涼王禿髮利鹿孤之孫副周，於國亡後奔北魏，封永平公。疑此幡乃同係副周之子，襲封永平公。

[2]大索：地名。在今河南滎陽市。

[3]跋僕蘭：人名。本書僅此一見，其事不詳。

［4］檀山：山名。在今河南滎陽市東，山多檀木，綿亘三十餘里，又名水清崗。據《水經注》，索水經檀山崗東，即此。

［5］夾發：欲夾擊，從兩個方向同時出動。

［6］舟師：水軍。 水門：水路。一說水閘。

［7］磽磝：地名。在今山東茌平縣西南古黃河南岸，爲當時重要津渡和軍事據點。東晉南朝北伐皆遣兵於此，北魏則視爲河南四鎮之一。

［8］曲强：地名。今地不詳。

三十年，元凶弑逆，南譙王義宣起兵入討，爽即受命，率部曲至襄陽，與雍州刺史臧質俱詣江陵。義宣進爽號平北將軍，領巴陵太守，[1]度支校尉，[2]本官如故。留爽停江陵，事平，以爽爲使持節、督豫司雍秦并五州諸軍事、左將軍、豫州刺史。[3]爽至壽陽，便曲意賓客，爵命士人，蓄仗聚馬，如寇將至。[4]

［1］巴陵：郡名。治所在今湖南岳陽市。

［2］度支校尉：官名。三國魏始置，掌諸軍兵田，隸大司農。兩晉、宋置於諸郡，掌財賦會計漕運事。

［3］左將軍：官名。漢朝爲重號將軍之一，位上卿，典掌禁兵、戍衛京師或任征伐。東晉南北朝權位漸低，不典禁兵，成爲軍府名號。宋三品。

［4］曲意：違背自己的本心去迎合別人。 爵命：請爵命職。仗：兵器的總稱。 如寇將至：指爲造反作了各種準備。

元凶之爲逆也，秀在京師，謂秀曰：“我爲卿誅徐湛之矣。方相委任。”[1]以爲右軍將軍，[2]配精兵五千，使攻新亭壘。將戰，[3] 秀命打退軍鼓，因此歸順。世祖即位，以爲左軍將軍，[4] 出督司州豫州之新蔡汝南汝陽潁川義陽弋陽六郡諸軍事、輔國將軍、司州刺史，[5] 領汝南太守。

[1] 我爲卿誅徐湛之矣：徐湛之與魯氏有世仇，見前注。此是劉劭借機拉攏魯秀，使與其同心。　委任：委以重任。

[2] 以爲右軍將軍：據丁福林《校議》，《南史》卷四〇《魯爽傳》作“右將軍”。

[3] 將戰：丁福林《校議》據本書卷九九《劉劭傳》、《通鑑》卷一二七考證，魯秀擊鼓退軍乃戰爭開始後之事，故“將戰”乃“將克”之誤。

[4] 左軍將軍：官名。領營兵千人，掌宿衞。四品。

[5] 新蔡：郡名。治所在今河南新蔡縣。　弋陽：郡名。治所在今河南潢川縣西。

爽與義宣及質相結已久，義宣亦欲資其勇力，情契甚至。孝建元年二月，義宣報爽，[1] 秋當同舉。爽狂酒乖謬，即日便起兵，馳信報弟瑜，將家奔叛，皆得西歸。爽使其衆載黃標，稱建平元年，竊造法服，登壇自號。[2] 疑長史韋處穆、中兵參軍楊元駒、治中庾騰之不與己同，[3] 殺之。義宣、質聞爽已處分，[4] 便狼狽反。進爽號征北將軍。爽於是送所造輿服詣江陵，版義宣及臧質等並起。[5] 征北府户曹版文曰：[6] “丞相劉補天子，[7] 名義宣；車騎臧今補丞相，名質；平西朱今補車騎，名脩之。[8] 皆版到奉行。”義宣駭愕。爽所送法物，並留竟陵縣不聽進。[9]

[1]報：告知。

[2]稱建平元年：古代每當新皇帝即位，都要更立新年號，表示"應天承運"，即所謂"改正朔"。魯爽要擁戴劉義宣作皇帝，故有此舉。 法服：禮法規定的標準服，此指皇帝所專用的服飾。

[3]韋處穆：人名。其事不詳。 中兵參軍：官名。爲諸公、軍府僚屬之一，掌本府中兵曹事務，兼備參謀咨詢。 楊元駒：人名。其事不詳。 治中：官名。治中從事（史）的簡稱，爲州之佐吏，掌衆曹文書事。六品。 庾騰之：人名。其事不詳。

[4]處分：決定，決策。

[5]輿服：車服。車乘衣冠章服的總稱。 版：通"板"。古時帝王詔書或官府的文件、記録都刻寫在板上，紙張通行後，仍沿稱板。委官有板，引申稱授官爲版（板）。

[6]户曹：官署名。魏晉南北朝除中央尚書臺有户曹外，王府、公府、將軍府諸曹中也有户曹，其長官爲參軍，掌財政、户籍、田宅等。

[7]丞相劉補天子：丁福林《校議》云："《南史·魯爽傳》、《建康實録》卷一三、《通鑑》卷一二八載上文時於'丞相劉'後皆有'今'字。"

[8]脩之：人名。即朱脩之。時任雍州刺史，駐襄陽。本書卷七六有傳。

[9]法物：帝王儀仗隊所用的器物。包括樂師、樂器、車服等。 竟陵：縣名。治所在今湖北潛江市西北。

爽直出歷陽，[1]自采石濟軍，[2]與質水陸俱下。爽遣弟瑜守蒙籠，[3]歷陽太守張幼緒請擊瑜，[4]世祖配以兵力。遣左軍將薛安都步騎爲前驅，[5]別遣水軍入淵，分路並會。安都進次大峴，[6]爽已立營，世祖以賊强壘固，未可輕拔，使量宜進止。幼緒便引軍退還，下獄。更遣驍騎將軍垣護之代幼緒據歷陽。[7]鎮軍將軍沈慶之係安都進軍，[8]與爽相遇於小峴。[9]爽親自前，將戰，而飲酒過醉，安都刺爽倒馬，左右范雙斬首，傳送京都。[10]瑜亦爲部下所斬送。進平壽陽，子弟並伏誅。

[1]歷陽：郡名。治所在今安徽和縣歷陽鎮。

[2]采石：地名。原名牛渚磯，三國吳時更名采石磯。在今安徽當塗縣長江東岸，牛渚山突入江中而成，爲長江較狹之處，形勢險要，爲兵家必爭之地。　濟：渡過。

[3]蒙蘢：地名。一說在今湖北麻城市。疑非是，確址待考。

[4]張幼緒：人名。除討魯爽外，餘事不詳。

[5]左軍將薛安都：丁福林《校議》云：“‘左軍將’後佚‘軍’字。本書《薛安都傳》，安都時爲左軍將軍。”

[6]大峴：山名。在今安徽含山縣。

[7]驍騎將軍：官名。爲擔當皇宮宿衛的主要將領之一。四品。丁福林《校議》據本書卷五〇《垣護之傳》、《通鑑》卷一二八考證，垣護之時任“游擊將軍”，而非“驍騎將軍”。

[8]鎮軍將軍：官名。主要爲中央軍職，亦可出任地方軍事長官，並領刺史，兼理民政。三品。　係：相繼，繼續。

[9]小峴：山名。在今安徽含山縣。

[10]倒馬：從馬上倒下。　范雙：人名。爲薛安都手下將領。後追隨薛安都反叛宋明帝，失敗投降。事見本書卷八八《薛安都傳》。

　　義宣初舉兵，召秀加節，進號征虜將軍，當繼諶之俱下。雍州刺史朱脩之起兵奉順，更遣秀擊脩之。王玄謨聞之，喜曰：“魯秀不來，臧質易與耳。”[1]秀至襄陽，大敗而反。會益州刺史劉秀之遣軍襲江陵，[2] 秀擊破之。義宣還江陵，秀與共北走，衆叛且盡，秀向城，上射之，[3] 中箭，赴水死。軍人宗敬叔、康僧念斬首，[4] 傳京邑。

[1] 易與耳：容易對付。

[2] 劉秀之：人名。字道寶，東莞莒（今山東莒縣）人。本書卷八一有傳。

[3] 秀向城，上射之：文義不明，丁福林《校議》引《通鑑》卷一二八作"魯秀衆散，不能去，還向江陵，城上人射之，秀赴水死"。

[4] 宗敬叔：人名。其事不詳。　康僧念：人名。其事不詳。

　　贈韋處穆、楊元駒給事中，庾騰之員外散騎侍郎。爽初南歸，秀以爽武人，不閑吏職，[1] 白太祖請處穆爲長史以輔爽。太祖以補司馬，後轉長史云。

[1] 閑：通"嫻"。熟練。　吏職：官吏分內應執掌之事。側重於統治方法。

　　沈攸之字仲達，吳興武康人，[1] 司空慶之從父兄子也。[2] 父叔仁，爲衡陽王義季征西長史，[3] 兼行參軍，領隊，[4] 又隨義季鎮彭城，度征北府。[5]

[1] 吳興：郡名。治所在今浙江湖州市吳興區。　武康：縣名。治所在今浙江德清縣。

[2] 慶之：人名。即沈慶之。本書卷七七有傳。　從父兄子：

堂侄。

[3]衡陽王：王爵名。王國在今湖南株洲縣。　義季：人名。即劉義季。宋武帝劉裕第七子。本書卷六一有傳。

[4]領隊：兼領隊主。領，官制用語。暫攝，多以卑官領高職。隊，軍事編制，兵力自數十人至數百人不等。

[5]度：官制用語。改，遷。指地區歸屬的變化和官職的遷轉。

攸之少孤貧。元嘉二十七年，索虜南寇，發三吳民丁，[1]攸之亦被發。既至京都，詣領軍將軍劉遵考，[2]求補白丁隊主。[3]遵考謂之曰："君形陋，不堪隊主。"因隨慶之征討。二十九年，征西陽蠻，[4]始補隊主。巴口建義，[5]南中郎府板長史，兼行參軍。[6]新亭之戰，身被重創，事寧，爲太尉行參軍，封平洛縣五等侯。[7]隨府轉大司馬行參軍。晋世京邑二岸，揚州舊置都部從事，[8]分掌二縣非違，永初以後罷省。孝建三年，復置其職。攸之掌北岸，會稽孔璪掌南岸，[9]後又罷。攸之遷員外散騎侍郎。又隨慶之征廣陵，[10]屢有功，被箭破骨。世祖以其善戰，配以仇池步矟。[11]事平，當加厚賞，爲慶之所抑，遷太子旅賁中郎，[12]攸之甚恨之。七年，遭母憂，葬畢，起爲龍驤將軍、武康令。

[1]三吳民丁：三吳地區能任力役的男子。三吳，説法不一，或以《水經注》指吳、吳興、會稽三郡，相當於今江蘇太湖以東、以南和浙江紹興、寧波一帶；或以《通典》《元和郡縣志》指吳、吳興、丹陽三郡，相當於今江蘇秦淮河流域和太湖以東、以南以及浙江錢塘江以北地區。

[2]領軍將軍：官名。禁衛軍最高統帥，掌禁衛軍及京都諸軍。

三品。　劉遵考：人名。宋武帝劉裕族弟。本書卷五一有傳。

［3］白丁：臨時徵集的壯丁。

［4］西陽：郡名。治所在今湖北黄岡市黄州區。　蠻：對南方少數民族的蔑稱。

［5］巴口：地名。在今湖北黄岡市黄州區東南，即巴水入長江之口。時劉駿任南中郎將、江州刺史，沈慶之爲其部將，於此起兵東討劉劭。

［6］南中郎府板長史，兼行參軍：丁福林《校議》引《南史》卷三七《沈攸之傳》作“授南中郎府板長兼行參軍”，但此句更令人難解。

［7］平洛縣五等侯：侯爵名。侯爵等級之一，不食封。平洛，縣名。治所在今甘肅康縣西北平洛鎮。

［8］都部從事：官名。漢、魏、西晋司隸校尉屬下有都官從事，掌監察舉劾百官和京都治安。南朝罷司隸校尉，其職能被揚州刺史取代，都官從事改爲都部從事，仍掌京都治安。

［9］會稽：郡名。治所在今浙江紹興市。　孔璪：人名。曾任撫軍中兵參軍、都水使者等官職。宋明帝即位後，參與皇族内亂，失敗被殺。其事見本書卷八四《孔覬傳》。各本並作“孔璨”，中華本據《南史》《建康實録》改，從之。

［10］隨慶之征廣陵：指宋孝武帝大明三年（459），竟陵王劉誕據廣陵反叛，沈慶之爲車騎大將軍，率軍平定。廣陵，地名。在今江蘇揚州市。

［11］仇池步矟（shuò）：兵器名。矟，矛屬，《釋名·釋兵》：“矛長丈八尺曰矟。”仇池，地名。在今甘肅成縣西，爲氏族世居之地。此處或引申爲手執長矟的仇池士卒。

［12］太子旅賁中郎：官名。一名太子旅賁中郎將，掌隨從迎送太子。

前廢帝景和元年，[1]除豫章王子尚車騎中兵參軍，[2]直閤，[3]與宗越、譚金等並爲廢帝所寵，[4]誅戮群公，[5]攸之等皆爲之用命。封東興縣侯，[6]食邑五百户。尋遷右軍將軍，增邑百户。太宗即位，以例削封。尋告宗越、譚金等謀反，[7]攸之復召入直閤，除東海太守。未拜。會四方反叛，南賊已次近道，[8]以攸之爲寧朔將軍、尋陽太守，率軍據虎檻。[9]

[1]前廢帝：指劉子業。本書卷七有紀。　景和：宋前廢帝劉子業年號（465）。

[2]豫章王：王爵名。王國在今江西南昌市。　子尚：人名。即劉子尚。宋孝武帝劉駿第二子。本書卷八〇有傳。

[3]直閤：官名。爲皇帝左右侍衛之官。又直閤將軍亦省稱直閤，地位顯要，在宫廷政變中往往舉足輕重。

[4]譚金：人名。荒中傖人。事見本書卷八三《宗越傳》。

[5]誅戮群公：指殺害江夏王劉義恭、尚書令柳元景、尚書左僕射顏師伯等人。

[6]東興縣侯：侯爵名。侯國在今江西黎川縣東北。

[7]尋告宗越、譚金等謀反：各本並脱“尋告”二字，中華本據《南史》補，今從之。

[8]南賊：指以江州刺史晉安王劉子勛爲首的反叛勢力。宋明帝殺死前廢帝後，江州長史鄧琬在尋陽擁立子勛爲帝，向建康進軍。東晉南朝時以今安徽當塗縣一帶爲南州。

[9]虎檻：地名。即虎檻洲。在今安徽繁昌縣東北長江中。

時王玄謨爲大統，[1]未發。前鋒有五軍在虎檻，五軍後又絡驛繼至，每夜各立姓號，不相稟受。[2]攸之謂軍吏曰："今衆軍姓號不同，若有耕夫漁父，夜相呵叱，便致駭亂，取敗之道也。"乃就一軍請號，衆咸從之。殷孝祖爲前鋒都督，^[3]而大失人情，攸之內撫將士，外諧群帥，衆並倚賴之。時南賊前鋒孫沖之、薛常寶等屯據赭圻，^[4]殷孝祖率衆軍攻之，爲流矢所中死，軍主范潛率五百人投賊，^[5]人情震駭，並謂攸之宜代孝祖爲統。

[1]大統：軍隊總統領。

[2]姓號：軍隊中夜晚識別敵我的一種暗號，如口令之類。不相禀受：互相之間不通報，即互不統屬。

[3]殷孝祖：人名。宋朝將領，屢有戰功，時號冠軍將軍，假節，督前鋒諸軍事。死後追封建安縣侯。本書卷八六有傳。

[4]孫沖之：人名。各本並作"鍾沖之"，中華本據《元龜》卷三五一改，從之。按：本書卷八四《鄧琬傳》有巴東、建平二郡太守孫沖之，爲劉子勛諮議參軍，領中兵，加輔國將軍，統前軍。此當即其人。　薛常寶：人名。一作"薛常保"。前廢帝時任岷山太守，上任時經尋陽，留劉子勛軍府爲諮議參軍，領中兵。後委號龍驤將軍，隨孫沖之東下，失敗伏誅。事見本書《鄧琬傳》。　赭圻：地名。在今安徽繁昌縣西北長江南岸。

[5]范潛：人名。本書僅此一見，其事不詳。

時建安王休仁屯虎檻，^[1]總統衆軍，聞孝祖死，遣寧朔將軍江方興、龍驤將軍劉靈遺各率三千人赴赭圻。^[2]攸之以爲孝祖既死，賊有乘勝之心，明日若不更攻，則示之以弱。方興名位相亞，^[3]必不爲己下，軍政不一，致敗之由。乃率諸軍主詣方興謂之曰："四方並反，國家所保，無復百里之地。^[4]唯有殷孝祖爲朝廷所委賴，鋒鏑裁交，輿尸而反，[5]文武喪氣，朝野危心。事之濟否，唯在明旦一戰，戰若不捷，則大事去矣。詰朝之事，[6]諸人咸謂吾應統之，自卜懦薄，幹略不辦及卿，今輒相推爲統，但當相與勠力爾。"[7]方興甚悦。攸之既出，諸軍主並尤之，[8]攸之曰："卿忘廉、藺、寇、賈之事邪？[9]吾本以濟國活家，豈計彼此之升降。且我能下彼，彼必不能下我，[10]共濟艱難，豈可自眉同異。"[11]明旦進戰，自寅訖午，[12]大破賊於赭圻城外，追奔至姥山，[13]分遣水軍乘勢進討，又破其水軍，拔胡、白二城。[14]

[1]建安王：王爵名。王國在今福建建甌市南松溪南岸。　休仁：人名。即劉休仁。宋文帝劉義隆第十二子。本書卷七二有傳。

[2]江方興：人名。濟陽考城人，以戰功任輔國中兵參軍、直閤、太子左衛率等職，後病卒，追封武當縣侯。其事見本書卷八四《鄧琬傳》。　劉靈遺：人名。襄陽人，先後任淮南太守、南豫州刺史、歷陽太守、散騎常侍等職，因軍功被封爲新野縣開國伯。本書卷八四有附傳。

[3]名位相亞：官職相似。名位，名號地位，即官職。相亞，相似。

[4]無復百里之地：指宋明帝即位後，皇室內亂，四方反叛，中央所能控制僅有丹陽一郡。而丹陽八縣中永世縣亦反，"內外憂危"。

[5]輿尸：以車載尸。

[6]詰朝之事：明日早晨進攻之事。

[7]自卜：自謂。卜，估量。　懦薄：謙詞。軟弱不厚重。幹略：辦事才能和謀略。　不辦及卿：不如您具備。辦，具備。

[8]尤：責怪，歸咎。

[9]廉、藺、寇、賈之事：廉頗、藺相如同爲戰國時趙國大臣，藺相如資歷較淺，以功任上卿，居老將廉頗之上。由於他善自謙抑，相忍爲國，感動了廉頗，使廉頗負荆請罪，二人遂成“將相和”之局。寇恂、賈復同爲東漢初將領，寇恂懲治犯法的賈復部將，賈復不滿欲鬭，寇恂忍讓規避。後漢光武帝劉秀當面勸解二人說：“天下未定，兩虎安得私鬭？今日朕分之。”二人遂共車同出，結友而去。

[10]彼必不能下我：各本並脱“我”字，中華本據《通鑑》宋泰始二年補，從之。

[11]厝：同“措”。安置。

[12]自寅訖午：自寅時至午時。約當今晨三時至午十一時。

[13]姥山：山名。在今安徽繁昌縣東北。

[14]胡、白二城：又作湖、白二城。孫沖之於巢湖口和白水口築二城，據《讀史方輿紀要》卷二九，皆在今安徽和縣。

　　尋假攸之節，進號輔國將軍，代孝祖督前鋒諸軍事。薛常寶在赭圻食盡，南賊大帥劉胡屯濃湖，[1]以囊盛米繫流查及船腹，[2]陽覆船，[3]順風流下，以餉赭圻。攸之疑其有異，遣人取船及流查，大得囊米。攸之從子懷寶，[4]爲賊將帥，在赭圻，遣親人楊公讚齎密書招誘攸之，[5]攸之斬公讚，封懷寶書呈太宗。尋尅赭圻。遷使持節、督雍梁南北秦四州郢州之竟陵諸軍事、冠軍將軍、領寧蠻校尉、雍州刺史。[6]

[1]劉胡：人名。本名坳胡，南陽涅陽（今河南鄧州市東）人。出身郡將，曾任寧朔將軍、建昌太守、越騎校尉等職，附鄧琬

反叛，軍敗自殺。本書卷八四有附傳。　　濃湖：湖名。在今安徽繁昌縣西，已堙。

[2]流查：木筏。查，通“槎”。

[3]陽：表面，假裝。

[4]從子：侄。　　懷寶：人名。即沈懷寶。曾任南陽太守，赴任途經尋陽，投入劉子勛反叛集團，爲諮議參軍，領中兵，號建威將軍。不久於戰場被斬殺。事見本書卷八四《鄧琬傳》。

[5]楊公讚：人名。本書僅此一見，其事不詳。

[6]郢州：治所在今湖北武漢市武昌區。

　　袁顗復率大衆來入鵲尾，[1]相持既久，軍主張興世越鵲尾上據錢溪，[2]劉胡自攻之。攸之率諸將攻濃湖，顗遣人傳唱錢溪已平，衆並懼。攸之曰：“不然。若錢溪實敗，萬人中應有逃亡得還者。必是彼戰失利，唱空聲以惑衆耳。”勒軍中不得妄動。錢溪信尋至，果大破賊。攸之悉以錢溪所送胡軍耳鼻示之，顗駭懼，急追胡還。攸之諸軍悉力進攻，多所斬獲，日暮引歸。鵲尾食盡，遣千人往南陵迎米，[3]爲臺軍所破，燒其資實，胡於是棄衆而奔，顗亦叛走。[4]赭圻、濃湖之平也，賊軍委棄資財，珍貨殷積，諸軍各競收斂，以强弱爲少多。唯攸之、張興世約勒所部，不犯秋毫，諸將以此多之。攸之進平尋陽，徙監郢州諸軍事、前將軍、郢州刺史，[5]持節如故。不拜，遷中領軍，[6]封貞陽縣公，[7]食邑二千户。

[1]袁顗（yǐ）：人名。字景章，陳郡陽夏（今河南太康縣）人。本書卷八四有傳。　　鵲尾：洲名。在今安徽銅陵、繁昌二縣之

間長江中，有鵲洲。鵲頭爲銅陵縣北鵲頭山，鵲尾爲繁昌縣東北三
山，西對無爲縣，爲江流險要處。

　　[2]張興世：人名。字文德，竟陵竟陵人。本書卷五〇有傳。

　　錢溪：水名。又稱梅根渚，即今安徽池州市貴池區東北長江支流
梅埂河。

　　[3]遣千人往南陵迎米：“往”各本並作“在”，中華本據《元
龜》卷三六三改正，從之。

　　[4]顗亦叛走：《南史》卷三七《沈攸之傳》作“顗亦奔走”。
實際“奔走”與“叛走”同義，均是臨陣脫逃，其罪一也。

　　[5]前將軍：官名。軍府名號，用作加官，不典禁兵，不與朝
政。三品。

　　[6]中領軍：官名。掌京師駐軍及禁軍。三品。

　　[7]貞陽縣公：公爵名。即貞陽開國縣公省稱。公國在今廣東
英德市。

　　時四方皆已平定，徐州刺史薛安都據彭城請降，上
雖相酬許，而辭旨簡略。攸之前將軍，置佐史，假節，
與鎮軍將軍張永以重兵徵安都。[1]安都懼，要引索虜，[2]
索虜引大衆援之。攸之等米船在呂梁，[3]又遣軍主王穆
之上民口，[4]穆之爲虜攻覆米船，又破運車於武原。[5]攸
之等引退，爲虜所乘，又值寒雪，士衆墮指十二三。留
長水校尉王玄載守下邳，[6]積射將軍沈韶守宿豫，[7]睢
陵、淮陽亦置戌，[8]攸之還淮陰。[9]免官，以公領職。[10]
復求進討，上不聽，入朝面陳，又不許，復歸淮陰。三
年六月，[11]自率運送米下邳，并鑿四周深塹，遣龍驤將
軍垣護之領民口還淮陰。[12]

　　[1]張永：人名。字景雲，吳郡吳縣（今江蘇蘇州市）人。本書卷五三有附傳。　徵：徵召。

　　[2]要引：約引，結引。要，同"邀"。

　　[3]呂梁：地名。在今江蘇徐州市東南。

　　[4]王穆之：人名。太原人，任龍驤將軍羽林監，南伐劉子勛有功，封衡山縣開國男。泰始七年（471）在汝陰太守任上被"妖寇"所殺。事見本書卷八四《孔覬傳》。　民口：人口。

　　[5]武原：縣名。治所在今江蘇邳州市西北。

　　[6]長水校尉：官名。南朝爲侍衛武官。四品。　王玄載：人名。下邳人，著名武將王玄謨從兄。從宋明帝朝起，迭任冠軍將軍、徐州刺史、歷陽太守、益州刺史等職。以功封鄂縣子。《南齊書》卷二七有傳。　下邳：縣名。治所在今江蘇睢寧縣西北。

　　[7]積射將軍：官名。雜號將軍，多以軍功得之，無員限。五品。　沈韶：人名。本書僅此一見，其事不詳。　宿豫：縣名。一作宿預，治所在今江蘇宿遷市宿豫區。

　　[8]睢陵：縣名。在今江蘇泗洪縣東南。　淮陽：地名。在今江蘇淮安市淮陰區西古泗水西岸。

　　[9]淮陰：縣名。治所在今江蘇淮安市淮陰區。

　　[10]以公領職：以縣公身份暫代官職。

　　[11]三年六月：泰始三年（467）六月。

　　[12]垣護之領民口還淮陰：丁福林《校議》據本書卷五〇《垣護之傳》考證，垣護之於大明八年（464）卒，則泰始三年護之已死數年，"見此'垣護之'者必誤"。

　　時軍主陳顯達當領千兵守下邳，[1]攸之留待顯達至，虜遣清泗間人詐告攸之云：[2]"安都欲降，求軍迎接。"攸之副吳喜納其說，[3]咸謂宜遣千人參之。[4]既而來者轉多，喜所執彌固。攸之乃集來者告之，語曰："薛徐州早宜還朝，[5]今能爾，深副本望。但遣子弟一人來，便當遣大軍相接。君諸人既有志心，若能與薛子弟俱來者，皆即假君以本鄉縣，[6]唯意所欲；如其不爾，無爲空勞往還。”自此一去不反。

[1]陳顯達：人名。南彭城人，宋朝中後期以軍功進身，累任要職。追隨蕭道成，爲南齊重要將帥，後反叛見殺。《南齊書》卷二六有傳。

[2]清泗：水名。泗水別名清水，一作清泗。源出今山東泗水縣東，西流經曲阜、兗州，折東南經今江蘇徐州，在淮陰西南入淮。北宋後改稱清河。

[3]吳喜：人名。吳興臨安（今浙江臨安市）人。本書卷八三有傳。

[4]參：稽考驗證。

[5]薛徐州：即薛安都。時任徐州刺史。

[6]假君以本鄉縣：給予你們本籍的縣或鄉任職。指任命爲基層官吏。假，給予。

其年秋，太宗復令攸之進圍彭城，攸之以清泗既乾，糧運不繼，固執以爲非宜。往反者七。上大怒，詔攸之曰：“卿春中求伐彭城，吾恐軍士疲勞，且去冬奔散，人心未宜復用，不許卿所啓。今便不肯爲吾行邪？卿若不行，便可使吳喜獨去。”攸之懼，乃奉旨進軍。行至遲墟，[1]上悔，追軍令反。攸之還至下邳，而陳顯達於睢口爲虜所破，[2]龍驤將軍姜產之、司徒參軍高遵世戰没。[3]虜追攸之甚急，因交戰，被稍創，會暮，引軍入顯達壘。夕衆散，八月十八日也，攸之棄衆南奔。

初，吴興丘幼弼、丘隆先、沈誕、沈榮守、吴陸道量，並以文記之才隨攸之。[4]及張永北討，[5]永一奔，攸之再敗，幼弼等並皆陷没。攸之之還淮陰，以爲持節、假冠軍將軍、行南兖州刺史。[6]追贈姜産之左軍將軍，高遵世屯騎校尉。[7]

[1]遟壚：中華本考證，《通鑑》宋明帝泰始三年作“焦壚”，云離下邳五十餘里。焦壚，地名。在今江蘇宿遷市宿城區西北。

[2]睢口：地名。爲睢水注入古泗水之口，在今江蘇宿遷市。

[3]姜産之：人名。又作姜産。本書卷九四有附傳。　司徒參軍：官名。即司徒府參軍事。南朝司徒或與丞相、相國並置，爲名譽宰相。參軍爲其重要僚屬。品級自六品至九品不等。　高遵世：人名。其事不詳。

[4]丘幼弼、丘隆先、沈誕、沈榮守：皆人名。本書均此一見，其事不詳。　吴：縣名。在今江蘇蘇州市。　陸道量：人名。其事不詳。　文記：書牘文辭。

[5]張永北討：指泰始三年（467）正月張永攻彭城不克，被北魏及薛安都打敗，軍隊潰散，僅以身免。

[6]南兖州：宋永初元年（420）改兖州置，治所在今江蘇鎮江市。元嘉八年（431）移治今江蘇揚州市西北。

[7]屯騎校尉：官名。侍衛武官，不領營兵，以授勳舊。四品。

四年，徵攸之爲吴興太守，辭不拜。乃除左衛將軍，領太子中庶子。[1]五年，出爲持節、監郢州諸軍、郢州刺史。爲政刻暴，或鞭士大夫，[2]上佐以下有忤意，輒面加詈辱。將吏一人亡叛，同籍符伍充代者十餘人。[3]而曉達吏事，自强不息，士民畏憚，人莫敢欺。

聞有虎，輒自圍捕，往無不得，一日或得兩三。若逼暮不獲禽，則宿昔圍守，須曉自出。賦斂嚴苦，徵發無度，繕治船舸，營造器甲。自至夏口，便有異圖。[4]六年，進監豫州之西陽、司州之義陽二郡軍事，進號鎮軍將軍。

[1]左衛將軍：官名。負責宮禁宿衛，禁衛軍主要統帥之一，權任很重。四品。　太子中庶子：官名。爲太子侍從。與中舍人共掌文翰。五品。

[2]士大夫：將帥的佐屬，常指居官有職位的人。

[3]符伍：晋宋時期，士人與庶民同居一個里伍（閭伍），而士人不服傳符（傳送公文）的義務，在里伍中稱押符，故里伍又稱符伍。

[4]夏口：地名。時爲郢州治所，在今湖北武漢市武昌區。異圖：指反叛的圖謀。

泰豫元年，[1]太宗崩，攸之與蔡興宗在外蕃，[2]同豫顧命，進號安西將軍，[3]加散騎常侍，給鼓吹一部。[4]未拜，會巴西民李承明反，[5]執太守張澹，[6]蜀土騷擾。時荆州刺史建平王景素被徵，[7]新除荆州刺史蔡興宗未之鎮，乃遣攸之權行荆州事。[8]攸之既至，會承明已平，乃以攸之都督荆湘雍益梁寧南北秦八州諸軍事、鎮西將軍、荆州刺史，[9]持節、常侍如故。至荆州，政治如在夏口，營造舟甲，常如敵至。時幼主在位，[10]群公當朝，攸之漸懷不臣之迹，朝廷制度，無所遵奉。

[1]泰豫：宋明帝劉彧年號（472）。

[2]蔡興宗：人名。濟陽考城人。本書卷五七有附傳。

[3]安西將軍：官名。爲軍鎮長官或刺史兼理軍務的加官，權任很重，爲四安將軍之一。三品。

[4]鼓吹：樂隊名。本是北方少數民族之樂，主要用鼓鉦簫笳演奏。漢代爲軍樂，又移植爲朝廷儀仗，或賜給有功之臣，成爲身份地位的一種標志。

[5]巴西：郡名。治所在今四川閬中市。　李承明：人名。其事不詳。

[6]張澹：人名。吳郡人，依附權臣阮佃夫，昇明二年（478）在武陵內史任上被下獄處死。

[7]建平王：王爵名。王國在今重慶巫山縣。　景素：人名。即劉景素。皇族宗室，其父劉宏爲文帝第七子。本書卷七二有附傳。

[8]除：官制用語。即拜官授職，又稱改任他官。　權：官制用語。指代理、兼攝官職。

[9]湘：州名。治所在今湖南長沙市。　寧：州名。治所在今雲南曲靖市。

[10]幼主在位：指宋明帝死後，其長子劉昱十歲即位，是爲後廢帝。

　　江州刺史桂陽王休範密有異志，[1]以微旨動攸之，使道士陳公昭作天公書一函，[2]題云“沈丞相”，[3]送付攸之門者。攸之不開書，推得公昭，[4]送之朝廷。後廢帝元徽二年，[5]休範舉兵襲京邑。攸之謂僚佐曰：“桂陽今反朝廷，必聲云與攸之同。若不顚沛勤王，必增朝野之惑。”於是遣軍主孫同、沈懷奧興軍馳下，[6]受郢州刺史晉熙王燮節度。[7]同等始過夏口，會休範平，還。進攸之號征西大將軍、開府儀同三司，[8]固讓開府。

[1]桂陽王：王爵名。王國在今湖南郴州市。　休範：人名。即劉休範。宋文帝第十八子。本書卷七九有傳。

[2]陳公昭：人名。其事不詳。　天公書：表達天意的符書。天公，天帝。　函：書的封套。一套書叫一函。

[3]沈丞相：沈攸之不是丞相，此隱喻他順天意附和休範，可爲丞相。

[4]推：追查，推算。

[5]元徽：宋後廢帝劉昱年號（473—477）。

[6]孫同：人名。沈攸之骨幹部將，後參與反叛，任前鋒都督。失敗伏誅。　沈懷奧：人名。其事不詳。

[7]晉熙王：王爵名。王國在今四川綿竹市。　燮：人名。即劉燮。宋明帝第六子。本書卷七二有附傳。

[8]征西大將軍：官名。將軍名號，多授統兵出鎮在外、都督數州諸軍事者，在武職中地位很高，居四征將軍之上。二品。

　　攸之自擅閫外，朝廷疑憚之，累欲徵入，慮不受命，乃止。群公稱皇太后令，[1]遣中使問攸之曰：“久勞于外，宜還京輦，然任寄之重，換代殊爲未易，還止之宜，一以相委。”欲以觀察其意。攸之答曰：“荷國重恩，名器至此，自惟凡陋，本無廊廟之姿。[2]至如戍防一番，撲討蠻、蜓，[3]可强充斯任。雖自上如此，豈敢厝心去留，歸還之事，伏聽朝旨。”朝廷逾慴憚，徵議遂息。

[1]皇太后：後廢帝時以明帝皇后王貞風爲皇太后。

[2]廊廟：朝廷。廊，殿四周的環廊；廟，太廟。都是古代帝王和大臣議論政事的地方，因借指朝廷。　姿：資質，才能。

[3]蜒（dàn）：古代巴蜀地區少數民族名。一作"蜑"。詩文中常用"蠻雲蜒雨"形容邊遠地區未開發前的荒涼景象。

　　四年，建平王景素據京城反，攸之復應朝廷，景素尋平。初元嘉中，巴東、建平二郡，軍府富實，與江夏、竟陵、武陵並爲名郡。[1]世祖於江夏置郢州，郡罷軍府，竟陵、武陵亦並殘壞，巴東、建平爲峽中蠻所破，[2]至是民人流散，存者無幾。其年春，攸之遣軍入峽討蠻帥田五郡等。[3]及景素反，攸之急追峽中軍，巴東太守劉攘兵、建平太守劉道欣並疑攸之自有異志，[4]阻兵斷峽，不聽軍下。時攘兵兄子天賜爲荆州西曹，[5]攸之遣天賜譬説之，令其解甲，一無所問。攘兵見天賜，知景素實反，乃釋甲謝愆，[6]攸之待之如故，後以攘兵爲府司馬。劉道欣堅守建平，攘兵譬説不回，乃與伐蠻軍攻之，破建平，斬道欣。

[1]武陵：郡名。治所在今湖南常德市。

[2]峽中：川江三峽之中。即今重慶奉節縣以下的長江上游瞿塘峽、巫峽、西陵峽地區。

[3]田五郡：人名。其事不詳。

[4]劉攘兵：人名。曾任新野太守等官職，後爲沈攸之反叛時骨幹將領，失敗後投降朝廷。其事主要見於本卷。　劉道欣：人名。其事不詳。

[5]時攘兵兄子天賜爲荆州西曹："兄子"各本並作"元子"，中華本據《通鑑》宋順帝昇明二年改。西曹，官署名。公府、丞相府、將軍府、州府諸曹之一，掌府吏署用事，以掾主其事。此處借指爲西曹書佐或西曹掾屬，爲州刺史佐吏。

[6]謝愆（qiān）：爲罪過而道歉。愆，罪過，過失。

臺直閤高道慶家在江陵，[1]攸之初至州，道慶時在家，牒其親戚十餘人，[2]求州從事西曹，攸之爲用三人。道慶大怒，自入州取教，[3]毁之而去。及還都，不詣攸之別。道慶至都，云：“攸之聚衆繕甲，姦逆不久。”楊運長等常相疑畏，[4]乃與道慶密遣刺客，齎廢帝手詔，以金餅賜攸之州府佐吏，進其階級。時有象三頭至江陵城北數里，攸之自出格殺之，忽有流矢集攸之馬障泥，[5]其後刺客事發。

[1]高道慶：人名。後廢帝朝佞臣，曾任驍騎將軍等職，被封樂安縣男。元徽四年（476）被下獄處死。其事見本書卷八三《黃回傳》。

[2]牒：古代授官的簿録。此指列名於簡書。

[3]教：教令，古代上對下的告諭。此指沈攸之任用屬吏的刺史命令文書。

[4]楊運長：人名。宣城懷安人，郡吏出身，爲宋明帝信任，執朝中權要。後廢帝時封南城縣子，兼中書通事舍人。順帝時被誅。本書卷九四有傳。

[5]障泥：馬身甲的一部分，垂於馬腹兩側，用以遮擋塵土。

廢帝既殞，順帝即位，[1]進攸之號車騎大將軍、開府儀同三司，加班劍二十人。[2]遣攸之長子司徒左長史元琰齎廢帝剗斮之具以示攸之。[3]元琰既至江陵，攸之便有異志，腹心議有不同，故其事不果。其年十一月，乃發兵反叛。[4]攸之素蓄士馬，資用豐積，至是戰士十

萬，鐵馬二千。[5]遣使要雍州刺史張敬兒、梁州刺史范
柏年、司州刺史姚道和、湘州行事庾佩玉、巴陵内史王
文和等。[6]敬兒、文和斬其使，馳表以聞；柏年、道和、
佩玉懷兩端，密相應和。

[1]順帝：即劉準。爲宋明帝劉彧第三子，宋最末一位皇帝。
本書卷一〇有紀。

[2]車騎大將軍：官名。重號將軍之一，多加於權臣元老，以
示尊崇。一品。　班劍：本指飾有花紋之劍。漢制，朝服帶劍。晋
代之以木，謂之班劍。晋以後成爲隨從侍衛之代稱，亦作爲喪禮時
的儀仗。祇賜給少數權臣，所賜給人數不等。

[3]司徒左長史：官名。與司徒右長史並爲司徒府僚屬之長，
佐司徒總管府内諸曹，主持州郡農桑户籍、官吏考課等事務。六
品。　刳（kū）斮（zhuó）之具：以酷刑殺人的器具。刳，剖開，
挖空。斮，刀斧砍。

[4]其年十一月，乃發兵反叛：丁福林《校議》云：“本書
《順帝紀》記沈攸之反在昇明元年十二月。”

[5]鐵馬：披有全套鎧甲的戰馬。指人、馬都披鎧的重裝騎兵。

[6]張敬兒：人名。南陽冠軍人，以騎射多力從軍，屢立戰功，
官至鎮西將軍，爵封襄陽郡公。入南齊爲元老重臣，齊武帝時遭疑
忌被殺。《南齊書》卷二五有傳。　范柏年：人名。梓潼人，徙居
華陽，世爲土豪。宋明帝時參與平氏，先後任晋壽太守、步兵校
尉、梁州刺史等職。沈攸之事起，他持兩端，後被誅。其事見《南
齊書》卷二一《文惠太子傳》。　姚道和：人名。十六國後秦皇帝
姚興之孫，隨父降宋武帝，曾任孝武帝安北府行佐，從冠軍將軍任
司州刺史。因沈攸之事首鼠兩端，被蕭道成誅殺。事見《南齊書》
卷二五《張敬兒傳》。　庾佩玉：人名。原爲湘州刺史王藴寧朔府
長史，藴去職，佩玉權行州府事。沈攸之事起，被輔國將軍任候伯

所殺。事見本書卷八三《黃回傳》。　　王文和：人名。下邳人，曾任義陽王劉昶征北府主簿、巴陵內史，入齊後歷任青、冀、兗、益四州刺史，平北將軍。《南齊書》卷二七有附傳。

十二月十二日，攸之遣其輔國將軍、中兵參軍、督前鋒軍事孫同，率寧朔將軍中兵參軍武寶、龍驤將軍騎兵參軍朱君拔、寧朔將軍沈慧真、龍驤將軍中兵參軍王道起；[1]又遣司馬、冠軍將軍劉攘兵，率寧朔將軍外兵參軍公孫方平、龍驤將軍騎兵參軍朱靈寶、龍驤將軍騎兵參軍沈僧敬、龍驤將軍高茂；[2]又遣輔國將軍中兵參軍王靈秀、輔國將軍中兵參軍丁珍東，[3]率寧朔將軍中兵參軍王珍之、寧朔將軍外兵參軍楊景穆，[4]相繼俱下。攸之自率輔國將軍錄事參軍兼司馬武茂宗、輔國將軍中兵參軍沈韶、寧朔將軍中兵參軍皇甫賢、寧朔將軍中兵參軍胡欽之、龍驤將軍中兵參軍東門道順，[5]閏十二月四日至夏口。[6]攸之將發江陵，使沙門釋僧粲筮之，[7]曰：「不至京邑，當自郢州回還。」意甚不悅。初，江津有雲氣，[8]狀如塵霧，從西北來，正蓋軍上。至沌口，[9]云：「當問訊安西，暫泊黃金浦。」[10]既登岸，郢城出軍擊之。[11]攸之聞齊王世子據盆口，[12]震懾不敢下，因攻郢城。

[1]武寶、朱君拔、沈慧真、王道起：皆人名。事皆不詳。騎兵參軍：官名。爲騎兵曹長官。諸公府、將軍府均置。七品。

[2]外兵參軍：官名。亦稱外兵參軍事，諸公府、軍府僚屬，掌本府外兵曹事務，兼備參謀咨詢。品位隨府主高低不同。　　公孫方

平：人名。爲沈攸之先鋒將，率馬步軍三千奪占西陽郡，後被建寧太守擊敗。　朱靈寶：人名。原爲士籍，王僧達爲之改名朱元序，收爲己子，後爲建平國中軍將軍。事見本書卷七五《王僧達傳》。但《南齊書》卷二四《柳世隆傳》記沈攸之部將名"朱靈真"，與朱元序是否一人，待考。　沈僧敬、高茂：皆人名。事皆不詳。

[3]王靈秀：人名。又南齊東昏侯時有南譙太守王靈秀，擁立建安王蕭寶寅爲帝失敗，事在二十年後，疑與此非一人。　丁珍東：人名。後被處死，餘事不詳。

[4]王珍之、楊景穆：皆人名。事皆不詳。

[5]録事參軍：官名。録事曹長官，掌總録衆曹文簿，舉彈善惡，位在列曹參軍上。公府、將軍府、州刺史開軍府者皆置。七品。　武茂宗：人名。後被處死，餘事不詳。　皇甫賢、胡欽之、東門道順：皆人名。事皆不詳。

[6]閏十二月四日至夏口："閏十二月"各本並作"閏十月"，中華本考定爲"閏十二月"之訛，今從之。

[7]沙門：佛教僧侶。　釋僧粲：人名。其事不詳。各本並作"釋僧桀"，中華本據《南史》改，今從之。

[8]江津：戍所名。一名奉城。在今湖北荆州市沙市區東南。　雲氣：本爲自然現象，但古代迷信，望雲氣附會人事，預言吉凶。

[9]沌口：地名。在今湖北武漢市漢陽區西南，即古沌水入長江之口。

[10]安西：指郢州刺史、武陵王劉贊，時進號安西將軍，駐夏口。　黃金浦：地名。一名黃軍浦。在今湖北武漢市武昌區。

[11]郢城：城名。此指郢州州治夏口城，在今湖北武漢市武昌區。

[12]齊王世子：即蕭道成的長子蕭賾。時蕭道成總攬朝政，進位齊王。　盆口：城名。一名溢口、溢城。在今江西九江市西北。

時齊王輔政，遣衆軍西討。尚書符征西府曰：[1]

尊冠賤屨，[2]君臣之位，奉順忌逆，成敗斯兆。未有憑凌我郊圻，侵軼我河縣，而不焚師殱甲、靡旗亂轍者也。[3]沈攸之少長庸賤，擢自閭伍，邀百戰之運，乘一捷之功，鐫山裂地，[4]腰金拖紫，[5]窮貴於國，極富於家。擁旄蕃伯，[6]便無北面之禮；受督志屛，[7]即有專征之釁。橘柚不薦，[8]琛瑨罕入，[9]箕賦深斂，[10]毒被南郢。[11]枉繩矯墨，[12]害著西荊，饕餮其心，[13]谿壑其性。[14]從始至終，沿壯得老。[15]今遂驅迫妖黨，繕集厖卒，[16]結釁外城，送死中甸。[17]是而可忍，孰不可懷。

[1]符：古代朝廷用以傳達命令、調兵遣將的憑證。　征西府：征西大將軍府的省稱。沈攸之原號征西大將軍，此是對其軍府行發公文。

[2]尊冠賤屨：冠置首，故尊；屨在足，故賤。此句喻君臣上下之位不可淆亂，以下犯上的逆行預兆將敗。

[3]憑凌：一作“馮陵”，侵凌，進逼。　郊圻：郊野，都邑的封疆。圻，皇帝都城周圍千里之地。　侵軼：突襲，包抄。軼，突也。　河縣：本意周王畿，借指皇朝都城。河，黃河。縣，古稱邦畿千里之地爲縣，後亦稱王畿内都邑爲縣。　焚師殱甲：軍隊覆没。焚師，即債師。焚，同“債”。《左傳》襄公二年：“象有齒以焚其身。”孔穎達疏引服虔曰：“焚，讀曰債。債，僵也。”債，跌倒，撲倒，有覆敗滅亡之意。殱甲，甲士殱没，也是軍隊覆敗滅亡之意。　靡旗亂轍：指敗軍之景象。靡，倒伏。亂轍，車輪的行迹混亂。車戰時成列後戰，陣形一亂即潰。

[4]鐫山裂地：分割河山土地。指得到封爵。鐫，鑿琢。

[5]腰金拖紫：秦漢時丞相的服制。金，金印。紫，紫綬。魏晋以後低一等如光禄大夫也授金印紫綬。

[6]擁旄蕃伯：指持節使臣。古代使者可專制一方軍政，持有中央授權的象徵物旄節，即竹節上加旄牛尾作飾。後指鎮守一方的軍政長官。

[7]受督志屏：成爲一方大將，作爲王朝屏藩。督，大將，軍府。屏，屏障，護衛。

[8]橘柚不薦：不讓給皇帝進獻橘、柚這樣的土産物品。《尚書·禹貢》：“厥包橘柚錫貢。”言橘柚包裹，須錫命而獻之。不薦，謂不常來。

[9]璆（qiú）瑨（cén）罕入：美玉珍石也很少徵集上獻。璆，美玉。瑨，石之似玉者。

[10]箕賦深斂：苛斂民財軍賦。秦時徵收軍賦，家家按人頭數出錢，以簸箕裝之，多取以供軍費。

[11]南郢：與下“西荆”同，皆指今湖北西部的荆州地區。

[12]枉繩矯墨：改變法度，曲直淆亂。繩和墨本爲木工校正曲直之物，引申爲法度、準則。枉，彎曲。矯，糾正。

[13]饕餮：古代神話中的惡獸，比喻凶惡貪婪。

[14]谿壑：本謂谿谷溝壑，後比喻爲無法滿足的欲望。

[15]沿壯得老：一味膨脹自己的力量，反而使自己走向垂暮衰落。《老子》：“物壯則老。”老，衰落，陳舊。又《左傳》僖公二十八年：“師直爲壯，曲爲老。”謂正義之師爲壯，反之爲衰敗，亦可解。

[16]尪（wāng）卒：懦弱的兵卒。尪，骨骼彎曲症。

[17]中甸：都城郊外的地方。《左傳》襄公二十一年注：“郭外曰郊，郊外曰甸。”

　　今遣新除使持節督郢州司州之義陽諸軍事平西

將軍郢州刺史聞喜縣開國侯黃回、員外散騎常侍冠
軍驍騎將軍南臨淮太守重安縣開國子軍主王敬則、
輔國將軍屯騎校尉長壽縣開國男王宜與、輔國將軍
南高平太守軍主陳承叔、輔國將軍左軍將軍南濮陽
太守葛陽縣開國男軍主彭文之、龍驤將軍驃騎行參
軍軍主召宰，[1]精甲二萬，前鋒雲騰。

[1]督郢州司州之義陽諸軍事：各本並脫"司州"二字，中華
本據《南齊書》卷二四《柳世隆傳》、本書卷八三《黃回傳》補，
從之。 平西將軍：官名。四平將軍之一，多持節都督，有時作爲
刺史兼理軍務的加官。三品。 聞喜：縣名。治所在今山西聞喜
縣。 開國侯：侯爵名。分開國郡侯、開國縣侯二級，位在開國公
下。二品。 黃回：人名。竟陵郡人。本書卷八三有傳。 南臨
淮：郡名。治所在今江蘇灌南縣。 重安：縣名。治所在今湖南衡
陽縣。 開國子：子爵名。食邑爲縣，位在開國伯下。二品。 王
敬則：人名。晋陵南沙（今江蘇常熟市西北）人。出身低微，以軍
功進身，宋、齊兩朝重要武將。於齊明帝晚年反叛而敗亡。《南齊
書》卷二六有傳。 長壽：縣名。在今湖北鍾祥市。 開國男：男爵
名。食邑爲縣，位在開國子下。二品。 王宜與：人名。吳興人，爲
將勇敢果斷，與黃回不和，此次由建康未出軍而被斬。事見本書卷八
三《黃回傳》。其名或作"王宜興"，係傳寫有誤。 南高平太守軍
主陳承叔：《南齊書·柳世隆傳》作"屯騎校尉陳承叔"。南高平，
僑郡名。治所在今江蘇鎮江、無錫二市間，確址待考。陳承叔，人
名。後改名陳胤叔，爲蕭道成親信武將，後封當陽縣子。《南齊書》
卷三〇有傳。 輔國將軍左軍將軍南濮陽太守葛陽縣開國男軍主彭文
之："左軍將軍"《南齊書·柳世隆傳》作"右軍將軍"。南濮陽，僑
郡名。治所在今江蘇常州市武進區一帶。葛陽，縣名。治所在今江西
弋陽縣西。彭文之，人名。泰山人，軍功起身，據説參與黃回等人反

對蕭道成的陰謀，於沈攸之平後被下獄處死。事見本書《黃回傳》。

龍驤將軍驃騎行參軍軍主召宰：“龍驤將軍”“召宰”《南齊書·柳世隆傳》分別作“振武將軍”“邰宰”。召宰，人名。一作“邵宰”，曾作過荊州典籤，餘事不詳。

又遣散騎常侍領游擊將軍湘南縣開國男新除使持節督湘州諸軍事征虜將軍湘州刺史軍主呂安國、屯騎校尉寧朔將軍崔慧景、輔國將軍軍主任候伯、輔國將軍驍騎將軍軍主蕭順之、輔國將軍游擊將軍軍主垣崇祖、寧朔將軍虎賁中郎將軍主尹略、屯騎校尉南城令曹虎頭，[1]舳艫二萬，駱驛繼邁。[2]

[1]游擊將軍：官名。禁軍將領，掌宿衛。四品。　湘南：縣名。在今湖南湘潭市西南。　呂安國：人名。廣陵廣陵人，宋、齊武將，多有軍功。《南齊書》卷二九有傳。　崔慧景：人名。一作“崔惠景”，清河東武人。後期依附蕭道成，入齊爲三代重臣。東昏侯時反叛朝廷，失敗被殺。《南齊書》卷五一有傳。　輔國將軍軍主任候伯：“輔國將軍”《南齊書》卷二四《柳世隆傳》作“寧朔將軍”。任候伯，人名。臨淮人。曾與袁粲、黃回等人謀誅蕭道成，未果。此後不久，蕭指使呂安國將其誅殺。其事見本書卷八四《袁顗傳》。　蕭順之：人名。南蘭陵人，爲蕭道成族弟，入齊後歷官侍中、衛尉、丹陽尹，封臨湘縣侯。他的兒子蕭衍成爲南朝梁的開國皇帝，追尊他爲文皇帝，廟號太祖。事見《梁書》卷一《武帝紀》。　垣崇祖：人名。下邳人，家世武將。後爲蕭道成所信任，入齊任豫州刺史等要職，爵封望蔡縣侯。後被齊武帝誅殺。《南齊書》卷二五有傳。　寧朔將軍：《南齊書·柳世隆傳》作“龍驤將軍”。　虎賁中郎將：官名。主宿衛。屬領軍，五品。　尹略：人名。淮南人，少年即跟從蕭道成，後爲將。入齊被封爲平固男，齊

武帝時戰死。《南齊書》卷三〇有傳。　南城：僑縣名。治所在今江蘇鎮江市丹徒區。　曹虎頭：人名。一名曹虎，下邳下邳人。出身下級軍官，蕭道成的親信。入齊後屢任要職，封監利縣男。後被東昏侯所殺。《南齊書》卷三〇有傳。

[2]舳艫：泛稱船隻。舳，船後舵。艫，船頭。　駱驛：同"絡繹"。往來不絕，接連不斷。

又遣輔國將軍後軍將軍右軍中兵參軍事軍主苟元賓、寧朔將軍撫軍中兵參軍事軍主郭文孝、龍驤將軍撫軍中兵參軍事軍主程隱雋，[1]輕艓一萬，[2]截其津要。新除持節督廣交越寧湘州之廣興諸軍事領平越中郎將征虜將軍廣州刺史統馬軍主沌陽縣開國子周盤龍、輔國將軍後軍統馬軍主張文憘、龍驤將軍軍主薛道淵、冠軍將軍游擊將軍并州刺史南清河太守太原公軍主王敕勤、龍驤將軍射聲校尉王洪範、龍驤將軍冗從僕射軍主成買等，[3]鐵馬五千，龍驤後陳。[4]

[1]又遣輔國將軍後軍將軍右軍中兵參軍事軍主苟元賓：《南齊書》卷二四《柳世隆傳》作"又遣屯騎校尉苟元賓"。後軍將軍，官名。與前軍、左軍、右軍將軍合稱四軍將軍，是護衛宮禁的主要將領之一，掌宮廷宿衛。四品。苟元賓，人名。入齊曾任平昌戍主，擊司州蠻，餘事不詳。　郭文孝：人名。《南齊書·柳世隆傳》作"郭文考"，其事不詳。　程隱雋：人名。其事不詳。

[2]輕艓：輕便船。

[3]交：州名。治所在今越南北寧省仙遊縣東。　越：州名。治所在今廣西合浦縣。　廣興：郡名。以始興郡改名，治所在今廣東韶

關市。　平越中郎將：官名。主管南越事務，設府置僚佐於廣州。多兼任廣州刺史。　統馬軍主：軍隊主將的一種，統率騎兵部隊。　沌陽：縣名。治所在今湖北武漢市漢陽區。　周盤龍：人名。北蘭陵蘭陵人，從軍立功，屢任要職。齊武帝時病故。《南齊書》卷二九有傳。　張文憘：人名。其事不詳。　薛道淵：人名。《南齊書》避蕭道成諱，作“薛淵”。唐人修《南史》又避李淵諱，改稱“薛深”或“薛道深”。河東汾陰人，早年隨其伯父薛安都奔北魏，後投南入蕭道成帳下，屢有戰功，封竟陵侯。入齊歷仕要職，延興元年（494）病故。《南齊書》卷三〇有傳。　南清河：僑郡名。治所在今江蘇常州市一帶。　王敕勤：人名。其事不詳。　射聲校尉：官名。侍衛武官，不領兵。四品。　王洪範：人名。上谷人。自北南奔，得蕭道成信任。入齊任青、冀二州刺史等職，後病故。《南史》卷七〇有傳。“王洪範”各本並作“王洪軌”，中華本據《南齊書·柳世隆傳》改，從之。　龍驤將軍冗從僕射軍主成買等：“成買”各本並作“成置”，中華本據《南齊書·柳世隆傳》改。又《南齊書》作“後將軍成買”。成買，人名。入齊後戍守淮陽角城，與北魏軍戰死。其事見《南齊書》卷二九《周盤龍傳》。

[4]龍驤：大船。西晉龍驤將軍王濬曾造舟艦，一船可載二千餘人，後遂以龍驤爲大船名。

　　凡此諸帥，莫不勇力動天，勁志駕日，[1]接衝拔距，[2]鷹瞵鶚視，[3]顧盼則前後風生，暗鳴則左右電起。[4]以此攻城，何城不克；以此赴敵，何陳能堅。[5]然後鑾戎薄臨，[6]龍虎百萬，六軍齊軌，五輅舒旂。[7]丹檻發照，[8]素甲生波，[9]樓煩白羽，[10]投羣成岳，漁陽墨騎，[11]浴鐵爲羣。芝艾同焚，[12]悔將何及。

［1］駕日：凌駕於太陽之上。喻氣勢高昂。

［2］拔距：古代練習武功的活動。漢人應劭認爲是訓練跳躍，唐人顏師古認爲是訓練腕力。

［3］鷹瞵（lín）鶚視：像鷹雕一樣勇猛。瞵，瞪眼看。鶚視，目光銳利。鶚，鳥名。俗稱魚鷹。雕屬，性凶猛。

［4］顧盻（xì）：回首怒視。 喑（yīn）鳴：吞聲悲咽。

［5］陳：同“陣”。戰陣。

［6］鑾戎薄臨：皇帝的軍隊迫臨。鑾，皇帝車駕，也用以指代皇帝。戎，軍隊，士兵。薄，迫，逼迫。

［7］齊軌：一樣的戰車輪距。軌，車兩輪間的距離。比喻號令行動統一。 五輅（lù）舒斾（pèi）：五種車輛旗幟展揚。五輅，古代帝王使用的五種車子。輅，大車，亦特指天子之車。斾，旗幟的通稱。

［8］丹檻（jiàn）發照：紅色的戰船映射日光。檻，同“艦”。四方加板可禦矢石的船。發，顯現，散射。照，日光。

［9］素甲：白色的鎧甲。

［10］樓煩：本是戰國時北方精於騎射的一支游牧民族，秦漢後引申爲精銳的騎兵。如“樓煩士”。 白羽：指箭。《史記》卷一一七《司馬相如列傳》：“滿白羽，射游梟。”《正義》文穎云：“以白羽羽箭，故云白羽也。”

［11］漁陽墨騎：精銳的披衣甲乘鎧馬的重裝騎兵部隊。漁陽，秦漢郡名。治所在今北京密雲縣西南。兩漢時期，“漁陽、上谷突騎，天下所聞”（《後漢書》卷一八《吳漢傳》）。此借指精銳騎兵。墨騎，即鐵騎。南北朝盛行以鐵甲片編綴成人鎧甲和馬具裝，黑色如墨，故云墨騎。

［12］芝艾同焚：好壞貴賤同被葬送。芝，瑞草。艾，蕭艾，賤草。喻人的貴賤。

符到之日，幸加三省。[1]其鋒陳營壁之主，驅逼寇手之人，若有投命軍門，一無所問。或能因罪立績，終不爾欺。斬裾射玦，唯功是與。[2]能斬送攸之首，封三千戶縣公，賜布絹各五千匹，信如河海，皎然無貳。[3]飛火軍攝文書，千里驛行。[4]

[1]三省：典出《論語·學而》。原指從三方面反省，後泛指回顧自己的言行，找出過錯。

[2]斬裾射玦，唯功是與：不計舊怨，祇要有功就給予（獎賞）。斬裾，又作“斬袪”“斬袂”。據《左傳》僖公五年，晉公子重耳出逃時，寺人披捉殺他，但僅割斷衣袖。重耳後成爲國君，即晉文公。寺人披告大臣密謀，欲解前罪。後以斬袪爲不計舊怨。裾，衣袖。射玦，又作“射鈎”。據《左傳》僖公二十四年，齊國公子糾與小白爭先歸國以爭奪君位，管仲爲糾的師傅，在路上欲射殺小白，但僅射中小白帶鈎。後小白先入爲君，即齊桓公，不記舊仇，任管仲爲相。玦，開缺口的玉環，繫於衣帶之上。

[3]皎然：光明無私。

[4]飛火軍攝文書：其義不詳。疑作爲緊急軍情火速傳遞此文書。飛火，火急飛速之貌。攝，執，持。　驛行：通過官方驛站投遞。

齊王出頓新亭，馳檄數攸之罪惡，曰：

夫彎弓射天，未見能至；揮戈擊地，多力安施？何則？逆順之勢定殊，禍福之驗易原也。是以違乎天者，鬼神不能使其成；會乎人者，聖哲不能令其毀。故劉濞賴七國連兵之勢，[1]隗囂恃跨河據隴之資，[2]毌丘儉伐其踰海越島之功，[3]諸葛誕矜其待士愛民之德。[4]彼四子者，皆當世雄傑，以犯順取禍，覆窟傾巢，爲豎子笑。況乎行陳凡才，斗筲小器，而懷問鼎之志，敢搆無君之逆哉。[5]

[1]劉濞：人名。西漢宗室，封吳王。漢景帝時，他帶領吳、楚等七諸侯國發動叛亂，失敗被殺。《漢書》卷三五有傳。

[2]隗囂：人名。天水成紀（今甘肅秦安縣）人。新莽末，被當地豪强擁立，自稱西州上將軍，據有黃河上游天水、武都、金城（均在今甘肅）等郡。後屢被漢光武劉秀所敗，憂憤而死。《後漢書》卷一三有傳。

[3]毌丘儉：人名。河東聞喜人，三國魏大將。明帝時率軍平定遼東，以功封安邑侯。齊王曹芳時又出兵討平侵叛的高句麗，遷左將軍，領豫州刺史。曹魏後期以淮南兵力對抗權臣司馬師，兵敗被殺。《三國志》卷二八有傳。

[4]諸葛誕：人名。琅邪陽都人，三國魏大臣。毌丘儉敗後，他被任爲征東大將軍、揚州都督，駐屯淮南。善於疏財以結衆心，厚養親信死士數千人。不久失信於大將軍司馬昭，兵敗被殺。《三國志》卷二八有傳。

[5]問鼎：圖謀王位。春秋時楚莊王問周之九鼎大小輕重，有取周而代之意。　搆無君之逆：造作背叛君主的逆行。

　　逆賊沈攸之，出自萊畝，寂寥累世，故司空沈公以從父宗蔭，[1]愛之若子，卵翼吹噓，得升官秩。廢帝昏悖，猜畏柱臣，攸之貪競乘機，凶忍趨利，躬行反噬，請銜誅旨。[2]又攸之與譚金、童太壹等並受寵任，[3]朝爲牙爪，同功共體，世號三侯，[4]當時親昵，情過管、鮑。[5]仰遭革運，[6]凶黨懼戮，攸之狡猾用數，[7]圖全賣禍。[8]既殺從父，又害良朋。雖呂布販君，[9]酈寄賣友，[10]方之斯人，未足爲酷。此其不信不義，言詐翻覆，諸夏之所未有，夷狄之所不爲也。

[1]故司空沈公以從父宗蔭：各本並脱“以”字，中華本據《南齊書》卷二四《柳世隆傳》補，從之。沈公，指沈慶之。宗蔭，古代子孫因先世功勳可得賜官爵，有時可推恩及同宗族子弟。此概稱爲蔭。

[2]躬行反噬，請銜誅旨：指前廢帝劉子業時，沈攸之爲天子寵信，親自領旨往賜沈慶之毒藥，誅害沈慶之。躬行，親自。反噬，反咬一口。比喻受人恩惠反加陷害。請，要求。銜，領受，奉命。

[3]童太壹：人名。一名“童泰壹”，東莞人。武將出身，前廢帝時與宗越、譚金等人一起誅戮大臣，被封宜陽縣男，遷左軍將軍。明帝時被沈攸之密告其謀反，與宗越等俱死。其事見本書卷八三《宗越傳》。

[4]三侯：指景和元年（465）譚金、童太壹、沈攸之三人同時被封縣男，食邑各三百户。

[5]情過管、鮑：管、鮑指春秋時齊國的管仲和鮑叔牙，二人交情深厚。後用來比喻朋友至交的感情。

[6]仰遭：各本並作“遭仰”，中華本據《南齊書·柳世隆傳》改正，從之。　革運：革故鼎新的世運，指宋明帝替代前廢帝。

[7]用數：用算計之心。

[8]圖全賣禍：爲了保全自己，把禍害送給別人。

[9]呂布：人名。五原人。他先隨從并州刺史丁原，後被董卓利用，殺死丁原。不久又與王允合謀，殺掉董卓。最後被曹操擒殺，成爲歷史上反復無常者的典型。《三國志》卷七有傳。　販君：出賣君主。

[10]酈寄：人名。西漢初功臣酈商的兒子，與呂太后侄呂禄爲好朋友。呂太后死，大臣欲誅諸呂，又忌憚呂禄掌握北軍，就讓酈寄欺騙呂禄與他一同出游，周勃借機掌握北軍，得以滅呂復劉。其事見《漢書》卷四一《酈商傳》。 賣友：一作"賣交"。出賣朋友。

　　泰始開闢，[1]網漏吞舟，[2]略其凶險，取其搏噬，[3]故得階亂獲全，因禍保福。攸之空淺，躁而無謀，濃湖崩挫，[4]本非己力；及北伐彭泗，望賊宵奔；[5]重討下邳，一鼓而逜；[6]再鄙王師，又應肆法。[7]先帝英聖，量深河海，宥其回豀之敗，冀收曲崤之捷，[8]故得推遷幸會，頓升崇顯，内端戎禁，外臨方牧。[9]聖靈鼎湖，[10]遠頒顧命，託寄崇深，義感金石。而攸之始奉國諱，[11]喜見于容，普天同哀，己以爲慶。此其樂禍幸災，大逆之罪一也。

[1]泰始：宋明帝劉彧年號（465—471）。

[2]網漏吞舟：法網疏闊，大奸惡也被容納。網，喻法網。吞舟，指大魚，比喻大奸。

[3]搏噬：鬭打吞咬。指領兵打仗。

[4]濃湖崩挫：指宋明帝之初，劉子勛反叛集團大將劉胡在濃湖被沈攸之等所擊潰。

[5]北伐彭泗：指沈攸之北討徐州刺史薛安都及南下的北魏軍而敗退。 宵奔：連夜奔逃。

[6]重討下邳：指沈攸之奉旨進軍下邳，損兵折將，棄軍而歸。 一鼓而逜：一戰而逃。

[7]再鄙王師：再次使王師受到輕視。鄙，輕視。《南齊書》卷二四《柳世隆傳》作"再棄王師"語義更明。 肆法：肆之以

法。受到法律的懲處。肆，制裁。

[8]宥其回谿之敗，冀收曲崤之捷：原諒他以前的敗績，寄希望於他重新取得戰場大捷。這是用東漢初馮異之事來比喻。回谿，地名。一名回坑，在今河南陝縣東南。馮異於此被赤眉軍擊敗。曲崤，地名。在今河南澠池縣。回谿敗後，馮異重整旗鼓，於此地徹底擊潰赤眉軍。劉秀璽書慰勞馮異説：“始雖垂翅回谿，終能奮翼黽池。”事見《後漢書》卷一七《馮異傳》。

[9]内端戎禁：指沈攸之任左衛將軍，領太子中庶子。端，南北朝時幕僚之稱。太子詹事曾名端尹。　外臨方牧：指沈攸之任郢州刺史。

[10]鼎湖：地名。在今河南靈寶市。古代傳説，黄帝鑄鼎於荆山下，鼎成，有龍垂鬍鬚迎黄帝上天，後世因名其處爲鼎湖。此處喻皇帝死亡爲聖靈鼎湖。

[11]始：各本並作“知”，中華本據《南齊書・柳世隆傳》改，從之。　國諱：國喪。古代諱言皇帝之死，故稱。

　　又攸之累登蕃岳，[1]自郢遷荆。晋熙殿下以皇弟代鎮，[2]地尊望重，攸之肆情陵侮，斷割候迎，[3]料擇士馬，[4]簡算器甲，[5]精器鋭士，並取自隨。郢城所留，十不遺一。專擅略虜，罔顧國典。此其苞藏禍志，不恭不虔，大逆之罪二也。

[1]蕃岳：封疆大吏。蕃，同“藩”。王畿之外地區。岳，岳牧。相傳上古有四岳十二牧，分管方國。“蕃岳”各本並作“蕃兵”，中華本據《永樂大典》卷二〇八五一及《南齊書》卷二四《柳世隆傳》改，從之。

[2]晋熙殿下：指晋熙王劉燮。宋明帝的兒子，宋後廢帝的弟弟。殿下，漢以後對諸侯王的尊稱。

[3]斷割候迎：抛開恭候迎接的禮儀。斷，隔絕。割，截斷。

[4]料擇士馬：料理選擇甲士和戰馬。

[5]簡算器甲：選揀計算器械鎧甲。

又攸之踐荆以來，恒用姦數。既欲發兵，宜有因假，[1]遂乃蹙迫群蠻，[2]騷擾山谷，揚聲討伐，盡户發上，蟻聚郭邑，伺國盛衰。[3]從來積年，永不解甲。遂使四野百縣，路無男人，耕田載租，皆驅女弱。自古酷虐，未聞有此。其侮蔑朝廷，大逆之罪三也。

[1]因假：原由和借口。假，憑借。

[2]蹙（cù）迫：迫近，逼迫。

[3]盡户發上：徵發全家人服役。《南齊書》卷二四《柳世隆傳》作“盡户上丁”。朱季海《南齊書校議》云：“惟‘上丁’既當時口語，不類子顯所改，疑今《宋書》作‘發上’者，已爲後人所亂也。” 蟻聚郭邑：如螞蟻群一樣聚集在城郭内外。

去昔桂陽奇兵猋起，[1]京師内衅，[2]宗廟阽危。[3]攸之任居上流，兵强地廣，救援顛沛，實宜悉力。國家倒懸，方思身慮，裁遣弱卒三千，[4]並皆羸老。使就郢州，禀受節度，欲令判否之日，[5]委罪晋熙。何其平日輈張，[6]實輕周、邵，[7]爾時恭謹，虛重皇戚。此其伏慝藏詐，[8]持疑兩端，大逆之罪四也。

[1]桂陽：指江州刺史、桂陽王劉休範曾舉兵反叛。 猋

（yàn）起：迅猛興起。焱，同"猋"，迅速。"焱"字各本空白，中華本據《永樂大典》卷二〇八五一補，從之。

[2]奰（bèi）：怒。

[3]阽（diàn）危：面臨危險。阽，臨近。

[4]裁遣弱卒三千："裁"各本並作"威"，中華本據《永樂大典》卷二〇八五一和《南齊書》卷二四《柳世隆傳》改，從之。

[5]判否（pǐ）：判定善惡。否，惡，鄙劣。

[6]輈（zhōu）張：囂張。

[7]實輕周、邵：真是把周公、邵公也不放在眼裏。周，周公旦。邵，邵公奭。二人都是西周初貴族政治家，對穩定新生王朝發揮了重大作用。此喻晉熙王。

[8]伏慝（tè）：隱伏邪惡。

又攸之累據方州，跋扈滋甚，招誘輕狡，往者咸納，羈絆行侶，過境必留。仕子窮困，不得歸其鄉，商人畢命，[1]無由還其土。叛亡入境，輒加擁護，[2]逋逃出界，必遣窮追。此其大逆之罪五也。

[1]畢命：死，喪命。

[2]擁護：扶助，保護。

又攸之自任專恣，恃行慘酷，視吏若讎，遇民如草。峻太半之賦，[1]暴參夷之刑，[2]鞭捶國士，全用虜法。[3]一人逃亡，闔宗補代。毒徧嬰孩，虐加斑白。[4]獄囚恒滿，市血常流。[5]男不得耕，女不得織。奔馳道路，號哭動天。皇朝赦令，初不遵奉，[6]欲殺欲擊，故曠蕩之澤，長隔彼州。[7]此其無君陵上，大逆之罪六也。

[1]峻：嚴刻。　太半之賦：將人民收入的一大半作爲賦税徵收。太半，亦作"泰半"，過半數，或説三分之二。

[2]參（sān）夷之刑：古代誅滅三族的酷刑。參，通"三"。夷，殺戮，消滅。

[3]國士：一國勇力之士。　虜法：野蠻的法律。虜，實指鮮卑人。代指野蠻。

[4]斑白：老年人。原義爲頭髮花白。

[5]市血常流：經常處死犯人。古代行刑多在市，故以"市血"喻誅戮犯人。

[6]初：一點也不。

[7]曠蕩之澤：皇朝寬宏浩大的恩德。曠蕩，浩蕩，廣大。長隔彼州：在他那一州全被阻隔。

　　蒼梧狂凶，[1]釁深桀、紂，[2]猜貳外蕃，鴞目西顧，[3]留其長息元琰，[4]以爲交質。[5]父子分張，彌積年稔。賴社稷靈長，獨夫遄戮，攸之豫禀心靈，宜同歡幸。遂迷惑顛倒，深相嗟惜，舉言哀桀，[6]揚聲吠堯。[7]此其不辨是非，罔識善惡，違情背理，大逆之罪七也。

[1]蒼梧：指宋後廢帝劉昱。他在位四年，後被權臣蕭道成布置人誅殺，追廢爲蒼梧王。

[2]桀、紂：指夏代末君帝履癸和商代末君帝辛，都是中國歷史上有名的暴君。

[3]鴞（xiāo）：古代指貓頭鷹一類的惡猛之鳥，此喻後廢帝。

[4]長息：長子。

[5]交質：古代朝廷或侯王互相以人爲質，作爲守信的保證。如東周初周鄭交質，王子狐爲質於鄭，鄭公子忽爲質於周。此指後廢帝將沈元琰留在京城作爲人質。

[6]哀桀：傷悼暴君。桀，借指後廢帝。

[7]吠堯：即桀犬吠堯，喻壞人的爪牙攻擊好人。堯，傳説中的上古聖君，此借指蕭道成擁立的順帝。

　　廢昏立明，先代盛典。交、廣先到，梁、秦蚤及，[1]而攸之密邇內畿，川塗弗遠，驛書至止，晏若不聞，未遣章表，奄積旬朔。防風後至，[2]夏典所誅。此其大逆之罪八也。

[1]交、廣先到，梁、秦蚤及：指交、廣、梁、秦四個偏遠州刺史擁戴新帝登基的章表已經送呈京師。

[2]防風後至：據《國語·魯語下》，夏禹在會稽召集各地諸侯集會，防風氏違命遲到，禹就將他殺掉，陳尸示衆。

　　昇明肇曆，[1]恩深澤遠。申其父子之情，矜其骨肉之恩，馳遣元琰，銜使西歸，並加崇授，寵貴重叠。元琰達西，便應反命。[2]攸之得此集聚，蒙誰之恩？不荷盛德，反生讎釁，此其大逆之罪九也。

[1]昇明：宋順帝劉準年號（477—479）。此代指順帝。　肇曆：開始新年代。

[2]反命：反叛之命。

　　攸之以谿壑之性，含梟鴆之腸，直置天壤，已稱醜穢。[1]況乃舉兵内侮，逞肆姦回，斯實惡熟罪成之辰，決癰潰疽之日。[2]幕府過荷朝寄，[3]義百常憤，[4]董司元戎，[5]龔行天罰。今皇上聖明，將相仁厚，約法三章，[6]輕刑緩賦，年登歲阜，家給人足。上有惠和之澤，下無樂亂之心。攸之不識天時，妄圖姦逆，舉無名之師，驅怨讎之黨。是以朝野審其易取，含識判其成禽。[7]熊羆屬爪，蓄攫裂之心；虎豹摩牙，起吞噬之憤。[8]鼓怒則冰原激電，奮發則霜野奔雷，[9]以此定亂，豈移晷刻。雖復眾徒梗陸，舉郡阻川，[10]何足以抗沸海之濤，當燒山之焰！

[1]谿壑之性：像溪谷山壑一樣無法滿足的貪欲。　梟鴆之腸：像梟和鴆一樣有凶惡刻毒的心腸。梟，古代傳說會食母之鳥，喻惡人。鴆，古代傳說有毒的鳥。　直置天壤：祇是拋棄君臣名份。直置，僅僅，祇是。天壤，天和地，喻上下有別。　醜穢：醜惡污穢。

[2]内侮：凌辱朝廷。　姦回：邪惡。　決癰潰疽：使毒瘤惡瘡潰散。癰，膿瘡。疽，結成塊狀的毒瘡。

[3]幕府：將帥衙署。此指蕭道成自己，時任驃騎大將軍、衛將軍。　朝寄：朝廷的委托。

[4]義百：恩義百倍。

[5]董司元戎：督率兵眾。董，督察。

[6]約法三章：原爲漢初劉邦進入關中訂立三章之法，後泛稱以簡明條款使人共同遵守。

[7]含識：有思想意識者。指人。　成禽：被擒。禽，通"擒"。

　　[8]熊羆：熊和羆，兩種猛獸。與下“虎豹”一樣，都喻勇士。

　　[9]冰原激電：“冰原”與下“霜野”一樣，都是冬天的景象。冬季不會出現雷和電，此處比喻一種非凡的氣勢和決心。

　　[10]梗陸：從陸地上抵禦阻塞。與下“阻川”對應。　川：水路。

　　彼土士民，罹毒日久，逃竄無路，常所憫然。今復相逼，起接鋒刃，交戰之日，蘭艾難分。土崩倒戈，宜爲蚤計，無使一人迷昧，而九族就禍也。[1]弘宥之典，有如皎日。[2]

　　[1]迷昧：迷惑愚昧。　　九族：具説不一。或指父族四、母族三、妻族二；或指從己算起，上至高祖，下至玄孫。往往泛指宗族親戚。

　　[2]弘宥之典：宏大寬免的法章條款。　皎日：明亮的太陽。

　　攸之盡鋭攻郢州，行事柳世隆隨宜距應，屢摧破之。[1]攸之與武陵王贊牋曰：[2]“江陵一總八州，[3]地居形勝，鎮撫之重，宜以上歸。本欲仰移節蓋，改臨荊部，[4]所以未具上聞者，欲待至止，面自咨申。不圖重關擊柝，觀接莫由。[5]若使匡朝之誠，[6]終蔽於聖察，[7]襲遠之舉，近擁於郢都，則無以謝烈士之心。[8]何用塞義夫之志，便不犯關陵漢，期一接奉。[9]若夫斬蛟陷石之卒，裂骼卷鐵之將，煙騰飆迅，容或驚動左右，苟不獲已，敢不先布下情。”又曰：“下官位重分陜，富兼金穴，[10]子弟勝衣，爵命已及，[11]親黨辨菽，[12]抽序便加，[13]耳倦絃歌，口厭粱肉，布衣若此，復欲何求！豈不知俛眉苟安，保養餘齒，何爲不計百口，甘冒危難。誠感歷朝之遇，欲報之於皇室爾。昧理之徒，謂下官懷無厭之願，既貫誠於白日，[14]不復明心於殿下。若使天必喪道，忠節不立，政復闔門碎滅，百死無恨。[15]但高祖王業艱難，太祖劬勞日昃，[16]卜世不盡七百之期，[17]宗社已成他人之有。家國之事，未審於聖心何如。”

[1]行事：官名。亦稱行某州事或行某府事，指以較低官階代行較高官的職權。時柳世隆以武陵王長史行郢州事，即代行郢州刺史事。　柳世隆：人名。河東解人，名將柳元景的姪子。在粉碎沈攸之事變中起了重要作用，以功封貞陽縣侯。入齊後屢任要職，進爵爲公。《南齊書》卷二四有傳。

[2]武陵王：王爵名。王國在今湖南常德市武陵區。　贊：人名。即劉贊。宋明帝第九子。本書卷八〇有傳。　牋：對上級或尊長者的書札。

[3]總：聚合。謂江陵是八州通衢。

[4]仰移節蓋，改臨荊部：仰望您能變換鎮職，接替我執掌荊州。節蓋，符節和車蓋，均爲朝廷使節的象徵物。

[5]重關擊柝：重重門關，都有巡視守衛的兵吏。柝，打更的梆子，擊柝爲守門打更。　觀接莫由：無法得到您的接見。

[6]匡朝：輔助朝廷。

[7]聖察：臣下稱頌皇帝明察的套詞。

[8]襲遠之舉：和合遠方的舉動。　擁：阻塞，延擱。　郢都：此指郢州治所夏口。　烈士：有志建立功業的人。

[9]何用：如何纔能。　塞：補救。　犯關陵漢：闖關臨接近皇都。漢，雲漢，指天河。　期一接奉：期望得到接見。

[10]兼：加倍。　金穴：稱富有之家。東漢初外戚郭況家金錢

布帛豐盛，時號爲金穴。

[11] 子弟勝衣，爵命已及：兒童稍長，體力足以承受得起成人的衣服。言很小就得到朝廷封爵。

[12] 辨菽：智慧一般的人。《左傳》成公十八年："周子有兄而無慧，不能辨菽麥，故不可立。"菽，豆子。與麥子形殊，用以指易辨之物。

[13] 抽序：提拔序遷。抽，拔出。序，官吏升遷的次第。

[14] 貫誠於白日：誠心可表於天日。喻心地正大光明。

[15] 天必喪道：天意一定要毀滅事理。 政：通"正"。正好，恰要。

[16] 劬（qú）勞日昃：勤勞於朝政一直到太陽偏西。日昃，也作"日側""日仄"。

[17] 卜世不盡七百之期：《左傳》宣公三年，楚莊王問九鼎之大小輕重，王孫滿說周初定鼎之時，"卜世三十，卜年七百，天所命也"。比喻王朝還未到享國久遠之期，不應被取代。

　　攸之遣中兵參軍公孫方平馬步三千向武昌，[1]太守臧煥棄郡投西陽太守王毓，[2]奔于盆口，方平因據西陽。建寧太守張謨率二守千人攻之，[3]方平破走。攸之攻郢城久不決，衆心離沮。昇明二年正月十九日夜，劉攘兵燒營入降郢城，衆於是離散，不可復制。將曉，攸之斬劉天賜，率大衆過江，至魯山。[4]諸軍因此散走。還向江陵，未百餘里，聞城已爲雍州刺史張敬兒所據，無所歸。乃與第三子中書侍郎文和至華容界，[5]爲封人所斬送。[6]

　　[1]向武昌：丁福林《校議》據《通鑑》卷一三四、本書卷一

○《順帝紀》考證，公孫方平所向乃“西陽”，非“武昌”。

〔2〕臧煥：人名。宋初貴臣臧燾的孫子，因棄郡失職，被誅。事見本書卷五五《臧燾傳》。各本並作“臧渙”，中華本據本書卷五五《臧燾傳》改，從之。　王毓：人名。其事不詳。丁福林據上引書考證，臧煥所投乃“沈攸之”，非“王毓”也。

〔3〕建寧：郡名。治所在今湖北麻城市西南。　張謨：人名。其事不詳。　二守：指武昌、西陽二太守。　千人攻之：丁福林據上引書考證，張謨所率軍爲萬，非千人也。

〔4〕魯山：城名。在今湖北武漢市漢陽區。

〔5〕華容：縣名。治所在今湖北監利縣北。

〔6〕爲封人所斬送：“封人”《南史》作“村人”。中華本認爲“封”爲當時荊、豫蠻族的村落組織，“封人”不誤，今從之。

攸之初下，留元琰守江陵。張敬兒剋城，元琰逃走。第五子幼和、幼和弟靈和、元琰子法先、懿子□□、文和子法徵、幼和子法茂，[1]並爲敬兒所禽，伏誅。初，文和尚齊王女義興憲公主，[2]公主早薨，有二女，至是齊王迎還第内。今皇帝即位，[3]聽攸之及諸子喪還葬墓。[4]攸之第二子懿，太子洗馬，先攸之卒。攸之弟登之，新安太守，[5]去職在家，爲吳興太守沈文季所收斬。[6]登之弟雍之，鄱陽太守，先攸之卒。詔以雍之孫僧照爲義興公主後。[7]雍之與攸之異生，諸弟中最和謹，尤見親愛。攸之性儉嗇，子弟不得妄用財物，唯恣雍之所須，輒取齋中服飾，分與親舊，以此爲常。雍之弟榮之，尚書庫部郎，[8]亦先攸之卒。

〔1〕懿子□□：“懿子”下各本無空白，中華本認爲沈懿兒子之

名佚失，應空兩格，今從之。

　[2]義興憲公主：公主名號。按：此是南齊朝建立後，追封蕭
道成已故女兒的封號（義興公主）和謚號（憲）。

　[3]今皇帝：指本書作者沈約撰稿時的皇帝齊武帝蕭賾。齊武
即位在公元483年。

　[4]喪還葬墓：遺骸歸祖塋正式埋葬。

　[5]新安：郡名。治所在今浙江淳安縣西北。

　[6]爲吳興太守沈文季所收斬：“沈文季”各本並作“沈文
秀”，中華本據《南齊書》卷四四《沈文季傳》改，今從之。沈文
季，人名。吳興武康人，是功臣沈慶之的兒子，宋齊兩朝屢任重
職，封西豐縣侯，後被齊東昏侯誅殺。《南齊書》卷四四有傳。

　[7]僧照：人名。即沈僧照。一名“僧昭”“法朗”。信奉天師
道，入梁任山陰縣令、廷尉卿等職。《南史》卷三七有附傳。

　[8]尚書庫部郎：官名。尚書省庫部曹長官，爲尚書三十四曹
郎之一，掌戎仗器用所需事。六品。

　　攸之晚好讀書，手不釋卷，《史》《漢》事多所諳
憶。常嘆曰：“早知窮達有命，恨不十年讀書。”及攻郢
城，夜遇風浪，米船沉没。倉曹參軍崔靈鳳女幼適柳世
隆子，[1]攸之正色謂曰：“當今軍糧要急，而卿不以在
意，將由與城内婚姻邪？”靈鳳答曰：“樂廣有言，下官
豈以五男易一女。”[2]攸之歡然意解。初，攸之招集才力
之士，隨郡人雙泰真有幹力，[3]召不肯來。後泰真至江
陵賣買，有以告攸之者，攸之因留之，補隊副，厚加料
理。[4]泰真無停志，少日叛走，攸之遣二十人被甲追之，
逐討甚急。泰真殺數人，餘者不敢近。欲過家將母去，
事迫不獲，單身走入蠻。追者既失之，録其母而去。[5]

泰真既失母，乃出自歸，攸之不罪，曰："此孝子也。"
賜錢一萬，轉補隊主，其矯情任算皆如此。

[1]倉曹參軍：官名。倉曹之長，諸公、軍府皆置，主倉穀事。
從六品至從八品不等。　崔靈鳳：人名。其事不詳。　適：女子
出嫁。

[2]樂廣：人名。南陽淯陽（今河南南陽市宛城區）人，西晋
時曾任中書侍郎、尚書令等職。成都王司馬穎是其女婿，八王之亂
時，長沙王司馬乂責難樂廣，他説："廣豈以五男易一女。"意謂不
會爲了婚姻關係而犧牲掉全家。《晋書》卷四三有傳。

[3]隨郡：治所在今湖北隨州市。　雙泰真：人名。其事不詳。
幹力：體力。

[4]料理：照顧，安排。

[5]錄：逮捕。

　　初攸之賤時，與吳郡孫超之、全景文共乘小船出京
都，[1]三人共上引埭，[2]有一人止而相之曰："君三人皆
當至方伯。"[3]攸之曰："豈有三人俱有此相。"相者曰：
"骨法如此。[4]若有不驗，便是相書誤耳。"其後攸之爲
郢、荆二州，超之廣州，景文南豫州刺史。[5]

[1]孫超之：人名。一作"孫超"。宋明帝初，因功封羅縣開
國侯。後任寧朔長史、廣州刺史、游擊將軍等職。後廢帝時被誅
殺。　全景文：人名。軍將出身，宋孝武帝時以功封漢水侯，任積
射將軍。後參與討平鄧琬之亂，明帝封爲孝寧縣侯。後廢帝時任南
豫州刺史。入齊被廢爵封，先後任數郡太守。病卒。《南齊書》卷
二九有附傳。

[2]引埭（dài）：連接土壩和河流堤岸之處。埭，用土堵水，

即土壩。古時在水淺不利行船處，築一土壩堵水，中留航道，兩岸立轉軸，用人力或畜力將船牽引過去。

　　[3]方伯：先秦時期原指一方諸侯之長。後泛稱地方長官。

　　[4]骨法：迷信謂由人的骨相來測斷命運之法。如"貴賤在於骨法，憂喜在於容色"。

　　[5]景文南豫州刺史：各本並脱"南"字，中華本據《南史》《南齊書》及《元龜》卷八六〇補，今從之。南豫州，治所在今安徽和縣。

　　攸之初至郢州，有順流之志。府主簿宗儼之勸攻郢城，[1]功曹臧寅以爲：[2]"攻守勢異，非旬日所拔，若不時舉，挫鋭損威。今順流長驅，計日可捷，既傾根本，[3]則郢城豈能自固。"攸之不從。既敗，諸將帥皆奔散，惟寅曰："我委質事人，[4]豈可苟免。我之不負公，猶公之不負朝廷也。"乃投水死。寅字士若，東莞莒人也。

　　[1]主簿：官名。南朝時三公、諸公及州郡官府均置，典領文書簿籍，經辦事務，品秩隨府官長地位高下而異。　宗儼之：人名。除本卷所記，餘事不詳。

　　[2]功曹：官名。即功曹史。郡縣、將軍府皆置，職掌人事、選舉，並參與政務。　臧寅：人名。一作"臧寯"，臧燾的重孫子，曾任尚書主客郎。事見本書卷五五《臧燾傳》。

　　[3]根本：事物的本源和關鍵。此指攻克京都建康，夏口自潰。

　　[4]委質：人臣事君之禮。《史記》卷六七《仲尼弟子列傳》："子路後儒服委質。"《索隱》引服虔曰："古者始仕，必先書其名於策，委死之質於君，然後爲臣，示必死節於其君也。"魏晋南北朝時，門生故吏與府主之間也有一種類似君臣的依附關係。

先是，攸之在郢州，州從事輒與府録事鞭，[1]攸之免從事官，而更鞭録事五十。謂人曰：“州官鞭府職，誠非體要，[2]由小人凌侮士大夫。”倉曹參軍事邊榮爲府録事所辱，[3]攸之自爲榮鞭殺録事。攸之自江陵下，以榮爲留府司馬，守城。張敬兒將至，人或説之使詣敬兒降。榮曰：“受沈公厚恩，共如此大事，一朝緩急，便改易本心，不能行也。”城敗，見敬兒。敬兒問曰：“邊公何不早來？”榮曰：“沈公見留守城，而委城求活，所不忍也。本不蘄生，[4]何須見問。”敬兒曰：“死何難得。”命斬之，歡笑而去，容無異色。泰山程邕之者，[5]素依隨榮，至是抱持榮曰：“與邊公周旋，[6]不忍見邊公前死，乞見殺。”兵不得行戮，以告敬兒。敬兒曰：“求死甚易，何爲不許。”先殺邕之，然後及榮。三軍莫不垂泣，曰：“奈何一日殺二義士。”比之臧洪及陳容。[7]榮，金城人也。[8]

[1]州從事輒與府録事鞭：州從事每每鞭打府録事。州從事，官名。州部屬吏，雖秩僅百石，但有監察之責，人微權重。府録事，官名。諸將軍府置，掌管文書，官秩稍高於州從事。

[2]體要：事物的體統與法式。按：魏晉南北朝庶人與士族等級森嚴，所謂“士庶天隔”，士大夫既指士族文人，也指將帥的佐屬。

[3]倉曹參軍事：官名。即倉曹參軍。　邊榮：人名。本書僅此一見，其事不詳。

[4]蘄（qí）：通“祈”。求。

[5]泰山：郡名。治所在今山東泰安市。　程邕之：人名。其事不詳。

[6]周旋：周一良《札記》：“周旋乃親密往來之意。”各本並

作"周遊",中華本據《元龜》卷七六四改,今從之。

[7]臧洪:人名。廣陵射陽人,東漢末任廣陵太守張超功曹。曾主持東方各地方大員反對董卓的盟誓,後任東郡太守,因反對袁紹兵敗被殺。《三國志》卷七有傳。 陳容:人名。爲臧洪同鄉,追隨之任東郡丞。袁紹殺臧洪時,陳容挺身而出,説:"寧與臧洪同日而死,不與將軍(指袁紹)同日而生。"也被殺。其事見《三國志》卷七《魏書·臧洪傳》。

[8]金城:郡名。治所在今甘肅蘭州市。

　　廢帝之殂也,攸之欲起兵,問其知星人葛珂之。[1]珂之曰:"自古起兵,皆候太白。[2]太白見則成,伏則敗。昔桂陽以太白伏時舉兵,一戰授首,此近世明驗。[3]今蕭公廢昏立明,政值太白伏時,[4]此與天合也。且太白尋出東方,東方利用兵,西方不利。"故攸之止不反。及後舉兵,珂之又曰:"今歲星守南斗,其國不可伐。"[5]攸之不從。

[1]知星人:通曉星象之學的人。古人迷信,認爲可依天上星體明、暗、薄、蝕及運行軌道的變化來占驗人事的吉凶。 葛珂之:人名。本書僅此一見,其事不詳。

[2]太白:星名。即金星。一名啓明星。古代認爲太白星主殺伐,見之則兵戰起。

[3]桂陽:指桂陽王劉休範。 授首:被殺。

[4]伏:隱匿未現。各本此處脱"伏"字,中華本據《南史》補,從之。

[5]歲星:星名。即木星。因其歲行一次,十二歲而星行一周天,古代用以紀年,故稱歲星。《史記·天官書》説,有歲星所在星宿,其國不可征戰。 南斗:星名。南斗六星,即斗宿,二十八

宿之一。按：古代天文學説把天上星宿的位置與地面上州、國的位置相對應，“封域皆有分星”，稱分野。古人迷信，以天象比附地域的吉凶，所以此處認爲建康所在的揚州或吴地不可征伐。

凡同逆丁珍東、孫同、裴茂仲、武〔茂宗〕、宗儼之並伏誅。[1]攸之表檄文疏，皆儼之詞也。臧焕詣盆城自歸，[2]今皇帝命斬之。餘同惡或爲亂軍所殺，或遇赦得原。

　[1]凡同逆丁珍東、孫同、裴茂仲、武〔茂宗〕、宗儼之並伏誅：孫彪《考論》云：“上文攸之僚佐有武茂宗、宗儼之。此‘武’字下脱‘茂宗’二字。”今據此補二字。裴茂仲，人名。其事不詳。
　[2]盆城：城名。即溢口城。在今江西九江市。

　史臣曰：臧質雖貪虐夙樹，問望多闕，奉義治流，本無吞噬之志也。[1]徒欲以幼君弱政，期之於世祖，據有中流，嗣桓、庾之業。[2]既主異穆、哀，[3]臣皆代黨，[4]雖禮秩外厚，而疑防内深。功高位重，終非自安之地，至於陵天犯順，[5]其出於此乎。攸之伺隙西郢，年逾十載，擅命專威，無君已積。及天厭宋道，鼎運將離，不識代德之紀，獨迷樂推之數。[6]公休既覆其族，[7]攸之亦屠厥身，夫以釁亂自終，固異代如一也。

　[1]貪虐夙樹：素來行事貪婪酷虐。　問望多闕：對朝廷通問致敬的禮儀也多有缺失。指不恭順謹慎。闕，通“缺”。　治流：治理一方土地。流，古代指邊遠的地區。《尚書·禹貢》：“五百里荒服，三百里蠻，二百里流。”　吞噬：併吞兼併。吞，併吞。

[2]中流：長江中游。此指臧質爲江州刺史，鎮尋陽。　桓、庾：即東晉的桓溫家族和庾亮家族。桓溫，東晉著名士族出身，又是明帝的女婿。出任荆州刺史，繼庾氏掌握長江中上游兵權，曾發動滅蜀和北伐戰爭，長期專擅朝政。他死後，其弟桓沖、桓豁，其子桓玄等人長期盤踞荆、江等州，與朝廷抗衡。《晉書》卷九八有傳。庾亮，東晉著名士族出身，其妹爲明帝皇后。曾執掌朝政，後任征西將軍，出鎮武昌，手握重兵。他死後，其弟庾冰、庾翼續鎮武昌，分任江州刺史和荆州刺史。《晉書》卷七三有傳。

[3]主異穆、哀：所遭逢的君主不同於東晉時的穆帝和哀帝。穆帝，東晉第五位皇帝司馬聃。即位時不足兩歲，由皇太后庾氏臨朝執政十二年。他十九歲死去，在位時幼君弱政。哀帝，東晉第六位皇帝司馬丕。他即位僅三年，就因服食“長生藥”過多而中毒，次年死去。時桓溫權勢日隆。

[4]代黨：西漢初，劉邦封兒子劉恒爲代王。後周勃等人誅殺諸呂，劉恒被從封地迎入長安即位，是爲漢文帝。漢文帝一入宮，即委任從代地來的親信宋昌、張武分別統領南北軍和殿中郎官。不久又逼迫元老功臣周勃離開京城。此處指宋孝武帝劉駿委朝政於自己從藩鎮帶來的親信。

[5]陵天犯順：叛逆皇帝，鋌而走險。此句説臧質既被猜忌，難於安處，不得不反。

[6]代德：即五行代德。古代改朝換代，新王朝自稱有新德以代舊，如秦水德代周火德等。　樂推：語出《老子》：“是以聖人處上而民不重，處前而民不害，是以天下樂推而不厭。”多指王朝得衆人擁戴。

[7]公休：人名。即三國魏晚期的諸葛誕。字公休。其事見前注。

宋書　卷七五

列傳第三十五

王僧達　顔竣

　　王僧達，琅邪臨沂人，[1]太保弘少子。[2]兄錫，質訥乏風采。[3]太祖聞僧達蚤慧，[4]召見於德陽殿，問其書學及家事，應對閑敏，上甚知之，妻以臨川王義慶女。[5]

　　[1]琅邪：郡名。治所在今山東諸城市。　臨沂：縣名。治所在今山東費縣。

　　[2]太保：官名。古代三公之一，多爲勳戚大臣加銜贈官，無實際職權。一品。　弘：人名。即王弘。其曾祖爲東晉開國丞相王導。本書卷四二有傳。

　　[3]錫：人名。即王錫。嗣王弘爵位，歷任中書郎、江夏内史等職。本書卷四二有附傳。　質訥：樸實而語言遲鈍。

　　[4]太祖：宋文帝劉義隆廟號。　蚤：同“早”。

　　[5]閑敏：文雅敏捷。閑，通“嫻”。　知：知遇，賞識，優遇。　臨川王：王爵名。王國在今江西撫州市臨川區西。　義慶：人名。即劉義慶。宋武帝劉裕中弟劉道憐的次子，著《世說新語》

八卷。本書卷五一有附傳。

　　少好學，善屬文。年未二十，[1]以爲始興王濬後軍參軍，[2]遷太子舍人。[3]坐屬疾，[4]於楊列橋觀鬬鴨，[5]爲有司所糾，原不問。性好鷹犬，與閭里少年相馳逐，又躬自屠牛。義慶聞如此，令周旋沙門慧觀造而觀之。[6]僧達陳書滿席，與論文義，慧觀酬答不暇，深相稱美。與錫不協，訴家貧，求郡。太祖欲以爲秦郡，[7]吏部郎庾炳之曰：[8]“王弘子既不宜作秦郡，僧達亦不堪莅民。”乃止。尋遷太子洗馬，[9]母憂去職。兄錫罷臨海郡還，[10]送故及奉禄百萬以上，[11]僧達一夕令奴輦取，無復所餘。服闋，爲宣城太守。[12]性好游獵，而山郡無事，僧達肆意馳騁，或三五日不歸，受辭訟多在獵所。民或相逢不識，問府君所在，僧達曰：“近在後。”元嘉二十八年春，[13]索虜寇逼，[14]都邑危懼。僧達求入衛京師，見許。賊退，又除宣城太守。頃之，徙任義興。[15]

　　[1]年未二十：丁福林《校議》據下文《求解職表》《求徐州啓》考證，王僧達爲始興王後軍參軍時，當爲二十一歲。
　　[2]始興王：王爵名。王國在今廣東韶關市東南。　濬：人名。即劉濬。字休明，宋文帝第二子。本書卷九九有傳。　後軍參軍：官名。即劉濬所任後將軍府中名爲“參軍事”的僚屬，掌參謀軍務。
　　[3]太子舍人：官名。爲太子府宿衛官，亦掌文章書記。七品。
　　[4]屬疾：託病。
　　[5]楊列橋：一作“楊烈橋”，當時京都建康城內一座橋。
　　[6]周旋：周一良《札記》：“周旋乃親密往來之意。”　沙門：

佛教僧徒。　慧觀：人名。其事不詳。

　　[7]秦郡：治所在今江蘇南京市六合區北。

　　[8]吏部郎：官名。尚書省吏部郎曹長官的通稱，亦稱吏部郎中。屬吏部尚書，主管官吏選任調動事宜。六品。　庾炳之：人名。潁川鄢陵（今河南鄢陵縣）人。本書卷五三有附傳。

　　[9]太子洗馬：官名。爲太子東宮屬職。洗亦作“先”，先馬即前驅。掌賓贊受事，太子出行則爲前導。七品。

　　[10]臨海：郡名。治所在今浙江臨海市東南章安鎮。

　　[11]送故：給去職官員的饋贈。時地方專有送迎官員用的款項，稱爲“送迎錢”。

　　[12]服闋：喪服滿期。　宣城：郡名。治所在今安徽宣州市。

　　[13]元嘉：宋文帝劉義隆年號（424—453）。

　　[14]索虜：晉宋人對北魏鮮卑人的蔑稱。因北方諸族編髮爲辮，故稱索虜、索頭虜。

　　[15]義興：郡名。治所在今江蘇宜興市。

　　三十年，元凶弒立，[1]世祖入討，[2]普檄諸州郡，又符郡發兵，僧達未知所從。[3]客說之曰：“方今釁逆滔天，古今未有。爲君計，莫若承義師之檄，移告傍郡，使工言之士，明示禍福，[4]苟在有心，誰不響應。此策上也。如其不能，可躬率向義之徒，詳擇水陸之便，致身南歸，[5]亦其次也。”僧達乃自候道南奔，逢世祖於鵲頭，[6]即命爲長史，加征虜將軍。[7]初，世祖發尋陽，[8]沈慶之謂人曰：[9]“王僧達必來赴義。”人問其所以，慶之曰：“虜馬飲江，王出赴難，見在先帝前，議論開張，執意明決。以此言之，其至必也。”

　　[1]元凶弒立：指宋文帝皇太子劉劭派親信張超之殺文帝，自立爲帝。事見本書卷九九《劉劭傳》。

　　[2]世祖：宋孝武帝劉駿廟號。本書卷六有紀。

　　[3]檄：號召申討的官方文書。　符：古代朝廷用以傳達命令、徵調兵將的憑證。此處爲動詞，作“發符”解。

　　[4]苟在有心：意謂祗要能思考。“有”各本並作“其”，中華本據《通鑑》改，今從之。

　　[5]南歸：長江下游在安徽、江蘇段爲西南至東北流向，此指向西南劉駿的軍隊靠攏。

　　[6]鵲頭：地名。在今安徽銅陵、繁昌二縣之間的長江中有鵲洲。鵲頭爲銅陵縣北鵲頭山，鵲尾爲繁昌縣東北三山，西對無爲縣，爲江流險要處。

　　[7]長史：官名。王府、諸公、大將軍府皆置，爲幕僚長。時劉駿爲征南將軍，此即征南府長史。七品。　征虜將軍：官名。多作爲高級文職官員的加官。三品。

　　[8]尋陽：地名。在今江西九江市西南。

　　[9]沈慶之：人名。吳興武康（今浙江德清縣）人。本書卷七七有傳。

　　上即位，以爲尚書右僕射，[1]尋出爲使持節、南蠻校尉，[2]加征虜將軍。時南郡王義宣求留江陵，[3]南蠻不解，[4]不成行。仍補護軍將軍。[5]僧達自負才地，[6]謂當時莫及。上初踐阼，[7]即居端右，[8]一二年間，便望宰相。及爲護軍，不得志，乃啓求徐州，[9]曰：

　　[1]尚書右僕射：官名。尚書令副貳，在左僕射下。南朝尚書令爲宰相之任，不親庶務，尚書省日常由僕射主持。諸曹奏事由左、右僕射審議聯署，右僕射又領祠部、儀曹二郎曹。三品。

〔2〕使持節：官名。官吏奉使外出，由皇帝授予節杖以提高其威權。凡重要軍事長官出征、出鎮，加使持節，可誅殺二千石以下官員，表示權力和尊崇。　南蠻校尉：官名。亦稱護南蠻校尉。地位重要，治江陵，掌荆州及江州少數民族事務，統兵。四品。

〔3〕南郡王：王爵名。王國在今湖北荆州市荆州區。　義宣：人名。即劉義宣。宋武帝劉裕第六子，本書卷六八有傳。

〔4〕不解：不解職。指劉義宣不解南蠻校尉之職，故王僧達無法接任。

〔5〕護軍將軍：官名。掌督護京師以外諸軍，權任頗重。三品。

〔6〕才地：才能與門第。地，門第。

〔7〕踐阼：同“踐祚”。皇帝登位。阼，大堂前東面的臺階。天子、諸侯皆以東階爲主人之位，此處借指皇位。

〔8〕端右：謂尚書省長官。

〔9〕徐州：治所在今江蘇徐州市。

　　臣衰索餘生，[1]逢辰藉業，[2]先帝追念功臣，眷及遺賤，[3]飾短捐陋，[4]布策稠采，[5]從官委褐，[6]十有一載。早憑慶泰，晚親盛明，[7]而有志於學，無獨見之敏，有務在身，無偏鑒之識，[8]固不足建言世治，備辦時宜。[9]竊以天恩不可終報，尸素難可久處，[10]故猖狂蕪謬，[11]每陳所懷。

〔1〕衰索：衰落而盡。索，盡，空。

〔2〕逢辰藉業：遭遇時運，借助功烈。

〔3〕眷：關懷，寵愛。　遺賤：謙詞。留下的（功臣）後代。

〔4〕飾短捐陋：粉飾掩蓋短處，拋開簡陋不足。言有容人之量。

〔5〕布策稠采：想辦法儘量多地起用可用之人。布策，想辦法。稠采，廣泛選取。

[6]委褐：脫去民服而作官。一作"釋褐"。褐，粗衣，爲平民的服裝。

[7]晚親盛明："晚"各本並作"脫"，中華本據《永樂大典》卷六八三一改，今從之。

[8]偏鑒：特別明察。

[9]建言：建議陳述。 備辨時宜：詳盡地分辨哪些政令應該、哪些不應該。

[10]尸素：即尸位素餐。謂居位食祿而不理事。尸，神像。古代祭祀時以臣下或死者晚輩象徵神靈，代死者受祭。尸者衹受享祭而不作事，爲尸位。素餐，不勞而食。後指無功食祿。

[11]猖狂：謙詞。肆意妄行。 蕪謬：雜亂而錯誤。

　　陛下孝誠發衷，義順動物，自龍飛以來，實應九服同歡，三光再朗。[1]而臣假視巷里，借聽民謠，黎氓□□，未締其感，遠近風議，不獲稍進，臣所用夙宵疾首，寤寐疚心者也。[2]臣取之前載，譬之於今。當漢文之時，[3]可謂藉已成之業，據既安之運，重以布衣菲食，[4]憂勤治道。而賈誼披露迺誠，[5]猶有嘆哭之諫。況今承顛沛，萬機惟始，恩未及普，信未遑周。臣又聞前達有言，天下，重器也，一安不可卒危，一危亦不可卒安。[6]陛下神思淵通，亦當鑒之聖慮。[7]

[1]發衷：發自內心。 動物：感動天地萬物。 龍飛：《易·乾卦》："飛龍在天，利見大人。"孔穎達疏："若聖人有龍德，飛騰而居天位。"後世遂以龍飛喻爲帝王興起或即位。 九服：相傳古代天子所住京都以外的地方按遠近分爲九等，叫九服。此借指

天下。　三光：日、月、星。

　　[2]所用：所以。　夙宵疾首：朝夕怨恨。疾首，頭痛，喻怨恨之甚。　寤寐疚心：日夜傷心。疚心，内心不安。

　　[3]漢文：指西漢文帝劉恒。他在歷史上以節儉愛民著稱，使王朝走向安定富庶。

　　[4]重：再加上。　布衣菲食：布製的衣服和微薄的飯食。布衣，麻葛織物製成，謂衣著儉樸。

　　[5]賈誼：人名。西漢初大臣、政論家。他多次上疏分析政局，有“可爲痛哭者一，可爲流涕者二，可爲長太息者六”等詞句，發人深省。《漢書》卷四八有傳。　迺：同“乃”。

　　[6]卒：通“猝”“促”。急促，馬上。

　　[7]鑒之聖慮：以聖人的思考作爲借鑒。

　　竊謂當今之務，[1]惟在萬有爲己，家國同憂，允彼庶心，從民之欲。[2]民有咨瘝之聲，[3]君表納隍之志。下有愆弊之苦，上無佚豫之情。又應官酌其才，爵疇其望，與失不賞，寧失不刑。至若樞任重司，[4]藩扞要鎮，[5]治亂攸寄，動静所歸，百度惟新，[6]或可因而弗革，事在適宜，無或定其出處。天下多才，在所用之。

　　[1]竊謂當今之務：各本並脱“當”字，中華本據《建康實錄》補，今從之。

　　[2]萬有：萬物。　家國同憂：把國家看作自己一家私産一樣憂慮戒懼。　允彼庶心：順應衆人心意。

　　[3]咨瘝：嘆息疾苦。瘝，病。引申爲疾苦。　納隍：出民於水火的迫切心情。典出《孟子·萬章下》：“（伊尹）思天下之民，匹夫匹婦有不被堯、舜之澤者，若己推而内之溝中。”溝即隍，後

世通謂“納隍”。

[4]樞任重司：指中央發號施令的重要機構或官職。

[5]藩扞要鎮：作爲屏藩的重要地方軍鎮。

[6]百度：百事，各種制度。

臣非惟寄觀世路，[1]謬識其難，即之於身，詳見其弊。何者？臣雖得免墻面，[2]書不入於學伍，[3]行無愆戾，自無近於才能，直以蔭託門世，夙列榮齒。[4]且近雖奔迸江路，歸命南闕，竟何功效，可以書賞？[5]而頻出内寵，陛下綢繆數旬之中，累發明詔。[6]自非才略有素，[7]聲實相任，豈可聞而弗驚，履而無懼？[8]固宜退省身分，識恩之厚，不知報答，當在何期？[9]

[1]寄觀世路：著眼於外物來觀察世風人事。寄，依賴别物。世路，世事，世道。

[2]墻面：謂如面墻而立，目無所見。喻不學無術。

[3]學伍：學士文人之林。伍，同類，行列。

[4]蔭託門世：受到世家門第的蔭庇保護。蔭，古代因祖先的官位功勞而得官。　榮齒：高級官員的行列。齒，序列。

[5]奔迸江路：急馳轉徙於入江水路。　南闕：帝王宫禁，指朝廷。時皇宫坐北向南，南闕爲皇宫南面正門的門樓，是大臣入朝的通道。

[6]内寵：皇帝所寵愛的人。此指擔任護軍等宫内官。　綢繆：情意殷切。

[7]素：一向，向來。

[8]履：處位而執行職責。

[9]省：反省。 身分：一個人的社會地位和資歷。 恩：皇帝恩德。

　　夫見危致命，死而後已，皆殷勤前誥，重其忘生。[1]臣感先聖格言，思在必效之地，使生獲其志，死得其所。如使臣享厚禄，居重榮，衣狐坐熊，[2]而無事於世者，固所不能安也。今四夷猶警，國未忘戰，辮髪凶詭，尤宜裁防。[3]間者天兵未獲，已肆其輕漢之心，恐戎狄貪惏，猶懷匪遜。[4]脱以神州暫擾，中夏兵飢，容或遊魂塞内，重窺邊壘。且高秋在節，胡馬興威，宜圖其易，蚤爲之所。[5]臣每一日三省，志在報效，遠近小大，顧其所安。受效偏方，[6]得司者則慮之所辦，情有不疑。若首統軍政，[7]董勒天兵，[8]既才所不周，實誠亦非願。陛下矜諒已厚，願復曲體此心。護軍之任，臣不敢處，彭城軍府，即時過立。[9]且臣本在驅馳，非希崇顯，輕智小號，足以自安。願垂鑑恕，特賜申奬，則内外榮荷，存没銘分。[10]

[1]殷勤：情意懇切。 誥：告誡，勉勵。 重：尊重，貴尚。
[2]衣狐坐熊：穿狐裘，坐熊皮鋪席。喻生活奢華。
[3]辮髪：指當時統治北方的少數民族，即鮮卑族政權北魏。凶詭：凶惡詭詐。 裁防：規劃防備。
[4]天兵：王師，國家的軍隊。 肆：放縱。 輕漢：輕視華夏。 貪惏：貪殘。 匪遜：不順從。匪，非。
[5]高秋：秋高氣爽之時。按：秋天馬肥，北方游牧族習慣於此時集兵征戰。 蚤爲之所：盡早做好準備。所，代詞。所做。

[6]偏方：一個方面。此指統轄一個州鎮。

[7]首統：總的統領。

[8]董勒：督察統率。按：此皆護軍職任。

[9]軍府：將帥的幕府。宋時都督諸州軍事兼理民政，領駐在州刺史，爲一方軍政長官，亦往往帶將軍名號。　即時過立：謙詞。對我已是超出常度的委任。另一説爲馬上要超過而立之年。

[10]內外榮荷：無論在京師還是在地方都對承擔的職責受恩承惠。　存没銘分：無論是生還是死都將恩德銘記在情感中。存没，生與死。銘，永志不忘。分，情分，感情。

上不許。僧達三啓固陳，上甚不説。以爲征虜將軍、吳郡太守。朞歲五遷，僧達彌不得意。

吳郭西臺寺多富沙門，[1]僧達求須不稱意，[2]乃遣主簿顧曠率門義劫寺內沙門竺法瑶，[3]得數百萬。荊、江反叛，[4]加僧達置佐領兵，[5]臺符聽置千人，而輒立三十隊，隊八十人。又立宅於吳，多役公力。坐免官。初，僧達爲太子洗馬，在東宮，愛念軍人朱靈寶。[6]及出爲宣城，靈寶已長，僧達詐列死亡，寄宣城左永之籍，注以爲己子，改名元序。[7]啓太祖以爲武陵國典衛令，[8]又以補竟陵國典書令、建平國中軍將軍。[9]孝建元年春，[10]事發，又加禁錮。上表陳謝云："不能因依左右，傾意權貴。"[11]上愈怒。僧達族子確年少，美姿容，僧達與之私款。[12]確叔父休爲永嘉太守，[13]當將確之郡，僧達欲逼留之，確知其意，避不復往。僧達大怒，潛於所住屋後作大坑，欲誘確來別，因殺而埋之。從弟僧虔知其謀，[14]禁呵乃止。御史中丞劉瑀奏請收治，[15]上不許。

[1]郭：外城。　西臺寺：佛教寺院名。

[2]求須：責求索取。須，同"需"。需求。

[3]主簿：官名。中央及州郡官府皆置，典領文書簿籍，經辦事務。品秩隨府官長地位高下而異。　顧曠：人名。其事不詳。門義：門生及義從。是魏晉南北朝時依附主人的一個階層。時仕宦者允許招募部曲，謂之義從；其在門下親侍者，謂之門生。　竺法瑤：僧人名。其事不詳。

[4]荊、江反叛：指宋孝武帝孝建元年（454）荊州刺史劉義宣、江州刺史臧質聯合反叛朝廷事件。

[5]置佐領兵：郡太守本職治民，不領兵。此特殊情況下，允許組建軍隊，設置將佐。

[6]朱靈寶：人名。《南齊書》作"朱靈真"。宋順帝時任龍驤將軍、騎兵參軍，參加了沈攸之造反的軍事行動。事見本書卷七四《沈攸之傳》。

[7]詐列死亡：假稱人死，注銷戶籍。按：魏晉南北朝實行"士家制"，軍人單獨立軍籍，世代當兵，父死子繼，地位低下。士家子弟一般不能做官，也不能免除士籍。　寄宣城左永之籍：假借宣城左永之名下重新登記戶籍，改變了軍人身份。左永之，人名。其事不詳。

[8]武陵國：王國名。文帝第三子劉駿封國，治所在今湖南常德市武陵區。　典衛令：官名。王國屬官，掌府第警衛。

[9]竟陵國：王國名。武帝第六子劉義宣封國，治所在今湖北潛江市。　典書令：官名。王國屬官，掌管國相以下公文上奏。建平國：王國名。文帝第七子劉宏封國，治所在今重慶巫山縣。中軍將軍：官名。王國屬官。按：本書《百官志》，王國皆設上、中、下三軍，各設將軍一人統之，地位很低。此"中軍將軍"各本並作"中將軍"，中華本據《南史》改，從之。

[10]孝建：宋孝武帝劉駿年號（454—456）。

[11]因依左右：依靠憑借皇帝身邊的人。　傾意：一心向往。

引申爲順從巴結。

　　[12]私款：親近愛幸，私下親密交好。

　　[13]永嘉：郡名。治所在今浙江温州市。

　　[14]僧虔：人名。即王僧虔。琅邪臨沂人，其父王曇首是王僧達叔父。他在宋、齊兩朝迭任要職，善書法，於書法理論亦有研究。《南齊書》卷三三有傳。

　　[15]御史中丞：官名。西漢始置，爲御史大夫副職。東漢以後，獨立爲御史臺長官，專掌監察執法。南朝也稱南司。四品。劉瑀：人名。東莞莒人，宋初功臣劉穆之的孫子，屢在朝中和地方任要職。本書卷四二有附傳。　　收治：拘捕治罪。

　　　孝建三年，[1]除太常，[2]意尤不悦。頃之，上表解職，曰：

　　　　臣自審庸短，少闕宦情，兼宿抱重疾，年月稍甚。生平素念，願閑衡廬。[3]先朝追遠之恩，早見榮齒。曩者以親貧須養，僶俛從禄，[4]解褐後府，[5]十有餘旬，俄遷舍人，殆不朝直。[6]實無緣坐閲宸寵，尸爵家庭，[7]情計二三，屢經聞啓，終獲允亮，賜反初服。[8]還私未用，又擢爲洗馬，意旨優隆，其令且拜，許有郡缺，當務處置。[9]

　　[1]孝建三年：《南史》卷二一《王僧達傳》作“孝建二年”。

　　[2]太常：官名。秦漢始置，位列九卿之首，職務繁重，主管祭祀、宗廟、帝陵、朝儀及文教、選舉等事務。後沿置，職權漸分化削弱。三品。

　　[3]衡廬：衡門小屋，言其簡陋。多指隱者之居。衡，衡門，橫木爲門。

[4]僶（mǐn）俛（miǎn）：勉勵，努力。　從禄：爲官。

[5]解褐：脱去布衣。謂擔任官職。　後府：指後軍府。

[6]殆：乃。　朝直：值宿於朝廷。

[7]坐閲宸寵：親接聖顔，榮蒙皇帝恩寵。　尸爵家庭：安享爵位於家中。尸，坐享。

[8]允亮：誠信。　初服：未入仕時的服裝，與“朝服”相對。

[9]處置：安排。

　　會琅邪遷改，[1]即蒙敕往反神翰，[2]慈誘殷勤，令裝成即自隨。靈寶往年淪覆長溪，[3]因彼散失，仰感沉恩，俯銘浮寵。[4]臣釁積禍并，仍丁艱罰，聊及視息，即蒙逮問，具啓以奉營情事，負舉猥多。[5]賜莅宣城，極其窮躓。[6]仲春移任，方冬便值虜南侵。臣忝同肺腑，[7]情爲義動，苦求還都，侍衛輦轂。至止之日，戎旗已搴。在郡雖淺，而貪得分了，[8]方拂農衣，還事耕牧，宣城民庶，詣闕見請。[9]爾時敕亡從兄僧綽宣見留之旨。[10]闇疾寡任，野心素積，[11]仍附啓苦乞且旋任。[12]還務未期，[13]亡兄臣錫奄見棄背，[14]啓解奔赴，賜帶郡還都，曾未淹積，復除義興。[15]

[1]琅邪遷改：指宋文帝元嘉八年的行政區劃調整，僑置南徐州，治京口。下轄有南琅邪郡，割丹陽之江乘縣（今江蘇句容市）立之。

[2]敕：告誡。尤指皇帝的意旨。　神翰：書信的敬稱。

[3]靈寶：人名。即朱靈寶。　長溪：關名。在今浙江慈溪市

西北。

〔4〕沉恩：深恩。　浮寵：過多的恩寵。

〔5〕釁積禍并：罪過所積灾禍並來。　仍丁艱罰：於是遭到父母喪事這樣的天罰。仍，通“乃”。丁艱，即丁憂。此指其母親去世。　聊及視息：暫且僅存視覺與呼吸。謂痛苦萬分，僅能苟全活命。　逮問：逮捕問罪。此乃加重語氣，實爲詢問。　奉營情事：經營的前後細節。　負舋猥多：虧欠衆多。猥，衆，衆多。

〔6〕莅：臨民，治理。此指王僧達爲宣城太守。　窮蹶：貧苦窮困。蹶，事情不順利。

〔7〕忝：謙詞。愧。　肺腑：泛指人體的内臟。比喻極親近的人。

〔8〕貪得分（fèn）了：貪求所得很是明了，意爲無所貪求。

〔9〕詣闕見請：赴朝堂要求將我留任。見，用在動詞前面，稱代自己。請，延請。

〔10〕僧綽：人名。即王僧綽。琅邪臨沂人。本書卷七一有傳。　見留：被留朝中。見，此處用在動詞前面表示被動。

〔11〕野心：指閑散恬淡的性情。

〔12〕旋任：返回任所。

〔13〕未期（jī）：不滿一周年。

〔14〕棄背：死亡的婉詞。

〔15〕啓解奔赴：上奏解職奔喪。赴，奔告報喪。　帶郡還都：身帶郡職回到都城。南北朝時，一些中央官員兼任地方郡守、縣令，但不理事，主要是爲了取得禄秩，稱“帶”，也是皇帝的一種恩賜。　淹積：滯留，久留。　義興：郡名。此指義興太守。

臣自天飛海泳，[1]豈假鱗翼？[2]徒思横施，[3]與日而深。自處官以來，未嘗有涓豪之積，[4]羸疾闇疢，[5]又無人一諾。[6]而性狎林水，[7]偏愛禽魚，議其所託，動乖治要，[8]故收崖斂分，[9]無忘俄頃。實由有待難供，[10]上裝未立，[11]東郡奉輕，西陝禄重。[12]具陳蘄懇，[13]備執初願，[14]乞置江、湘遠郡，[15]一二年中，庶反耕之日，[16]糧藥有寄。[17]即蒙亮許，當賜矜擢。[18]

[1]自：自然，自能。　天飛海泳：原指鳥和魚。比喻才氣橫逸，不受拘束。

[2]假：借。　鱗翼：代指龍鳳。比喻權貴。

[3]橫施："猶"衡廬"。橫木爲門，喻隱居之地。

[4]涓豪：亦作"涓毫"。喻微末，很少。　積：積蓄，積累。

[5]羸疾闇疚：衰弱而久病。

[6]一諾：即一諾千金。喻信實的允諾和幫助。

[7]狎：親近，狎玩。

[8]乖：違背。　治要：施政之要領。

[9]收崖斂分：即收斂崖分。檢點約束自己的身心，使行爲保持在合適的界限内。崖分，合適的界限。

[10]有待：哲學用語。謂人身存在須具備食物、衣服等條件，這是不自由的世俗生活。相對的是追求一種精神絕對自由的人生境界，稱"無待"。

[11]上裝：上衣。借指衣物用品。

[12]東郡奉輕，西陝禄重：比喻爲生活所迫需要選擇合適的官職任區。

[13]蘄懇：祈求。蘄，同"祈"。

[14]備執：堅持。　初願：原來的要求。即求出任郡職。

[15]江：州名。治所初在今湖北黄梅縣西南，至宋、齊之際移治今江西九江市。　湘：州名。治所在今湖南長沙市。

[16]反耕：棄官爲民。反，同"返"。

[17]寄：托付。

[18]亮許：亮察允許。亮，明鑒。用於書信中表示希望對方諒解。 矜擢：憐憫提拔。矜，憐憫，同情。擢，選拔，提升官職。

遭逢厄運，天地崩離。世蒙聖朝門情之顧，及在臣身，復荷殊職，義雖君臣，恩猶父子。臣誠庸蔽，心過草木，奉諱之日，不覺捐身。[1]單軀弱嗣，千里共氣，繼罹凶塗，動臨危盡，生微朝露，不察如絲。[2]信順所扶，得獲全濟，再見天地，重覿三光。[3]于時兄子僧亮等幽窘醜逆，盡室獄戶。[4]山川嶮岨，吉凶路塞，悠遠之思，誰能勿勞。[5]嘗膽濡足，是其分願，分心挂腹，實亦私苦。[6]

[1]奉諱：帝王死後舉喪。 不覺捐身：連喪身也感覺不到。形容痛苦的心情。

[2]共氣：猶"同氣"。指同胞兄弟。 凶塗：同"凶途"。有禍殃凶險的道路。 危盡：猶"危亡"。意謂危急存亡。盡，死。 微：隱蔽，藏匿。 朝露：早上的露水。比喻人生的短促易逝。

[3]信順：誠信不欺，順應天人。《易·繫辭上》："天之所助者，順也；人之所助者，信也。" 全濟：保全，救活。

[4]僧亮：人名。即王僧亮。王僧達之兄子。事見本書卷四二《王弘傳》。 幽窘醜逆：被醜逆之人（指劉劭）囚困起來。 盡室獄戶：家中的房屋變成了監獄。室，家屋。獄戶，牢門。

[5]吉凶路塞：是吉是凶而無渠道可通消息。 勞：憂愁，愁苦。

[6]嘗膽濡足：比喻歷盡艱辛，忍辱負重。嘗膽，源於春秋越王勾踐臥薪嘗膽、刻苦發憤的故事。濡足，沾污了脚。指被沾污。

《楚辭·九章·思美人》：“憚褰裳而濡足。”王逸注：“又恐污涅，被垢濁也。” 分願：本心，本願。“分”各本並作“公”，中華本據《永樂大典》卷六八三一改，今從之。 分心挂腹：形容十分挂念。 私苦：暗中私心之苦。

幸屬聖武，剋復大業，宇宙廓清，四表靖晏。[1] 臣父子叔姪，同獲泰辰，[2] 造情追尋，歸骨之本，欲以死明心，誤有餘辰。[3] 情願已展，避逆向順，終古常節，[4] 智力無效，[5] 有何勳庸，而頻煩恩榮，動踰分次。[6] 但忽病之日，不敢固辭，[7] 故吞訴於鵲渚，飲愧於新亭。[8] 及元凶既殄，人神獲乂，端右之授，即具陳請。[9] 天慈優渥，每越常倫，南蠻、護軍，旬月私授。臣三省非分，必致孤負。[10] 居常輕任，尚懼網墨，況參要內職，承寵外畿，其取覆折，不假識見。[11] 故披誠啟訴，表疏相屬，或乞輕高就卑，或願以閑易要。言誓致苦，播於辭牘，誠知固陋，當觸明科。

[1]聖武：指聖明而有武功的君主。此謂宋孝武帝劉駿。 剋復：用武力收復。 大業：謂帝業。

[2]泰辰：太平時世。

[3]誤有餘辰：意爲該死而没有死。餘辰，猶“餘年”，一生中剩餘的年月。

[4]終古常節：自古以來的恒常節操。

[5]智力無效：没有以才智與勇力報效國家。

[6]動踰分次：動不動就超越應有的名份位次。

[7]忽病：禍亂。忽，亂。病，禍害。

[8]吞訴：吞聲哭訴。　鵲渚：地名。一名"鵲岸"。主要指今安徽池州市貴池區至無爲縣一帶長江江岸。　新亭：地名。三國吳始築，在今江蘇南京市西南。地近江濱，依山築城壘，爲六朝時軍事和交通重地。劉駿討伐劉劭，在此取得決定性勝利。

[9]具：詳細。　陳請：陳述理由以請求。此謂王僧達要辭端右（尚書省長官）之職。

[10]三省非分：多次考慮認爲並非本分所應有。

[11]輕任：不重要的官職。　網墨：法度刑律。　內職：指供職禁中，內參機要的朝廷重臣。　外畿：京畿以外的地方。此指任州郡軍政大員。

　　去歲往年，累犯刑禁，理無申可，罪有恒典。[1]虛穢朝序，慚累家業，臣甘其終，物議其盡。[2]陛下棄其身瑕，矜其膝貴，[3]迂略法憲，曲相全養。[4]臣一至之感，口此何忘。[5]利伊恩升，加以今位，當時震驚，收足失所，本忘閑情，不敢聞命。[6]內慮於己，外訪於親，以爲天地之仁，施不期報，再造之恩，不可妄屬。故洗拂灰壤，登沐膏露，上處聖澤，下更生辰，合芳離蛻，遝邇改觀。[7]但偷榮託幸，忽移此歲，自見妨長，轉不可寧，宜其沈放，志事俱盡。[8]

[1]理無申可：《永樂大典》卷六八三一作"理無可申"。　恒典：常典。此指依照處罪的成文法典。

[2]虛穢朝序：白白使朝廷官員由於我蒙受污穢不潔之名。朝序，即朝列，朝班。泛指朝廷官員。　累：牽累，帶累。　家業：此指家傳的事業，也含有家庭生計之意。

[3]膝貴：百衲本作“貴膝”，弘治本、北監本、毛本、殿本、局本作“貴戚”。中華本據《永樂大典》卷六八三一改，今從之。膝，膝下。人幼年常依於父母膝旁，後用作對父母的親敬之稱。

[4]迂略：寬大簡略。　法憲：法令。　曲：曲意，寬容。

[5]一至之感：《永樂大典》卷六八三一作“一室之感”。　口此何忘：說到這裏內心何敢忘記。

[6]利伊恩升：加以恩典又給以高升爵賞。利，利祿，爵賞。伊，是，此。　收足失所：縮回腳來不知往何處放。形容震驚的樣子。　閑情：約束心思感情。　聞命：接受命令或教導。

[7]膏露：甘露。謂惠物沾溉。　生辰：有生之日。　合芳離蛻：去舊生新。芳，喻懿德高潔之人。蛻，舊的皮殼。

[8]偷榮託幸：竊取榮祿，依賴皇帝的寵幸。　妨長：妨礙良善登進。　沈放：消沉放任。　志事：抱負。

　　伏願陛下承太始之德，[1]加成物之恩。[2]及臣狂蔽未至，得於榮次自引。[3]聖朝厚終始之惠，孤臣保不泯之澤。夫讓功爲高，臣無功而讓；專素爲美，臣榮采已積。[4]以是求退，誠亦可愍。又妻子爲居，更無餘累，婢僕十餘，粗有田入，歲時是課，足繼朝昏。兼比日眩眚更甚，風虛漸劇，湊理合閉，榮衛悋底，心氣忡弱，神志衰散。[5]念此根疵，不支歲月。[6]公私誠愿，宜蒙諒許，乞徇餘辰，以終瑣運。[7]白水皎日，[8]不足爲譬，願垂矜鑑，哀申此請。

[1]太始：古代指剛剛形成物質的宇宙原始狀態。此比喻爲天。
[2]成物：指地。地養育萬物，故云。

[3]狂蔽未至：還没有達到狂妄昧理之時。　　榮次：榮顯之位。
自引：自行引退。

[4]專素：一心質樸無飾。謂不仕或安於貧寒。　　榮采：尊顯
榮耀。

[5]眩瞀：眼睛昏花，視物不清。　　風虛：外感風邪，體内虛
弱。虛，指内。風，指外。　　湊理：肌肉的紋理。中醫認爲正常人
應是骨正筋柔，氣血以流，湊理無滯。　　榮衛：中醫學名詞。榮指
血的循環，衛指氣的周流。榮衛二氣散布全身，内外相貫，運行不
已，對人體起著滋養和保衛作用。亦泛指氣血、身體。　　惛底：迷
亂停滯。底，止住。　　忡弱：瘁弱。　　神志：知覺和理智。　　衰
散：衰弱散失。

[6]根疵：謂痼疾。

[7]乞徇餘辰：乞求給我留下餘生。　　瑣運：卑賤的命運。

[8]白水皎日：指河水和明亮的太陽。一般用於誓辭。意即對
河、對天明誓。

　　僧達文旨抑揚，詔付門下。[1]侍中何偃以其詞不
遜，[2]啓付南臺。[3]又坐免官。頃之，除江夏王義恭太傅
長史、臨淮太守，[4]又徙太宰長史，[5]太守如故。大明元
年，[6]遷左衛將軍，[7]領太子中庶子。[8]以歸順功，封寧
陵縣五等侯。[9]二年，遷中書令。[10]

　　[1]抑揚：謂文氣起伏。此指内含褒貶。　　門下：官署名。爲
門下三省（散騎、侍中、西省）之代稱。其署設於宮禁中。侍中職
責之一爲受納吏民章奏，諫諍糾察。凡臣僚奏事，由其審議上呈，
承取皇帝旨意下達。

　　[2]侍中：官名。門下之侍中省長官。常侍衛皇帝左右，管理
門下衆事，平尚書奏事，有異議得駁奏。官顯職重。三品。　　何

偃：人名。廬江灊（今安徽霍山縣）人。本書卷五九有傳。

[3]南臺：御史臺的俗稱。御史臺爲國家最高監察機構，職在監察、彈劾百官，復查疑獄。爲重要官署。長官爲御史中丞。

[4]江夏王：王爵名。王國在今湖北武漢市武昌區。　義恭：人名。即劉義恭。宋武帝第五子。本書卷六一有傳。　太傅長史：官名。即太傅公府長史。太傅於南朝時多授以元老重臣，名義尊榮，位上公，無職掌。一品。　臨淮：郡名。僑置，治所在今江蘇常州市武進區一帶。

[5]太宰長史：官名。即太宰公府長史。太宰，西晉避司馬師諱，改太師爲太宰，居上公之首。多用以安置元老勳舊大臣，名義尊榮，無職掌。一品。

[6]大明：宋孝武帝劉駿年號（457—464）。

[7]左衛將軍：官名。禁衛軍主要統帥之一，權任很重，多由皇帝親信之人擔任。四品。

[8]太子中庶子：官名。太子侍從。與中舍人共掌文翰。四品。

[9]歸順：服從正義。此指王僧達在帝位之爭中投奔孝武帝劉駿。　寧陵：縣名。治所在今河南寧陵縣東南。　五等侯：侯爵名。侯爵等級之一，不食封。

[10]中書令：官名。中書省長官之一。中書省權歸中書通事舍人後，中書令名爲長官，多作爲朝臣加官。三品。

先是，南彭城蕃縣民高闍、沙門釋曇標、道方等共相誑惑，[1]自言有鬼神龍鳳之瑞，常聞簫鼓音，與秣陵民藍宏期等謀爲亂。[2]又要結殿中將軍苗允、員外散騎侍郎嚴欣之、司空參軍闞千纂、太宰府將程農、王恬等，[3]謀剋二年八月一日夜起兵攻宮門，[4]晨掩太宰江夏王義恭，[5]分兵襲殺諸大臣，以闍爲天子。事發覺，凡黨與死者數十人。

[1]南彭城：郡名。僑置在今江蘇鎮江市京口區。 蕃（pí）縣：僑置在今江蘇丹陽市一帶。 高闍：人名。本書卷九七《夷蠻傳》説他爲羌人。其謀反事細節不詳。 釋曇標：人名。亦稱"曇標道人"。其事不詳。 道方：人名。其事不詳。

[2]秣陵：縣名。治所在今江蘇南京市。 藍宏期：人名。其事不詳。

[3]要結：結合，邀引交結。 殿中將軍：官名。侍衛武職，不典兵。六品。 苗允：人名。其事不詳。 員外散騎侍郎：官名。初爲正員之外添差之散騎侍郎，無員數，後成爲定員官。屬散騎省，爲閑散之職，多以功臣子或閑退官員充任。 嚴欣之：人名。其事不詳。 司空參軍：官名。即司空府參軍事。掌參謀軍務的僚屬。司空，三公之一。名譽宰相，多爲大臣加官，無實際職掌。一品。 闞千纂：人名。其事不詳。 府將：公府武官名。程農、王恬：皆人名。事皆不詳。

[4]剋：嚴格限定。多用於時日。

[5]掩：突然襲擊，衝殺。

僧達屢經狂逆，[1]上以其終無悛心，因高闍事陷之，下詔曰："王僧達餘慶所鍾，早登榮觀，輕險無行，暴於世談。值國道中艱，[2]盡室願效，[3]甄其薄誠，賞其鴻懋，爵遍外内，身窮榮寵。[4]曾無在泮，食椹懷音，[5]乃協規西楚，志擾東區，[6]公行剽掠，顯奪凶黨，倚結群惡，誣亂視聽。[7]朕每容隱，思加蕩雪，曾無犬馬感恩之志，而炎火成燎原之勢，涓流兆江河之形，遂脣齒高闍，契規蘇寶，搜詳妖圖，覘察象緯。[8]逮賊長臨梟，餘黨就鞫，咸布辭獄牒，宣言虛市。[9]猶欲隱忍，法爲情屈，小醜紛紜，人扇方甚，矯構風塵，志希非覬，固已達諸公卿，彰于朝野。[10]朕焉得輕宗社之重，行匹夫之仁。殛山誅邪，聖典所同；[11]戮諷翦律，漢法攸尚。便可收付廷尉，肅正刑書。[12]故太保華容文昭公弘契闊歷朝，綢繆眷遇，豈容忘茲勳德，忽其世祀！[13]門爵國姻，一不貶絕。"[14]於獄賜死。時年三十六。

[1]狂逆：《南史》作"犯忤"。

[2]國道：國家的命運。

[3]盡室：全家。　效：效力，效忠。

[4]甄：表彰，稱揚。　薄：微小，少。　貰：赦免，寬大。鴻慝：大惡。慝，邪惡。

[5]曾無在泮，食椹懷音：比喻受人恩惠，但從來也不被感化從善。語出《詩·魯頌·泮水》："翩彼飛鴞，集于泮林。食我桑黮，懷我好音。"鄭玄《箋》："言鴞恒惡鳴，今來止於泮水之木上，食其桑黮。爲此之故，故改其鳴，歸就我以善音。喻人感於恩則化也。"泮，古代學宮。鴞，鳥名。又稱貓頭鷹。古人認爲是惡聲之鳥，禍鳥。

[6]協規：共同謀劃。　西楚：地區名。《史記》卷一二九《貨殖列傳》以淮北沛、陳、汝南、南郡爲西楚。此指王僧達任宣城太守。　東區：都城建康以東地區。此指王僧達任吳郡太守。

[7]顯奪：公然爭取到。奪，競先取得。　視聽：言路，輿論。

[8]炎火：烈火。　涓流：細小的水流。　兆：預兆，徵兆。脣齒：比喻互相依存而有共同利益的雙方。　契規：合盟謀劃。蘇寶：人名。本卷以下有其事迹。　搜詳：搜求揣摩。　妖圖：妖妄圖讖。圖讖爲古代方士編造的關於帝王受命徵驗的書，有圖畫和預言隱語。　覘（chān）察：暗中偵察。　象緯：象數讖緯。古代用龜筮星象等來占驗吉凶的方術。

[9]逮：等到。　賊長：賊首。　梟：懸頭示衆。　鞫：審訊，審問。　獄牒：刑獄的判決文書。　宣言：宣告，宣布。　虛市：墟市，集市。

[10]扇：煽動，煽惑。　矯構：假借某些事情作爲罪狀陷害人。　風塵：流言蜚語。　非覬：非分的企圖。覬，覬覦。

[11]殛山：《尚書·舜典》：“流共工于幽州，放驩兜于崇山，竄三苗于三危，殛鯀于羽山”。殛，放逐。此指古代聖人懲惡誅罪。

[12]廷尉：官名。中央最高司法審判機構長官，主管詔獄。文武大臣有罪，由其直接審理收獄。南朝又置“建康三官”分掌刑獄，廷尉職權較前爲輕。三品。　刑書：刑法的條文。

[13]故太保華容文昭公弘：即王僧達之父王弘。生前位太保，封華容縣公。死後謚文昭公。　契闊：勤苦，勞苦。　眷遇：殊遇，優待。　世祀：世代祭祀。

[14]門爵：世襲的爵位。　國姻：與帝王家的婚姻之親。　貶絶：貶爵絶親。

子道琰，徙新安郡，[1]前廢帝即位，[2]得還京邑。後廢帝元徽中，[3]爲廬陵國内史，[4]未至郡，卒。

[1]新安：郡名。治所在今浙江淳安縣西北。
[2]前廢帝：即劉子業。爲宋孝武帝劉駿長子，本書卷七有紀。
[3]後廢帝：即劉昱。爲宋明帝劉彧的長子，本書卷九有紀。元徽：宋後廢帝劉昱年號（473—477）。
[4]廬陵：王國名。在今江西吉水縣。宋初劉裕次子劉義真被封爲廬陵王，死後無子。宋後廢帝元徽三年，以宗室劉暠爲廬陵王嗣孫。　内史：官名。爲諸侯王國民政官，如郡太守。五品。

蘇寶者，名寶生，本寒門，[1]有文義之美。元嘉中立國子學，[2]爲《毛詩》助教，[3]爲太祖所知，官至南臺侍御史，[4]江寧令。[5]坐知高闍反不即啓聞，與闍共伏誅。

[1]寒門：門第寒微。魏晋南北朝以門第高低區分士族和庶族。庶族門第低，無特權，又稱寒門。

[2]國子學：即國子監。中國古代的教育管理機關和最高學府。

[3]《毛詩》：即今本《詩經》。相傳爲漢初學者毛亨和毛萇所傳。據稱其學出於孔子弟子子夏。《毛詩》在西漢末立學官，屬經古文學派。魏晋以後，經今文學派的齊、魯、韓三家《詩》漸散亡失傳，唯《毛詩》爲後世所宗尚。　助教：官名。協助國子祭酒、博士教授生徒。

[4]南臺侍御史：官名。即御史臺侍御史。監察文武官員，分曹治事。於糾彈本職外，常奉命出使州郡。七品。

[5]江寧：縣名。治所在今江蘇南京市江寧區。

顔竣字士遜，琅邪臨沂人，光禄大夫延之子也。[1]太祖問延之：“卿諸子誰有卿風？”對曰：“竣得臣筆，測得臣文，㚟得臣義，躍得臣酒。”[2]

[1]光禄大夫：官名。多授予年老有病的致仕官員，無具體職掌。三品。　延之：人名。即顔延之。字延年。本書卷七三有傳。

[2]測：人名。即顔測。爲顔延之次子。　㚟（chuò）：人名。即顔㚟。爲顔延之第三子。　躍：人名。即顔躍。顔延之第四子。事見本書卷八四《鄧琬傳》。

竣初爲太學博士、太子舍人，[1]出爲世祖撫軍主簿，[2]甚被愛遇，竣亦盡心補益。元嘉中，上不欲諸王各立朋黨，將召竣補尚書郎。[3]吏部尚書江湛以爲竣在府有稱，[4]不宜回改，上乃止。遂隨府轉安北、鎮軍、北中郎府主簿。[5]二十八年，虜自彭城北歸，復求互市。竣議曰：“愚以爲與虜和親無益，已然之明效。何以言其然？夷狄之欲侵暴，正苦力之不足耳。未嘗拘制信義，用輟其謀。昔年江上之役，[6]乃是和親之所招。歷稔交聘，[7]遂求國婚，朝廷羈縻之義，依違不絕。既積歲月，漸不可誣，獸心無厭，重以忿怒，故至於深入。幸今因兵交之後，華、戎隔判，[8]若言互市，則復開囊敝之萌。議者不過言互市之利在得馬，今棄此所重，得彼下駟，[9]千匹以上，尚不足言，況所得之數，裁不十百邪。一相交關，卒難閉絕。寇負力玩勝，[10]驕黠已甚，雖云互市，實覘國情。多贍其求，則桀傲罔已，通而爲節，[11]則必生邊虞。不如塞其端漸，[12]杜其觖望，[13]內修德化，外經邊事，保境以觀其釁，於事爲長。”

[1]太學博士：官名。漢始置五經博士，分經教授弟子員。宋或置或省。六品。

[2]撫軍主簿：官名。即撫軍將軍府主簿。時劉駿任撫軍將軍、南豫州刺史。

[3]尚書郎：官名。尚書省諸郎曹長官，分隸各列曹尚書，分曹執行政務。六品。

[4]吏部尚書：官名。尚書省吏部曹長官，主管官吏銓選考課獎懲。宋一度置二尚書以輕其任，尋復置一員。三品。　江湛：人

名。字徽淵，濟陽考城（今河南民權縣）人。本書卷七一有傳。

[5]隨府轉：即隨著府主不同時期官職的變化而任不同名義的府主簿。按：劉駿後分別任安北將軍、鎮軍將軍、北中郎將等職。

[6]江上之役：指宋文帝元嘉二十七年（450）北伐失敗，北魏軍在拓跋燾率領下南下，於十二月至瓜步（今江蘇南京市六合區），聲言欲渡江。同時北魏提出嫁女請婚，如允，“自今不復相犯秋毫”。此在宋朝臣中引起爭論，未行。事見本書卷九五《索虜傳》。

[7]歷稔：歷年。

[8]隔判：阻斷分離。指斷絕了交聘關係。

[9]下駟：下等劣馬。駟，原指一車四馬，此指馬。

[10]負力玩勝：依仗實力，刁頑謀勝。玩，捉弄。

[11]通而爲節：有節制地開放交往。

[12]端漸：開端。

[13]觖望：企求，希望。

初，沙門釋僧含粗有學義，[1]謂竣曰：“貧道粗見讖記，[2]當有真人應符，名稱次第，屬在殿下。”[3]竣在彭城嘗向親人叙之，言遂宣布，聞於太祖。時元凶巫蠱事已發，[4]故上不加推治。世祖鎮尋陽，遷南中郎記室參軍。[5]三十年春，以父延之致仕，固求解職，不許。賜假未發，而太祖崩問至，[6]世祖舉兵入討。轉諮議參軍，[7]領録事，任總外內，并造檄書。[8]世祖發尋陽，便有疾，領録事自沈慶之以下，[9]並不堪相見，唯竣出入卧內，斷決軍機。時世祖屢經危篤，不任咨稟，凡厥衆事，竣皆專斷施行。世祖踐阼，以爲侍中，俄遷左衛將軍，加散騎常侍。[10]辭常侍，見許。封建城縣侯，[11]食邑二千户。

[1]釋僧含：僧人名。其事不詳。　學義：學問，學識。

[2]讖記：即讖書。記載讖語的書，上面記載有所謂將來要應驗的預言、預兆。

[3]真人：此指所謂得天下的真命天子。　殿下：對皇太子和諸王的尊稱。此指武陵王劉駿。

[4]巫蠱：古代稱巫師使用邪術加害於人之事。按宋文帝末年，皇太子劉劭召女巫嚴道育入宮，以玉人爲文帝之形，埋於地中祈禱行鬼神事。後事泄露，使文帝欲廢太子。

[5]南中郎記室參軍：官名。即南中郎將府記室參軍。時劉駿任南中郎將、江州刺史。記室參軍，官名。又稱記室參軍事，記室曹長官，掌文疏表奏。

[6]崩問：皇帝駕崩的消息。崩，古代對帝王或皇后死的專稱。

[7]諮議參軍：官名。王府、公府、州軍府皆置爲僚屬，掌顧問諫議，其位甚尊，在列曹參軍上。

[8]録事：官署名。丞相府、將軍府僚屬諸曹之一，其長官爲録事參軍，掌總録衆曹文簿，舉彈善惡。七品。　檄書：檄文。古代官府用以徵召、曉喻、聲討的文書。

[9]領録事自沈慶之以下：語意費解。丁福林《校議》據《南史》卷三四《顏竣傳》考證，無“領録事”三字。

[10]散騎常侍：官名。散騎省（集書省）長官，職以收納轉呈文書奏事爲主。三品。

[11]建城縣侯：侯爵名。侯國在今江西高安市。縣侯，即開國縣侯。食邑爲縣，位在開國公下，開國伯上。二品。

　　孝建元年，轉吏部尚書，領驍騎將軍。[1]留心選舉，自强不息，任遇既隆，奏無不可。其後謝莊代竣領選，[2]意多不行。竣容貌嚴毅；莊風姿甚美，賓客喧訴，常歡笑答之。時人爲之語曰：“顏竣嗔而與人官，謝莊笑而不與人官。”南郡王義宣、臧質等反，[3]以竣兼領軍。[4]義宣、質諸子藏匿建康、秣陵、湖孰、江寧縣界，[5]世祖大怒，免丹陽尹褚湛之官，[6]收四縣官長，以竣爲丹陽尹，加散騎常侍。先是，竣未有子，而大司馬江夏王義恭諸子爲元凶所殺，至是並各産男。上自爲制名，名義恭子爲伯禽，以比魯公伯禽，[7]周公旦之子也。名竣子爲辟彊，以比漢侍中張良之子。[8]

[1]驍騎將軍：官名。擔當宿衛之任，是護衛宮廷的親軍六軍之一。四品。

[2]謝莊：人名。字希逸，陳郡陽夏（今河南太康縣）人。本書卷八五有傳。

[3]臧質：人名。字含文，東莞莒（今山東莒縣）人。本書卷七四有傳。

[4]領軍：官名。即領軍將軍或中領軍。爲禁衛軍最高統帥，由皇帝親信或宗室擔任。掌禁衛軍及京都諸軍。三品。

[5]建康：縣名。治所在今江蘇南京市。 湖孰：縣名。一作“湖熟”。治所在今江蘇南京市江寧區東南湖熟鎮。

[6]丹陽：郡名。治所在今江蘇南京市。時爲京師所在郡，長官爲丹陽尹，地位重要，稱“京尹”。下轄有建康、秣陵、丹陽、江寧、永世、溧陽、湖熟、句容八縣。 褚湛之：人名。字休玄，河南陽翟（今河南禹州市）人。本書卷五二有附傳。

[7]伯禽：人名。西周初政治家周公旦（姬旦）長子，爲魯國始封之祖。周公東征，討平武庚和管、蔡叛亂後，還政於周成王。成王將商奄（今山東曲阜市）封伯禽爲魯公，並賜以殷民六族。

[8]張良：人名。曾輔佐漢高祖劉邦建立漢朝，並設法穩定漢初形勢，爲劉邦最重要謀士。其子名張辟彊，官至侍中。按：此"侍中"不是張良的官稱，乃指其子張辟彊。

　　先是元嘉中，鑄四銖錢，[1]輪郭形制，與五銖同。[2]用費損，無利，故百姓不盜鑄。及世祖即位，又鑄孝建四銖。三年，尚書右丞徐爰議曰：[3]"貴貨利民，載自五政；[4]開鑄流圜，法成九府。[5]民富國實，教立化光。及時移俗易，則通變適用，是以周、漢倣遷，[6]隨世輕重。降及後代，財豐用足，因循前貫，[7]無復改創。年歷既遠，喪亂屢經，堙焚剪毀，日月銷減，[8]貨薄民貧，公私俱困，不有革造，將至大乏。謂應式遵古典，收銅繕鑄，納贖刊刑，著在往策。[9]今宜以銅贖刑，隨罰爲品。"[10]詔可。所鑄錢形式薄小，[11]輪郭不成就。[12]於是民間盜鑄者雲起，雜以鉛錫，[13]並不牢固。又剪鑿古錢，以取其銅，錢轉薄小，稍違官式。[14]雖重制嚴刑，民吏官長坐死免者相係，[15]而盜鑄彌甚，百物踊貴，[16]民人患苦之。乃立品格，薄小無輪郭者，悉加禁斷。

　　[1]四銖錢：重四銖的銅鑄幣。在中國古代貨幣鑄造史上，隋唐以前爲"量名錢"階段，有別於以後的"年號錢"階段。一般以貨幣重量爲錢的名稱。銖，古代重量單位，二十四銖爲一兩。

　　[2]輪郭：亦作"輪廓"。指錢的內外邊緣，外圓爲輪，內方爲郭。　五銖：錢幣名。即五銖錢。漢武帝元狩五年始鑄，重五銖，上篆"五銖"二字。此種錢對後代影響很大，自漢歷魏、晋、六朝至隋皆續有鑄造，通行達六百年之久。

　　[3]尚書右丞：官名。尚書省佐官，位次尚書，居尚書左丞下，

凡兵士百工名籍、内外庫藏穀帛、刑獄訴訟、軍械、田地、州郡租布、户籍等文書奏事皆屬之。六品。　徐爰：人名。字長玉，南琅邪開陽（今山東臨沂市北）人。本書卷九四有傳。

[4] 貨：錢，貨幣。　五政：謂五常之政，古代以五行分主四時，即指四時之政。《孝經緯鈎命决》：“春政不失，五穀蘖；初夏政不失，甘雨時；季夏政不失，地無菑；秋政不失，人民昌；冬政不失，少疾病。五政不失，百穀稺熟，日月光明。”

[5] 流圜：錢幣的流通。圜，錢幣。《漢書·食貨志下》：“錢圜函方。”孟康注：“外圜而内孔方也。”　九府：周代掌管財幣的機構。《漢書·食貨志下》：“太公爲周立九府圜法。”顔師古注：“《周官》太府、玉府、内府、外府、泉府、天府、職内、職金、職幣皆掌財幣之官，故云九府。”

[6] 俶遷：始遷。俶，最初，開始。

[7] 因循前貫：各本並作“因條前實”，中華本據《元龜》卷五〇〇改，今從之。前貫，舊制，前例。

[8] 日月銷减：年代既久，數量越來越少。或説貨幣本身越來越損减和被消耗。

[9] 式遵：效法，遵從。式，準則，榜樣。　納贖刊刑：收納銅金屬，可贖罪减刑。刊，削除。

[10] 隨罰爲品：隨罪行大小制定罰銅的不同數量等級。品，種類，等級。

[11] 所鑄錢形式薄小：各本並脱“所”字，中華本據《通典·食貨典》、《元龜》卷五〇〇補，今從之。

[12] 不成就：指鑄幣没有凸起的一層内外邊沿，整體薄平。各本並脱“就”字，中華本據《通典·食貨典》、《元龜》卷五〇〇補，今從之。

[13] 雜以鉛錫：鉛錫價賤，盗鑄者大量摻入銅幣中以獲利。鉛錫性脆硬，比例過大，則使錢幣易斷裂破碎，故不牢固。

[14] 官式：官方規定鑄幣的大小輕重厚薄等模式和規格。

[15]死免：民處死，官長免職。

[16]踊貴：謂物價上漲。按：幣值萎縮，一錢名義四銖，實則三銖或更少，物價自然上漲。

　　始興郡公沈慶之立議曰：[1]“昔秦幣過重，[2]高祖是患，普令民鑄，改造榆莢，而貨輕物重，又復乖時。[3]太宗放鑄，賈誼致譏。[4]誠以采山術存，[5]銅多利重，耕戰之器，[6]曩時所用，四民競造，爲害或多。[7]而孝文弗納，民鑄遂行，故能杇貫盈府，[8]天下殷富。況今耕戰不用，采鑄廢久，[9]鎔冶所資，多因成器。功艱利薄，絕吳、鄧之資，農民不習，無釋末之患。[10]方今中興開運，聖化惟新，雖復偃甲銷戈，而倉庫未實，公私所乏，唯錢而已。愚謂宜聽民鑄錢，郡縣開置錢署，樂鑄之家，皆居署內，平其准式，[11]去其雜僞，官斂輪郭，藏之以爲永寶。去春所禁新品，一時施用，今鑄悉依此格。[12]萬稅三千，嚴檢盜鑄，并禁剪鑿。數年之間，公私豐贍，銅盡事息，姦僞自止。且禁鑄則銅轉成器，開鑄則器化爲財，罄華利用，[13]於事爲益。”

　　[1]始興郡公：公爵名。公國在今廣東韶關市東南蓮花嶺下。郡公，即開國郡公。食邑爲郡，晉朝始置，南朝沿置。一品。

　　[2]秦幣過重：秦朝鑄幣爲“半兩”，每枚十二銖，過重，流通不便。

　　[3]高祖：漢高帝劉邦廟號。　民鑄：允許民間私人鑄錢。榆莢：漢代錢幣名。重三銖，錢面有“漢興”二字。其輕且薄，因形似榆莢，故名。　貨輕物重：漢初由於貨幣減重，物資缺乏，以至物價高昂。　乖時：不合時宜。乖，違背，不協調。

[4]太宗：漢文帝劉恒廟號。　放鑄：放手允許中央、地方和私人都可以鑄造貨幣。　賈誼致譏：賈誼主張把銅收歸官有，制止私鑄貨幣，控制錢幣數量，穩定幣制，平抑物價。他在這方面繼承了法家强本抑末思想。

[5]采山術：開山采取銅礦的技術。

[6]耕戰之器：農具和兵器。由於漢初鑄鐵技術尚不成熟，故在工具和兵器領域還有青銅器的一席之地，尚不能被鐵器完全取代。

[7]四民：古代稱士、農、工、商爲四民。　爲害或多：由於私鑄貨幣利潤特大，一方面造成衆多農民放棄農耕，一方面增加幣制混亂，使地方諸侯王和大工商業者財力雄厚，不利于社會安定和國家統一。

[8]朽貫盈府：國家府庫積存大量錢幣，因多年不用致使穿錢的繩子都已朽斷。見《史記·平準書》：“京師之錢累巨萬，貫朽而不可校。”貫，穿錢的繩索。古代銅錢用繩穿，一千枚爲一貫。

[9]耕戰不用：耕戰之器不用銅。　采鑄：采礦鑄錢。

[10]吳、鄧：指漢初的吳王劉濞和鄧通，二者皆以鑄錢致富。《史記·平準書》：“吳，諸侯也，以即山鑄錢，富埒天子，其後卒以叛逆。鄧通，大夫也，以鑄錢財過王者。故吳、鄧氏錢布天下。”
釋末：放下農具。謂棄耕營工商。

[11]平其准式：“准式”各本並作“雜式”。中華本據《元龜》卷五〇〇、《通鑑》宋孝武帝孝建三年改。平，均平，齊一。准式，標準，模式。

[12]今鑄悉依此格：丁福林《校議》引下文載江夏王義恭論沈慶之此議引作“今鑄宜依此格”，恐是。

[13]翦華利用：削鏟浮華，化作財利之用。華，指浮華的雕飾品。

　　上下其事公卿，太宰江夏王義恭議曰：“伏見沈慶之議，‘聽民私鑄，樂鑄之室，皆入署居。平其準式，去其雜僞’。愚謂百姓不樂與官相關，由來甚久，又多是人士，[1] 蓋不願入署。凡盜鑄爲利，利在僞雜，僞雜既禁，樂入必寡。云‘斂取輪郭，藏爲永寶’。愚謂上之所貴，下必從之。百姓聞官斂輪郭，輪郭之價百倍，大小對易，[2] 誰肯爲之？强制使換，則狀似逼奪。又‘去春所禁新品，一時施用’。愚謂此條在可開許。[3] 又云‘今鑄宜依此格，萬税三千’。又云‘嚴檢盜鑄，不得更造’。愚謂禁制之設，非惟一旦，昧利犯憲，[4] 群庶常情。不患制輕，患在冒犯。今入署必萬輸三千，私鑄無十三之税，[5] 逐利犯禁，居然不斷。又云‘銅盡事息，姦僞自禁’。愚謂赤縣内銅，[6] 非可卒盡，比及銅盡，姦僞已積。又云‘禁鑄則銅轉成器，開鑄則器化爲財’。然頃所患，患於形式不均，加以剪鑿，又鉛錫衆雜止於盜鑄銅者，[7] 亦無須苦禁。”

[1] 人士：民衆。指有自由身份的人，而不是隸屬官府貴族的營户、罪役户、工徒等身份。

[2] 大小對易：以輪廓完整的大錢去換沒有輪廓的小錢。

[3] 在可開許：在可以開恩允許之列。

[4] 昧利犯憲：貪利而違犯法令。憲，法令。

[5] 十三之税：即十分之三的税。同“萬税三千”。

[6] 赤縣：赤縣神州的省稱。借指中原或中國。

[7] 又鉛錫衆雜止於盜鑄銅者：各本作“□鉛錫衆玷越耳若止於盜鑄銅者”，殿本改“玷”作“訴”，其餘並同。殿本《考證》

云："字書無玝字，今定作訴。言錢法弊壞，衆人交訴之聲越耳也。"中華本據《元龜》卷五〇〇訂正，今從之。

竣議曰："泉貨利用，[1]近古所同。輕重之議，[2]定於漢世，魏、晉以降，未之能改。誠以物貨既均，改之僞生故也。[3]世代漸久，弊運頓至，因革之道，宜有其術。今云開署放鑄，誠所欣同。但慮採山事絕，器用日耗，銅既轉少，器亦彌貴。[4]設器直一千，則鑄之減半，爲之無利，雖令不行。[5]又云'去春所禁，一時施用'。是欲使天下豐財。[6]若細物必行，而不從公鑄，利已既深，情僞無極，私鑄剪鑿，盡不可禁。[7]五銖半兩之屬，不盈一年，必至於盡。財貨未贍，大錢已竭，數歲之間，悉爲塵土，豈可令取弊之道，基於皇代。[8]今百姓之貨，雖爲轉少，而市井之民，未有嗟怨，此新禁初行，品式未一，須臾自止，不足以垂聖慮。唯府藏空匱，實爲重憂。今縱行細錢，官無益賦之理，[9]百姓雖贍，無解官乏。唯簡費去華，[10]設在節儉，求贍之道，莫此爲貴。然錢有定限，而消失無方。剪鑄雖息，終致窮盡者，亡應官開取銅之署，[11]絕器用之塗，定其品式，日月漸鑄，歲久之後，不爲世益耳。"

[1]泉貨：錢幣，貨幣。泉，也是古代錢幣的名稱。《周禮·地官·司徒》鄭玄注："泉與錢，今古異名。"

[2]輕重：中國古代關於調節商品、貨幣流通和控制物價的理論。此尤指關於單位鑄幣大小輕重的合理度，漢代五銖處理較好，故魏晉仍襲漢用五銖錢。

［3］物貨既均：整個社會的物資流通量與貨幣發行總量相對均衡，貨幣的大小輕重便於貨物流通。　偽：奸偽。

［4］採山：開采銅礦，增加銅源。　器用日耗：現存的日用銅器日漸消耗。

［5］直一千：值一千錢。　鑄之減半：鑄成銅幣僅有原價的一半，即僅餘五百錢。

［6］豐財：此指允許劣小之錢通行社會，希望有助於增加貨幣和財富。

［7］利已既深：取利既然過大。已，過於。　無極：無邊。盡不可禁："盡"各本並作"書"，中華本據《元龜》卷五〇〇、《通鑑》宋孝建三年改。

［8］取弊：招致弊害。　皇代：猶言國朝，當今之世。

［9］益賦：增加賦稅。中國古代的一部分賦稅徵收現錢，一部分徵收實物，如賦額不變，而錢幣分量不足，則官府實際收入減少。

［10］簡費去華：指國家崇尚儉樸，減少經費支出，去掉浮華奢靡之費。

［11］亡應：不應該。

　　時議者又以銅轉難得，欲鑄二銖錢。竣又議曰："議者將爲官藏空虛，宜更改鑄，天下銅少，宜減錢式，[1]以救交弊，賑國紓民。愚以爲不然。今鑄二銖，恣行新細，[2]於官無解於乏，而民姦巧大興，天下之貨，將靡碎至盡。[3]空立嚴禁，而利深難絕，不過一二年間，其弊不可復救。其甚不可一也。今鎔鑄獲利，不見有頓得一二億之理，[4]縱復得此，必待彌年。歲暮稅登，[5]財幣暫革，[6]日用之費，不贍數月，雖權徵助，何解乏邪？

徒使姦民意騁，而貽厥愆謀。[7]此又甚不可二也。民懲大錢之改，[8]兼畏近日新禁，[9]市井之間，必生喧擾，遠利未聞，切患猥及，富商得志，貧民困窘。此又甚不可三也。若使交益深重，[10]尚不可行，況又未見其利，而衆弊如此，失算當時，取誚百代乎。"

[1]宜減錢式：減輕錢的質地，減輕錢的形制。錢式，猶錢品，指錢的質地形制。

[2]新細：新的薄劣之錢。細，即上謂細物，薄小僞劣之錢。

[3]靡碎至盡：謂貨幣體系將全部分崩離析，瓦解崩潰。靡碎，糜爛粉碎。

[4]今鎔鑄獲利，不見有頓得一二億之理：各本並脱"獲利不見"及"之"五字，中華本據《通典·食貨典》、《元龜》卷五〇〇補，今從之。"億"《通典》《元龜》作"倍"。頓得，一下子得到。

[5]歲暮稅登：年底完納租稅。登，完成。

[6]財幣暫革：財幣問題暫時可被排斥。革，革除。

[7]意騁：隨意放縱。　貽厥愆謀：遺留下那個罪過之謀。愆，罪過，過失。

[8]懲：苦於。

[9]近日新禁：指禁斷薄小無輪廓之錢。

[10]交益：交換取益。

前廢帝即位，鑄二銖錢，形式轉細。[1]官錢每出，民間即模效之，而大小厚薄皆不及也。無輪郭，不磨鑢，[2]如今之剪鑿者，謂之耒子。[3]景和元年，[4]沈慶之啓通私鑄，由是錢貨亂敗，一千錢長不盈三寸，大小稱此，謂之鵝眼錢。[5] 劣於此者，謂之綖環錢。[6] 入水不沉，隨手破碎，市井不復料數，[7] 十萬錢不盈一掬，斗米一萬，商貨不行。太宗初，[8] 唯禁鵝眼、綖環，其餘皆通用。復禁民鑄，官署亦廢工，尋復並斷，唯用古錢。

[1]形式轉細：原鑄四銖錢，今鑄二銖，分量減輕一半，形制自然變得薄小。

[2]磨鑢：磨治，磨光銼平。

[3]未子：民間模仿官錢鑄造貨幣的稱謂。《通典·食貨典九》作“萊子”。

[4]景和：宋前廢帝劉子業年號（465）。

[5]長：此指一千錢疊壓在一起的厚度。　鵝眼錢：專指古代一種劣質的錢，似以鵝眼之小來比喻錢幣。

[6]綖環錢：環薄細如綖，故名。綖，同“綫”。

[7]料數：計數。謂錢過於薄小，以堆計而無須點數。

[8]太宗：宋明帝劉彧廟號。

竣自散騎常侍、丹陽尹，加中書令，丹陽尹如故。表讓中書令曰：“虛竊國靈，坐玷禁要，聞命慚惶，形魂震越。[1] 臣東州凡鄙，[2] 生於微族，[3] 長自閭閻，不窺官轍，門無富貴，志絕華伍。[4] 直以委身壟畝，飢寒交切，先朝陶均庶品，[5] 不遺愚賤，得免耕稅之勤，廁仕進之末。陛下盛德居蕃，[6] 總攬英異，越以不才，[7] 超塵清軌，奉躬歷稔，勞效莫書，仰恃曲成之仁，畢願守宰之秩。[8] 豈期天地中闢，[9] 殷憂啓聖，[10] 倚附興運，擢景神塗，雲飛海泳，冠絕倫等，曾未三朞，殊命八萃。[11]

詳料賞典，則臣不應科；[12] 瞻言勤良，則臣與侔貴。[13] 方欲訴款皇朝，降階盛序，微已國言，[14] 少徹身謗，而制書猥下，[15] 爵樹彌隆。臣小人也，不及遠謀，寵利之來，何能居約。徒以上瀆天明，下汩彝議，災譴之興，懼必在邇。[16] 今之過授，以先微身，苟曰非據，危辱將及，十手所指，諭等膏肓，[17] 所以寤寐兢遽，維縈苦疾者也。[18] 伏願陛下察其丹誠，矜其疾願。絕會收恩，以全愚分，則造化之施，方茲爲薄。"[19] 見許。

[1] 國靈：國命。靈，命也。指皇帝對臣下的任命。 玷：弄髒，玷污。按各本此處作"招"，中華本據《元龜》卷四六三改，今從之。 禁要：指禁省（皇宮）官署中的機要官職。

[2] 東州：東部地區。顏竣乃琅邪臨沂人，故云。

[3] 微族：此處各本並作"生微於時"，中華本據《元龜》卷四六三改，今從之。

[4] 不窺官轍：未能見到官車的轍印。意謂家族中無人當官。 華伍：指達官貴人。華，華族，高門貴族。

[5] 陶均：亦作"陶鈞"。製作陶器的轉輪，引申爲陶冶，造就。

[6] 居蕃：居蕃王之位。指孝武帝劉駿早年以武陵王的身份出鎮各州府。

[7] 越以不才：使我從後面超到前面。越，超過。不才，對自己的謙稱。

[8] 超塵清軌：超脱塵俗，進入清流仕途。 奉躬歷稔：侍奉追隨孝武帝多年。 勞效：功效，功績。 曲成之仁：多方設法使我獲得成就的仁德之心。 畢願：畢生之願。

[9] 天地中閟：隱指宋文帝突遭宮廷變亂而去世。閟，通

“缺”。古代還指服喪期滿。

[10]殷憂：憂傷。　啓聖：爲聖人降臨開通道路。

[11]倚附：憑借，依傍。　興運：龍興之運。　擢景神塗：在仕途上對我加以舉拔。景，同“影”，身影。神塗，皇路，猶仕途。倫等：同輩。　殊命八萃：特殊恩寵的八次任命。萃，至，到。

[12]詳料賞典：詳細評估賞賜的常規準則。

[13]瞻言：有遠見的言論。　勤良：勤勞良善。　臣與侔貴：臣已被授予同等的尊貴。侔，齊等，相當。按：此處《元龜》卷四六三作“則臣當與責”。

[14]微：使衰弱。　國言：國人的謗言。《左傳》昭公二十七年：“楚郤宛之難，國言未已，進胙者莫不謗令尹。”

[15]制書：皇帝的命令。《史記》卷六《秦始皇本紀》：“命爲制，令爲詔。”

[16]天明：原意爲天道，此專指帝王的聖明。　汩：擾亂。彝議：不變之論。彝，常規，一成不變的法度。　災謫：有罪而被貶謫。

[17]膏肓：原稱病之難治者，此比喻難以挽救的失誤或缺點。

[18]兢邌：戒慎恐懼，惶恐。　維縈苦疾：思維纏繞，困苦不堪。維，思考。

[19]丹誠：赤誠的心。　疾願：急切之願。　會：通“惠”。恩惠。此指中書令的任命。　造化之施：大自然的恩施。造化，自然界的創造者。

　　時歲旱民饑，竣上言禁錫一月，[1]息米近萬斛。復代謝莊爲吏部尚書，領太子左衛率。[2]未拜，丁憂。[3]起爲右將軍，[4]丹陽尹如故。竣藉蕃朝之舊，[5]極陳得失。上自即吉之後，[6]多所興造，竣諫爭懇切，無所回避，上意甚不說，多不見從。竣自謂才足幹時，恩舊莫比，當贊務居中，永執朝政。[7]而所陳多不被納，疑上欲疏之，乃求外出，以占時旨。大明元年，以爲東揚州刺史，[8]將軍如故。所求既許，便憂懼無計。至州，又丁母艱，[9]不許去職，聽送喪還都，恩待猶厚，竣彌不自安。每對親故，頗懷怨憤，又言朝事違謬，人主得失。及王僧達被誅，謂爲竣所讒構，臨死陳竣前後忿懟，[10]每恨言不見從。僧達所言，頗有相符據。[11]上乃使御史中丞庾徽之奏之曰：[12]

[1]禁餳（táng）：禁止製糖，以節約糧食。餳，用麥芽或穀芽熬成的飴糖，俗稱糖稀。

[2]太子左衛率：官名。領精兵萬人，宿衛東宮，亦任征戰，地位頗重。五品。左衛率，《南史》卷三四《顏竣傳》作“右衛率”。

[3]丁憂：遭逢父母喪事，此指顏竣之父顏延之去世。舊制，父母死後，子女守喪三年，不做官，不婚娶，不赴宴。

[4]右將軍：官名。軍府名號，用作加官。三品。

[5]蕃朝之舊：蕃王府中的幕僚舊臣。指劉駿未當皇帝之前爲武陵王時，顏竣已爲其幕府之臣。

[6]即吉：謂居喪期滿。古代除去喪服後纔能參與吉禮，故稱。

[7]幹時：治世，用世。　恩舊：受天子恩寵的舊臣。

[8]東揚州：宋孝武帝孝建元年六月，分揚州浙東五郡（會稽、東陽、永嘉、臨海、新安）置東揚州，治所在今浙江紹興市。至大明三年改原揚州六郡爲王畿，以東揚州爲揚州。至前廢帝時，仍復揚州舊制。

[9]丁母艱：即爲母親守喪。

[10]忿懟：怨恨。忿，憤怒。懟，怨恨。

[11]符據：符合，憑據。

[12]庾徽之：人名。字景猷，潁川鄢陵（今河南鄢陵縣）人。事見本書卷八四《孔覬傳》。

臣聞人臣之奉主，毀家光國，竭情無私。若乃無禮陵人，怙富卑上，是以王叔作戒，子晳爲戮。[1]未有背本塞原，好利忘義，而得自容盛世，溷亂清流者也。右將軍、東揚州刺史、建城縣開國侯顏竣，因附風雲，謬蒙翼長，天地更造，拔以非次。[2]聖朝親攬，萬務一歸，而窺覦國柄，潛圖秉執。受任選曹，[3]驅扇滋甚，[4]出尹京輦，形勢彌放。傳詔犯憲，[5]舊須啓聞，[6]而竣以通訴忤己，輒加鞭辱，罔顧威靈，莫此爲甚。嚴詔屢發，當官責效，竣權恣不行，怨懟彌起，懷挾姦數，苞藏陰慝。預聞中旨，[7]罔不宣露，罰則委上，[8]恩必歸己，荷遇之門，即加謗辱；受譴之室，曲相哀撫。翻戾朝紀，狡惑視聽，脅懼上宰，激動閭閻。[9]

[1]王叔：即王叔陳生。春秋時周靈王執政卿士，因和另一卿士伯輿爭權，周王又傾向伯輿，一怒逃亡到晉國，丟掉王室之相的位置。《左傳》襄公十年說他“政以賄成，而刑放於寵，宮之師旅，不勝其富”。　子晳：即公孫黑。春秋時鄭國大夫，駟氏。他在鄭簡公時假托君位，專權叛亂，子產說他“無禮而好陵人，怙富而卑其上”。後在公元前540年衆叛親離，自縊而死，暴屍而書罪於路旁。其事見《左傳》昭公二年。

[2]天地更造：指朝代更迭。　非次：破格，指超遷官職。

[3]選曹：指吏部尚書。

[4]驅扇：亦作“驅煽”。驅策煽動。

[5]傳詔：官名。傳達皇帝詔命的官員。　犯憲：犯法。

[6]啓聞：啓奏皇帝批准（纔能處罪）。

[7]中旨：皇帝的意旨。

[8]罰則委上：把誅罰都委過於皇帝。

[9]翻戾朝紀：翻攪違背朝廷綱紀。　狁惑視聽：淆亂輿論。

　　末慮上聞，[1]内懷猜懼，僞請東牧，以卜天旨。[2]既獲出蕃，怨詈方肆，反屑腹誹，方之已輕。[3]且時有啓奏，必協姦私，宣示親朋，動作群小。前冬母亡，詔賜還葬，事畢不去，盤桓經時，方搆間勳貴，造立同異。[4]又表示危懼，深營身觀，[5]曲訪大臣，慮不全立，遂以己被斥外，國道將顛，釁積懷抱，惡窮辭色。[6]兼行闕於家，[7]早負世議，逮身居崇寵，奉兼萬金，榮以夸親，禄不充養。[8]宿憾母弟，恃貴輒戮，天倫怨毒，親交震駭。[9]凡所莅任，皆闕政刑，輒開丹陽庫物，貸借吏下。多假資禮，解爲門生，充朝滿野，殆將千計。[10]驕放自下，妨公害私，取監解見錢，以供帳下。[11]賓旅酣歌，不異平月，街談道説，非復風聲。[12]

　　[1]末慮上聞：各本並作“未上慮聞”，義不可通，中華本據《南史》改，今從之。末，語氣詞，用在句首。《經傳釋詞》：“末，蓋發聲，末不亦，不亦也。”上聞，（惡行）被皇帝知道。

　　[2]東牧：指東揚州刺史。　卜：推測，估計。　天旨：皇帝心意。

[3]出蕃：出朝到地方任職。　反脣腹誹：口中不言，心裏誹謗。反脣，謂脣動，表示心中不服。　方之已輕：比較顏竣的作法已是罪行爲輕。按：古代有“腹誹之法”，無言行即可論死，言下之意顏竣公然罵詈是死有餘辜。

[4]搆間：挑撥離間。　造立同異：製造對立。同異，偏義詞，此處指異。

[5]深營身觀：全力謀求脱身保安之計。觀，旁觀。

[6]曲訪：私心走訪。曲，邪僻，不正派。　斥外：排斥出朝廷。　顚：崩壞。　釁：罪惡。　窮：窮盡。　辭色：言辭和神色。

[7]行闕：不任官職。闕，官位空缺。

[8]逮：等到。　奉：俸禄。　兼：兩倍或兩倍以上。　禄不充養：俸禄不拿來養活親人。

[9]宿憾：舊日結下的仇恨。　戮：斬殺或羞辱。　天倫：天然倫次。指兄弟。　親交：知交，親近之友。

[10]資禮：資望禮儀。　解：古代由州郡縣地方推舉人才入京候選官員，稱爲“解”。　門生：東漢時原指再傳弟子，後泛指學生。六朝時門生與業師之間有很强的依附關係，可被推薦任職。

[11]監解見錢：負責向朝廷解送的現錢。解，押送。見錢，現錢。　帳下：指部下。

[12]風聲：暗傳的消息。

竣代都文吏，[1]特荷天私，棄瑕録用，豫參要重，勞無汗馬，賞班河山，出內寵靈，踰越倫伍。[2]山川之性，日月彌滋；溪壑之心，在盈彌夕；虎冠狼貪，未足爲譬。[3]今皇明開耀，品物咸亨，[4]傷俗點化，[5]實唯害焉。宜加顯戮，以彰盛化。請以見事免竣所居官，下太常削爵土，[6]須事御收付廷尉法獄罪。[7]

[1]代都文吏：漢高祖劉邦庶子劉恒被封代王，後大臣誅諸呂，又被迎立爲帝，即漢文帝。此借指顏竣爲宋孝武帝劉駿藩王府中舊吏。

[2]班：本指分瑞玉。引申爲賜予或分賞。　河山：國土。古代封爵，往往有"河山帶礪"的誓詞，使功臣傳祚無窮。河，黃河。山，泰山。　内：同"納"。接納。　寵靈：恩寵福澤。　倫伍：同輩。

[3]山川之性：喻指攀高望深的本性。　溪壑之心：似溪谷一樣深不可測之心。借喻爲難以滿足的貪欲。　奓（shē）："奢"的古體字。過度，過分。　虎冠：虎而戴冠。喻指凶惡殘暴之人。

[4]品物咸亨：萬物普遍通達順利。

[5]點化：玷污風化。點，玷污，敗壞。

[6]下太常削爵土：太常職掌封爵名籍的管理（東晋南朝省宗正，其屬官歸太常），如貶削爵名封土，例詔令下太常。

[7]事御：其事經進呈御覽。　法獄：監獄。　罪：懲處，判罪。

上未欲便加大戮，且止免官。竣頻啓謝罪，并乞性命。上愈怒，詔答曰："憲司所奏，[1]非宿昔所以相期。卿受榮遇，故當極此，訕訐怨憤，[2]已孤本望，[3]乃復過煩思慮，懼不自全，豈爲下事上誠節之至邪！"[4]及竟陵王誕爲逆，[5]因此陷之，召御史中丞庾徽之於前爲奏。奏成，詔曰："竣孤負恩養，乃可至此。於獄賜死，妻息宥之以遠。"子辟強徙送交州，[6]又於道殺之。竣文集行於世。

[1]憲司：魏晉以來御史的別稱。

[2]訕訐：詆毀攻訐。

[3]孤：辜負。

[4]過煩思慮：一心祇爲自己的活命花費腦筋。　下事上：以在下之臣服事在上之君主。　至：達到了頂點。按此句爲質問的反話。

[5]竟陵王：王爵名。王國在今湖北鍾祥市。　誕：人名。即劉誕。宋文帝劉義隆第六子。本書卷七九有傳。

[6]交州：治所在今越南北寧省仙遊縣東。

史臣曰：世祖弱歲臨蕃，[1]涵道未廣，披胸解帶，義止賓僚。[2]及運鍾傾陂，身危慮切，擢膽抽肝，猶患言未盡也。[3]至於馮玉負扆，[4]威行萬物，欲有必從，事無暫失。既而憂歡異日，甘苦變心，主挾今情，臣追昔款。宋昌之報，[5]上賞已行，[6]同舟之慮，[7]下望愈結，[8]嫌怨既萌，誅責自起。竣之取釁於世，蓋由此乎。爲人臣者，若能事主而捐其私，立功而忘其報，雖求顛陷，不可得也。

[1]弱歲臨蕃：劉駿五歲被封爲武陵王，任湘州刺史時僅九歲，出鎮襄陽也不過十五歲，故言。弱歲，男子弱冠之年，泛指幼年、青少年。

[2]涵道：道的浸潤積聚。泛指品識智能。　披胸解帶：脫衣。泛指在身邊侍奉。

[3]運鍾傾陂：時運遭逢偏頗不正。鍾，當，遭逢。傾陂，一作"傾詖"，傾斜不平。　擢膽抽肝：比喻説出傾心肺腑之言。擢，抽，拔。　患：害怕。

[4]馮玉負扆：倚憑貴重的玉几，背靠户牖之間的屏風。象徵

稱帝臨朝聽政。語出《漢書》卷九六下《西域傳下》：“天子負黼依（宸），襲翠被，馮玉几，而處其中。”馮，“憑”的古字。宸，通“依”。楊倞注《荀子·正論》：“戶牖之間謂之依”。

[5]宋昌：人名。原爲漢文帝劉恒任代王時的中尉。當長安大臣誅諸吕，迎劉恒爲帝時，衆人皆猶豫，獨宋昌力排衆議，主張應往長安即位，並同車護衛。漢文帝即位之夜，即拜宋昌爲衛將軍，領南北軍。

[6]上賞：君主之賞。

[7]同舟之慮：即希望命運利害相同。

[8]下望愈結：臣下期望更緊密聯結。